歴史文化ライブラリー
616

前方後円墳

下垣仁志

吉川弘文館

目次

1　前方後円墳はなぜ造られたのか

前方後円墳はなぜ造られたのか――プロローグ

（A）――たいへんだなんてもんじゃない……
毎日死人がでるほどつらい仕事じゃったよ……――

（B）――てつだう者たちは家も食料も支給されるのだからな
クニがこんなことしてくれるなんて　いままでなかったよ……――

造墓観が変わった⁉

学習漫画の主要ジャンルに「日本の歴史」がある。一九八〇年代に続々と刊行され、現在まで多くのシリーズが出版されてきた。日本列島の通史をはじめ、地域史や自治体史、特定分野の歴史など、多様性に富んでいる。古墳時代をえがく場合、そのハイライトはたいていい巨大前方後円墳の造営シーンである。

表1　学習漫画類における造墓描写の変化

学習漫画類	強制・怨嗟	自発・讃仰
『漫画 日本史』1(1971・集英社)	❶	
『火の鳥 ヤマト編』(1972・虫プロ商事)	❶ ❺	
『少年少女 日本の歴史』2(1981・小学館)	❶ ❸❹❺	
『日本の歴史』2(1982・集英社)	❶❷❸❹❺	
『日本の歴史』2(1982・学習研究社)	❶❷	
『日本の歴史』2(1987・大月書店)	❶❷ ❺	
『山口県の歴史』1(1988・クオリティ出版)	❶❷❸	
『年表 日本の歴史』1(1988・あかね書房)	❶ ❺	
『日本史』上(1988・学校図書)	❺	
『まんが日本史年表』1(1989・学習研究社)	❶❷ ❺	
『宮崎平野の歴史』上巻(1991・鉱脈社)	❶❷❸ ❺	
『栃木の歴史』1(1991・下野新聞社)	❺	②
『三重県の歴史』1(1993・郷土出版社)	❶❷	
『太田の歴史』(1993・太田市)	❹❺	
『信州の歴史』1(1993・信濃毎日新聞社)	❷	
『日本の歴史がわかる』1(1994・小学館)	❶ ❺	
『茨城の歴史』1(1995・茨城新聞社)	❶❷❸❹	
『人々のくらしと経済』1(1996・ぎょうせい)	❶ ❸❹❺	
『パノラマ歴史館』2(1997・ぎょうせい)	❶❷❸❹	
『日本の歴史』2(1998・集英社)	❶❷	
『人物・日本の歴史』1(1998・朝日新聞社)	❶ ❸ ❺	⑤
『新・西美濃風土記』古代編(1999・西美濃わが街)	❹	
『千葉県の歴史』1(2001・日本標準)	❶ ❸ ❺	
『日本の歴史』1(2010・朝日学生新聞社)	❶❷	
『仁徳天皇』(2010・朝日出版社)		②③ ⑤
『日本の歴史』1(2012・学研教育出版)		④
『日本の歴史』1(2014・成美堂)	❶	
『筑紫の磐井』(2014・新泉社)		⑤
『日本の歴史』1(2015・KADOKAWA)		③
『はじめての日本の歴史』2(2015・小学館)		②③ ⑤
『日本の歴史』1(2016・集英社)	❷❸	①② ④
『日本史』上(2018・学校図書)		④
『古墳時代へタイムワープ』(2018・朝日新聞出版)		②③ ⑤
『日本の歴史』1(2019・成美堂)		④
『日本の歴史』1(2020・講談社)		①②③
『日本の歴史』1(2022・小学館)	❷	

3　前方後円墳はなぜ造られたのか

【表1凡例】
＊対象は学習漫画類における古墳の造墓描写であり，「卑弥呼の墓」はふくめない．
＊データの詳細は別稿で提示している〔下垣2022b〕．
＊書誌情報は簡略に示した．書誌情報の4桁数字は出版年．
＊書誌は刊行年の順に並べた．
＊分類❶～❺（強制・怨嗟描写）と①～⑤（自発・讃仰描写）の内容は以下のとおり．

❶重労働への怨嗟・苦悶	①報酬ある造墓への積極的参加
❷労働徴発への不満	②造墓参加への矜恃
❸造墓中の負傷	③墓主（埋葬予定者）への讃仰
❹造墓からの逃亡	④監督者による非強制的・非暴力的指揮
❺監督者による威嚇・暴行（叱咤を除く）	⑤墓主の労働者へのいたわり

近年、このシーンの描写ががらりと変わったのをご存じだろうか。

冒頭にかかげたのは、同じ出版社の学習漫画のなかで、老人が古墳造営（以下、造墓）への感慨を語るくだりである。Aは一九八二年、Bは二〇一六年に刊行されたものだが、三〇余年の時をへて造墓観がみごとに反転している〔笠原一九八二、設楽二〇一六〕。

造墓描写のある学習漫画類を五〇冊あまり収集して、そのうち造墓者（人民）と監督者について比較的こまかく描写されている三〇数冊を検討してみると、強制的・暴力的な描写（黒地に白抜き数字）が二〇一〇年頃を境にほぼ消え去り、自発的・讃仰《さんぎょう》的な描写（白地に黒数字）へと一変していることに気づく（表1）。具体的にいえば、

二〇〇〇年頃まで：労役として強制徴発された人民が、武装監督者に笞《むち》（鞭）や杖棒で威嚇《いかく》・暴行されつつ、地元の田畑を心配しながら危険な重労働に従事させられ、し

ばしば重傷を負う。墓主である王は自身の威光を輝かせるべく巨墳造りにこだわり、人民は苦役にあえぎ、しばしば逃亡する。

二〇一〇年以降：人民は労働提供の見返りに物資を支給され、自身が参加した偉業を栄誉に思う。監督者は武装を解き、笞（鞭）ではなく指揮棒や設計図を手にし、威嚇しなくなり（叱咤《しった》はする）、暴行描写が消える。王は人民を思いやり、人民は王の徳を讃える。

といった変化をみてとれる〔下垣二〇二一b・二〇二二b〕。要するに、従来の〈強制・怨《えん》嗟《さ》・不毛・無償〉から〈自発・讃仰・栄誉・有償〉へと、巨大古墳の造墓描写が大転換をとげているのである。

　このような転換は、学習漫画にだけ生じているのではない。造墓は「公共事業」だ、窮民を救う「失業対策事業」だ、人民が自発的に参加する「祭礼」的な事業だ、といった見解が、一般書を中心にひろがりをみせている〔北條二〇一九等〕。学術的な裏づけがないにもかかわらず、近年の古墳ブームに便乗するかのように、マスコミをつうじて先走り的に拡散してしまっている。専門研究者による十分な同意も検証もへないまま、世間の風潮を追い風にしてマスコミや一般書をつうじて垂れ流された、前期旧石器の一連の「大発見」をめぐる二〇世紀末の狂騒曲を髣髴《ほうふつ》とさせる現象である。

もちろん筆者も、人民を鞭打って強制的に造墓に従事させるという、専制支配的な古墳時代像に回帰すべきだとは考えていない。そんな旧説は、蓄積された考古学的データとあいいれない。しかし、同じくらいデータと齟齬《そご》する公共事業説に鞍替《くらが》えする気も毛頭ない。齟齬に目をつむって明るく楽しい古墳観を後押しし、観光資源や報道資源として古墳を活用しようとする社会的要請に応えるのも、研究者としての行き方かもしれない。しかし、社会的要請はたえず変転するし、しばしば反転さえする。時流におもねらず長期的な展望をもって研究を進めることこそが、社会への真摯《しんし》な応答につながるはずだ。

本書のねらい

大昔の土盛りの墓である前方後円墳が世間で人気を博したり、はては世界遺産に登録されて大々的に報道されたりするというのは、思えば不思議な現象である。その理由はいくつか考えられるが、なによりも鍵穴形の奇妙な形状と、世界に冠たる規模の巨大さによるのだろう（図1）。なぜこんな奇妙な墳墓が日本列島で何千基も造営されたのだろうか。その謎にせまろうとしても、同時代の文字史料はほんのわずかな金石文《きんせきぶん》しかない。『古事記』や『日本書紀』（以下『記』『紀』）は、前方後円墳が廃絶してから一世紀ほどのちに成立した書物なので、およそ四〇〇年間にわたって造営されつづけた前方後円墳にまつわる謎を解明する役に立たない。

しかし、当の前方後円墳がある。そして発掘資料がある。本書では、これら物言わぬ考

図１　大山古墳（大阪府）

古資料に耳を傾けて、〈巨大前方後円墳をはじめとする古墳がなぜ、いかなる背景で造営されつづけたのか〉について、ひいては〈前方後円墳とはなにか〉について、筆者なりの回答を提示したい。

本書について

本書の内容は、これまでに公表してきた拙稿にもとづいている。それらの内容と重複があるが、ご容赦願いたい。本書は一般読者を対象とするので、分析する考古資料や参照・批判する他説、そして学史的な経緯については簡略にふれるにとどめる。詳細に関心のある方は、巻末の参考文献の拙稿をご参照いただきたい。本書では、前方後円墳の権力装置としての性格に焦点をあてるため、巨大前方後円墳の中枢地である畿内の分析がメインとなる。そのため、畿外諸地域の前方後円墳にたいする目配りが十分でないきらいがある。この欠点についてもご海容たまわりたい。

本書は、前著『鏡の古墳時代』〔下垣二〇二二a〕（以下、前著）と対《つい》になる研究成果である。前方後円墳と銅鏡は、かたやモニュメント的な構造物、かたや財物的な器物であるという相違こそあれ、古墳時代における有力集団内／間関係に決定的な影響をおよぼし、国家形成への道筋を布《し》いた双壁《そうへき》的な存在である。それゆえ本書の論理展開と論旨は、意図的に前著に近づけている。前著を併読していただければ、本書の理解がより深まるだろう。

前著と同様に、時期の表記法は暦年代（例：「六世紀後半」）を避け、原則的に相対年代（例：「後期前葉」）をもちいる。とはいえ、相対年代だけで記載すると読者が混乱するおそれがある。そこで、筆者が考える暦年代との対応関係を以下に示しておく。

弥生末期（二世紀中頃～三世紀第2四半期頃）／古墳前期前半（初頭・前葉・中葉に細分。三世紀中頃～第4四半期頃）／前期後半（後葉前半・後葉後半・末葉に細分。四世紀第1～第4四半期頃）／中期（前葉・中葉・後葉・末葉に細分。四世紀第4四半期～五世紀第3四半期頃）／後期（前葉・中葉・後葉・末葉に細分。五世紀第４四半期〜六世紀第４四半期頃）（表12）。

なお、大阪府古市古墳群における巨大古墳の出現をもって中期の開幕とする意見が多数派を占めるが、筆者は当期を前期末葉とみる。また、陶邑《すえむら》編年の須恵器のＴＫ四七型式併行期ないしＭＴ一五型式併行期から後期ととらえる見解が一般的だが、本書ではそれ以前のＴＫ二三型式併行期から後期とみなす。

前方後円墳の円丘部が方丘部になっている前方後方墳は、その性格や系譜などの点で前方後円墳との関係が注目されてきた。両墳形の相違が重要であることは承知しているが、「前方後円墳・前方後方墳」あるいは「前方後円（方）墳」のように併称するのは煩瑣《はんさ》であるので、両墳形を区別せずにあつかう場合はたんに前方後円墳と総称する。これまた煩瑣を避けるために、「時代」と「地域」を逐一《ちくいち》付さずに簡略に表記する（例：古墳時代中期後葉→古墳中期後葉、畿内地域→畿内）。

前方後円墳の世界

前方後円墳とはなにか

本書ではやや専門的な内容にふみこむ。そこで、具体的な検討の前に、前方後円墳の概要について予習がてら簡潔に説明しておこう。

古墳と前方後円墳

前方後円墳は古墳の墳形の一種である。規模の面でも内容の面でも、前方後円墳は各種墳形のなかで突出している。長年にわたって前方後円墳研究をリードした近藤義郎氏は、「古墳とは前方後円墳を代表かつ典型とし、その成立および変遷の過程で、それとの関係において出現した墳墓をすべて包括する概念」だと定義づけた〔近藤一九九五〕。逆にいうと、古墳の全体に位置づけてこそ、前方後円墳の意味が浮き彫りになるわけだ。だから本書では、あくまで古墳という脈絡のなかで前方後円墳を論じる方針をとる。

何基あるのか

日本列島の古墳は約一六万基あるといわれる。これは文化庁による集計数であり、二〇二一年度の最新データでは一五万九九五三基に達している（表2）。ただしこれは、数万基におよぶ横穴墓をふくめたデータである。しかも、古墳群を一件として計上している場合もある。そのうえ、発掘調査により低墳丘の古墳が新たに検出されることも少なくないし、最近では赤色立体地図の精査をつうじた古墳の新発見がつづいている。都市開発や宅地開発により消滅した古墳も厖大《ぼうだい》な数にのぼる。他方で、時代のことなる墳墓や土盛り構築物や自然地形を古墳と誤認している事例も潜在しているはずである。要するに、詳細な実数は不明といわざるをえない。

川畑純氏は、一九三〇年代と二〇一〇年代に古墳の網羅的な分布調査が実施された群馬県を手がかりにして、湮滅《いんめつ》した古墳の基数を推定した。そして、列島全域で造営された古墳は四一万基超になる可能性を示した〔川畑二〇二三〕。山城の造営や新田開発などにより、一九世紀以前にもかなりの古墳が破壊されたこと〔森一九六五等〕を勘案すると、実際に造営された古墳（横穴墓をふくむ）は、五〇万基をこえるかもしれない。

約一六万基という総数はたしかに多いが、世界史的にみて特異というほどでもない。ウクライナの草原地帯には、銅石併用時代から初期鉄器時代までの古墳が約一五万基あると推定されている〔雪嶋二〇二二〕。中東のペルシア湾に浮かぶバーレーン島にいたっては、

表２　古墳と前方後円墳の基数

	古墳・横穴墓	前方後円墳	前方後方墳		古墳・横穴墓	前方後円墳	前方後方墳
北海道	0	0	0	滋賀	871	90	28
青森	0	0	0	兵庫	18707	108	16
岩手	67	1	0	京都	13103	119	12
宮城	510	27	13	大阪	3428	194	12
秋田	0	0	0	奈良	9663	244	13
山形	141	23	8	和歌山	1666	50	3
福島	1050	54	24	岡山	11880	169	25
茨城	1840	450	18	鳥取	13505	240	9
栃木	1146	232	28	島根	2710	123	42
群馬	3504	359	37	広島	11334	108	10
埼玉	3114	100	18	山口	541	26	0
千葉	12772	662	32	徳島	1077	10	2
東京	814	11	1	香川	2252	80	2
神奈川	1117	25	6	愛媛	1185	23	2
新潟	635	5	7	高知	229	1	0
富山	232	10	18	福岡	10759	233	6
石川	2107	57	40	佐賀	601	58	3
福井	544	97	11	長崎	471	23	1
山梨	652	10	1	熊本	1375	64	0
長野	2808	48	17	大分	905	41	0
岐阜	5218	56	14	宮崎	834	167	0
静岡	3837	101	6	鹿児島	515	19	0
愛知	3104	87	19	沖縄	2	0	0
三重	7128	104	9	総計	159953	4709	513

＊「古墳・横穴墓」は消滅分をふくむ.
＊「古墳・横穴墓」の基数に前方後円墳と前方後方墳の基数がふくまれる.
＊「古墳・横穴墓」の基数は〔文化庁文化財第二課2022〕に依拠する.
＊前方後円墳と前方後方墳の基数は〔卜部編2004〕に依拠する.
＊基数は不確定であり流動的である.

淡路島とほぼ同面積の島（約六〇〇平方キロ）に約一七万基の古墳が密集していたという〔後藤二〇一五〕。中国の漢墓《かんぼ》はそれらよりはるかに多いだろう。

前方後円墳の基数

前方後円墳は何基あるのだろうか。前方後円墳のデータを網羅した『前方後円墳集成』全六冊〔近藤編一九九一―二〇〇〇〕は、総重量一六キロ超、五〇〇〇頁にも達する前方後円墳研究の必須資料集である。これによると前方後円墳は四七〇〇基あまり、前方後方墳は五〇〇基あまりになる（表2）。二〇～三〇数年前の集成結果であり、それ以後にも新たな前方後円墳が発見されたり、誤認事例が抹消されているので、この基数を鵜呑《うの》みにはできない。しかし、現状ではこれがもっとも信頼できる数値である。

前方後円墳の湮滅率は小墳ほど高くないだろうが、それでも実際の造営数は一万基に達したのではなかろうか。前方後円墳の墳丘内には複数人が葬られていることが多い（むしろ一般的である）ので、そうした被葬者《ひそうしゃ》は延べ数万人程度と概算される。かなり多いように思われるかもしれないが、古墳時代に生きた人間の総数はざっと五〇〇〇万人超と見積もられる。ごく少数の人間だけが前方後円墳に葬られたのである。

北から南まで

前方後円墳の分布の最北端は岩手県南部の角塚《つのづか》古墳、最南端は鹿児島県南部の塚崎五一号墳であり、本州のほぼ全域にひろがっている。日本列島において前方後円墳の分布が空白であるのは一道三県（北海道・青森県・秋田県・沖縄県）にすぎない。畿内に巨大古墳が集中するのは事実であるが、本州の辺縁にゆくほど一律に小型化するわけではない。宮城県には雷神山古墳（一六八メートル。以下、規模はすべて墳長）、鹿児島県には唐仁《とうじん》大塚古墳（一五四メートル）や横瀬古墳（一四〇メートル）といった大型古墳がある。そうした大型古墳には畿内との関係を示す要素が頻見し、列島広域を覆っていた政治的関係を反映している。なお、韓半島西南端において十数基の前方後円墳が確認されている（図53）。その性格や被葬者について多くの議論が積み重ねられてきた〔高田二〇一九等〕が、列島勢力による支配圏を示していないことは確実である〔朴二〇〇七等〕。

規模の格差

大阪府百舌鳥《もず》古墳群の大山《だいせん》古墳（伝仁徳《にんとく》陵）（図1）が五二五メートル超、同府古市古墳群の誉田御廟山《こんだごびょうやま》古墳（伝応神《おうじん》陵）が四二五メートルというように、超巨大古墳の規模は圧倒的だ。まさに山陵である。他方、古墳の大多数を占める群集墳（古墳後期〜）は、おおむね径一〇メートル前後の小円墳である。前方後円墳にしても三〇メートル未満のものが少なくない。この規模の格差（較差）こそが、複数の墳形の共存とならんで、古墳を彩る顕著な特色である。規模の差は造営に要する労働力の多寡《たか》に直結し、落成後も恒久的にその差を顕示しつづける効果がある。政治的・社会的な意味は相当に大きかったはずだ。本書ではこの差にこだわりたい。

規模の差に着目する研究は古くから一般的であり、むしろ旧套《きゅうとう》的な分析視角である。しかし、この二〇年ほどで刷新された編年観や墳丘データなどを十分に加味した研究はまだ少ない。本書では、旧来のデータや編年観では把捉できなかった古墳時代の実相にせまりたい。なお本書に頻出する「政治」という用語について筆者は、この二〇年来、「(有力)集団内／間関係の調整・統御」といった意味あいで使用している。

大型古墳とか超大型古墳という呼び名があるが、客観的な判定基準があるわけではない。そもそも、小期ごとに上位規模の範疇《はんちゅう》が変動するので、墳長Xメートル以上を（超）大型古墳というように厳密に定義することに意味はない。ただ、通時的にみると一〇〇メートル前後がひとつの目安になるという（川畑二〇二二）。筆者も九〇メートル前後と一二〇メートル前後が墳丘長の有意な境界であり、二〇〇メートル前後でも様相が変わると認識している（下垣二〇一一）。そこで一〇〇メートル超を大型古墳、二〇〇メートル超を超大型古墳としておく。この基準で集計すると、大型古墳は約二九〇基、超大型古墳は約四〇基になる（表3）。なお、規模で細かく区別せずに巨大さを表現する場合には、巨大古墳などと呼称する。

本書では墳丘長をメートル単位で記載するが、もちろん古墳時代にメートル法はない。当時の墳丘築造には「歩《ぶ》」（六尺＝約一・四メートル）という尺度が使用されていた（甘粕一九六五・岸本二〇二一等）。ただし、メートル法で測量された墳丘長を「歩」に置換するさいに、往々にして論者の主観が混じるので、本書はメートル法で記載し検討する。

超大型古墳はすべて前方後円墳である。大型古墳も前方後方墳一一基（最大で一八五メートル：奈良県西山古墳（ただし墳丘上段は前方後円形））と円墳五基（最大で径一〇九メートル（全長一一七メートル）：奈良県富雄《とみお》丸山古墳）のほかはみな前方後円墳であり、前方後円墳の卓越性が明白である。ただし、前方後円（方）墳も約三割が三〇メートル未満、約四割が三〇〜五〇メートルなので、軒並み大きなわけでもない。大型古墳の四割弱が奈良県・大阪府・京都府に、超大型

表3　都府県別の大型古墳の基数

都府県		100〜199m	200m〜
東北	宮城	2(2・0・0)	
	山形	1(1・0・0)	
	福島	4(3・0・1)	
関東	茨城	11(6・2・2)	
	栃木	8(2・1・5)	
	群馬	32(7・5・16)	1(0・1・0)
	埼玉	8(1・0・7)	
	千葉	15(4・5・6)	
	東京	2(2・0・0)	
	神奈川	1(1・0・0)	
中部	富山	1(1・0・0)	
	石川	1(0・1・0)	
	福井	3(2・1・0)	
	山梨	3(3・0・0)	
	長野	1(1・0・0)	
	岐阜	5(4・1・0)	
	静岡	5(3・1・1)	
	愛知	5(3・0・2)	
近畿	三重	5(1・4・0)	
	滋賀	4(3・1・0)	
	兵庫	9(3・5・0)	
	京都	16(11・4・1)	1(1・0・0)
	大阪	37(16・15・5)	15(2・11・2)
	奈良	57(33・13・11)	21(12・8・1)
中国	岡山	11(5・5・1)	3(0・3・0)
	鳥取	3(2・1・0)	
	山口	2(1・0・1)	
四国	徳島	1(0・1・0)	
	香川	1(0・1・0)	
九州	福岡	9(3・3・3)	
	佐賀	1(0・1・0)	
	熊本	8(1・2・5)	
	大分	3(2・1・0)	
	宮崎	12(7・3・2)	
	鹿児島	2(1・1・0)	
総数		289 (135・78・69)	41 (15・23・3)

＊各都府県の数字は，総基数(前期・中期・後期の基数).
＊時期不明の古墳をふくむため，総基数と括弧内の和が一致しない場合がある.

古墳の九割弱が奈良県と大阪府に集中しており、畿内の突出度が目を惹く〔表3〕。

誰の墓か

巨大な前方後円墳はいったい誰の墓なのだろうか。『記』『紀』などには、そうした山陵が「天皇」（「大王」）や后妃《こうひ》および皇子女らの奥津城《おくつき》だと明記されている。しかし、そうした記載には後世の造作がいちじるしく、考古学の発掘情報とも合致しないことが、敗戦後の研究により明らかにされてきた。そのため仁徳天皇陵や崇神《すじん》天皇陵などの「天皇陵」を、仁徳天皇なり崇神天皇なりの墓だと鵜呑みにする研究者はほとんどいなくなった。それどころか、それら「天皇」の実在性を疑う研究者も多い。そもそも「仁徳」などといった漢風諡号《しごう》は、奈良時代に撰進《せんしん》されたものだ。

天皇陵の治定《じじょう》に懐疑的な立場を表明した森浩一氏は、天皇陵から諡号名を除去し、「ふつうの遺跡の命名法」に切り替えた〔森一九七六〕。こうして、仁徳天皇陵は大山古墳、崇神天皇陵は行燈山《あんどんやま》古墳といったふうに改称された。現在、古墳研究者の大半が、森氏による新名称を採用している。他方、世界文化遺産に登録された「百舌鳥・古市古墳群」の構成資産では、旧来の名称が踏襲されており、研究者から疑義があがっている〔「陵墓限定公開」四〇周年記念シンポジウム実行委員会編二〇二一・高木二〇二四等〕。

被葬者の名前などわからずとも、信頼できない『記』『紀』に依拠せずとも、復元できる古墳時代像があるはずだ。私たち考古学者は、そうした信念をもって研究を進めてきた。

本書もその姿勢を遵守《じゅんしゅ》する。ところが近年、安易に『記』『紀』に寄り添う考古学者がにわかに増えてきた。たしかに最新の発掘・研究データは、『記』『紀』の記載に整合的になってきたかにみえる。しかし、話はそう単純ではない。この論点については、本書の終盤に配した「被葬者は誰か」の章でふれることにする。

なお、本書では「畿内中枢勢力」なる集団名称を頻用するが、これは超大型古墳に葬られた最有力者を中核とする王権構成体を指す。後述する権力資源のコントロール主体は当該勢力であったと想定している。

「前方後円」形の起源

前方後円墳は、円丘に方丘を楔状に差しこんだような鍵穴形の平面形を呈している。「Keyhole-shaped mounded tomb（鍵穴形の盛土墓）」と英訳されるのも納得の形状だ。ならば「鍵穴形古墳」とよべばよいのに、なぜ「前方後円墳」と名づけられているのか。この名称はおよそ二〇〇年前に、尊皇家《そんのうか》の蒲生君平《がもうくんぺい》が著書『山陵志』において、垂仁《すいにん》陵以降の山陵の「制」を「前方後円」と表現したことに由来する。かれは、「前方後円」の墳形は「宮車《きゅうしゃ》」を「象」った結果とみた。後円部は車の円蓋、前方部は牽引獣と車をつなぐ轅《ながえ》（および衡《くびき》）を見立てた形だと推測したのである。

明治以後、前方後円墳の考古学的研究が本格化すると、この墳形の起源をめぐって多様な説が提示された〔茂木一九八八・岡本二〇〇八等〕。これまで数十種におよぶ説が提唱されており、（A）模倣説（見立て説）、（B）外部起源説、（C）機能説に大別できる。余談だが、五〇がらみの男性なら、「地球を活動させたり停止させたりするための鍵穴」説が記憶の片隅にあるだろう。

（A）には上記の宮車模倣説をはじめ、壺模倣説・盾模倣説・蓬萊山《ほうらいさん》（崑崙山《こんろんさん》）模倣説・家屋模倣説などがある。見た目の類似をおもな根拠にするため、主観的な想像論におちいることが多い。前方部が後円部に嵌入《かんにゅう》する形状に男女（陰陽）の交接の姿を想察した、作家の松本清張氏の「男女交合」説〔松本一九七三・岡本二〇〇八〕はその典型である。

（B）は中国に起源を求めることが多い。魏《ぎ》王朝の「礼法」に由来するとみる説〔西嶋一九六四〕や、より具体的に倭人が西晋王朝への遣使時に円丘と方丘を合体させた「郊祀《こうし》の土壇」を目撃したのが直接の起源だとする説〔山尾一九七〇a〕が代表的である。しかし、その後の発掘調査などをつうじて、前方後円形の墳形の発生は魏晋王朝への遣使以前にさかのぼることが確実になった。そのうえ、「郊祀」説の主唱者が「一知半解の謬説《びゅうせつ》」であったとして撤回しており〔山尾一九九九〕、往時の説得力はない。

（C）は前方部の機能に注目する場合が多く、後円部に付設される前方部が宣命《せんみょう》場や祭壇、後円部を森厳《しんげん》ならしめる施設であったなどと解釈する。

結論的にいうと、弥生時代の墳丘墓において、周溝《しゅうこう》の一部を掘り残して墳丘本体への通路とした陸橋が前方部の起源であり、この陸橋＝墓道が過剰発達した帰結が前方部であることが、現在ではおおむね定説になっている〔都出一九七九等〕。

前方部の起源は墓道

他方、墓道から前方部への発達途上に、中国王朝から「郊祀」などの着想をえたことで定型的な前方後円墳へと飛躍したという、墓道説との折衷説もある〔寺沢薫二〇〇〇等〕。同様の理窟による、墓道説と模倣説の融合説もある。

筆者は、起源と機能は区別すべきだと考える。前方部の起源が墓道にあるにしても、その機能や意味づけは変化しうるし、実際に変化した。起源時の「本質」が後々まで前方後円墳の性格を規定したとみるよりも、発掘情報などから各時期の前方後円墳の「機能」を復元し、その持続性なり変容なりを歴史的に解釈するほうが、議論は生産的になる。本書では前方後円墳に、起源論でも本質論でもなく、機能と効果を重視する視点からせまろう。

前方後円墳の構造

復元整備された前方後円墳に足を運ぶとすぐに気づくことだが、前方後円墳はただの土盛り墳丘ではない。さまざまな施設をくみあわせて構築した複合体である（図2）。規模が小さくなるにつれ、段築数が減少したり造出《つくりだし》や周濠《しゅうごう》などの付帯施設が省略されたり、葺石《ふきいし》や埴輪が欠落するなど、グレードダウンしてゆく。時期や地域によってヴァリエーションがあるが、(超)大型古墳の構成はおおむね次のようになる。

墳丘は二〜三段重ねにして築かれ、段をつなぐ平坦面には埴輪を設置したり礫敷《れきじき》をほどこしたりする。土取りなどの作業上の理由や、墳丘を隔絶させる精神的な理由から、周濠をめぐらすこともある。さらに周堤《しゅうてい》をめぐらすこともあるが、ごく少数派である。墳丘の外周や周堤部にも、しばしば埴輪を設置する。大阪府今城塚《いましろづか》古墳で検出された、周堤部に接する張出部の埴輪群像は圧巻だ。蓋《きぬがさ》形や鳥形などの木製品(「木の埴輪」)が据えられることもあったことが、わずかな残存例から判明している。周濠内に島状遺構を設営する事例も僅少ながらある。周濠外と墳丘本体を結ぶ通路として、周濠内に陸橋を掘り残す事例もある。古墳中期にはいる頃から、後円部と前方部の接続部に方形の突出部である造出をしばしば設けるようになる。家形・船形などの形象埴輪や食品を模した土製品などが頻繁

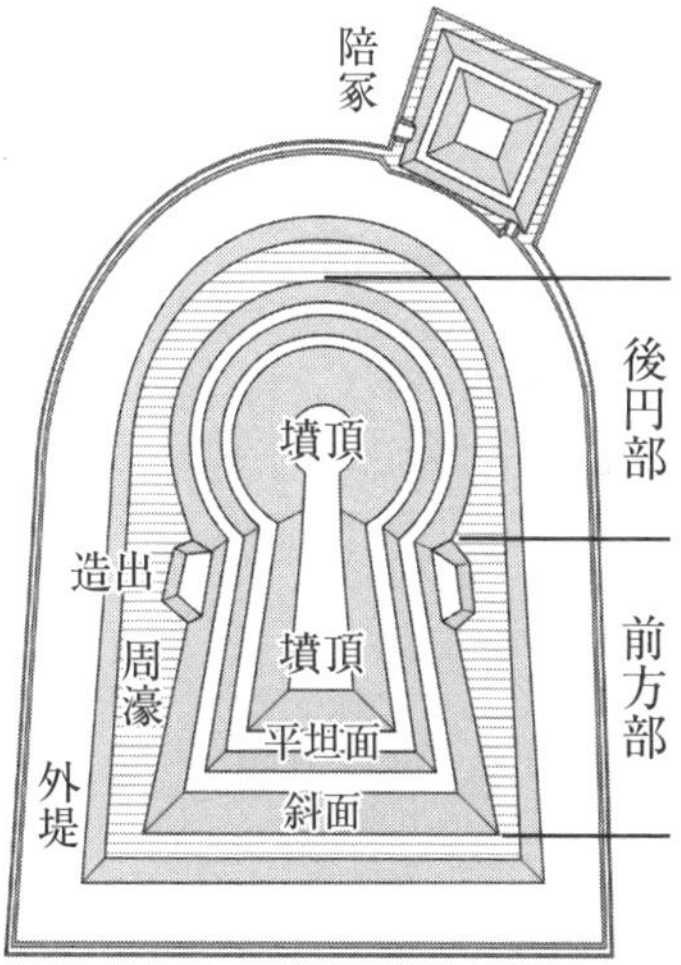

図2　前方後円墳と部位名称

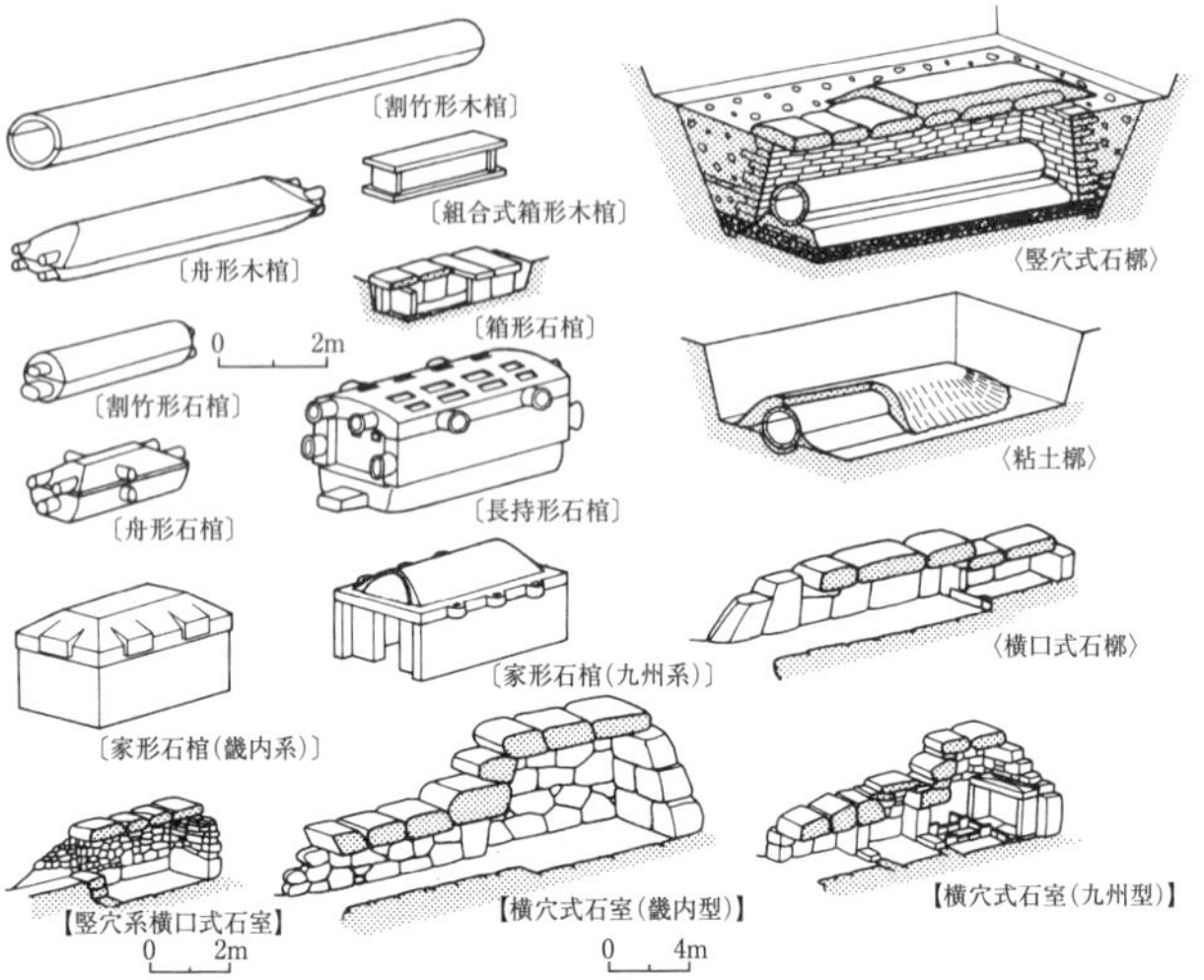

図3　各種の埋葬施設（棺・槨・室）

に出土するので、祭儀にかかわる施設だと考えられている。墳丘には葺石をほどこす。これは土留めという実用的な目的と、明色に装飾して荘厳化させる意図とによる。

　埋葬施設は後円部の墳頂などに設置される（図3）。古墳前期〜中期は墳頂の下に竪穴式石槨《たてあなしきせっかく》や粘土槨《ねんどかく》などの竪穴系の埋葬施設を構築するのが一般である。墳頂部には円筒埴輪だけでなく、各種の形象（器財）埴輪が置かれた（本書表紙）。墳頂部に土壇や石敷を設けて埋葬施設の存在を顕示することもあった。中期後半頃に横穴式石室が採用されはじめると、しばらくして後円部や前方部の側面に埋葬施設が開口するようになる。後述するように、前方部や造出などの主要平坦面に副次埋葬を設ける事例も頻見する（図13）。

槨や室の内部には、木棺や石棺などの棺を設置する（図3）。棺を槨室内にではなく、墳丘内にそのまま埋置する例もあるが、その場合は主要埋葬ではなく周辺埋葬であるのが一般である。これらの棺内に被葬者をおさめ、棺の内外に多様な物品を副葬した。

誕生から消滅まで

時代背景としての東アジア

前方後円墳は生成から消滅まで、かなりの期間にわたって存続した。一般に、奈良県箸墓《はしはか》古墳（図4）を定型化前方後円墳の初現とみなし、本墳の登場をもって古墳時代の開始と判断される。他方、それ以前にも前方後円（方）形の墳丘墓が築かれており、これらが築かれた時代を古墳早期と呼称する研究者も増えてきた。箸墓古墳以後にかぎっても、前方後円墳の造営期間は四〇〇年近くにおよぶ。江戸時代の初期から現代までに匹敵する長さだ。

この期間の東アジアは、後漢が滅亡して三国時代と南北朝時代をへて、隋唐《ずいとう》王朝の成立にいたる、また韓半島において高句麗《こうくり》・新羅《しらぎ》・百済《くだら》・加耶《かや》諸国が形成され角逐《かくちく》しあった、激動の時代だった。前方後円墳が旺盛《おうせい》に造営された当時の列島社会も、国家形成へと向か

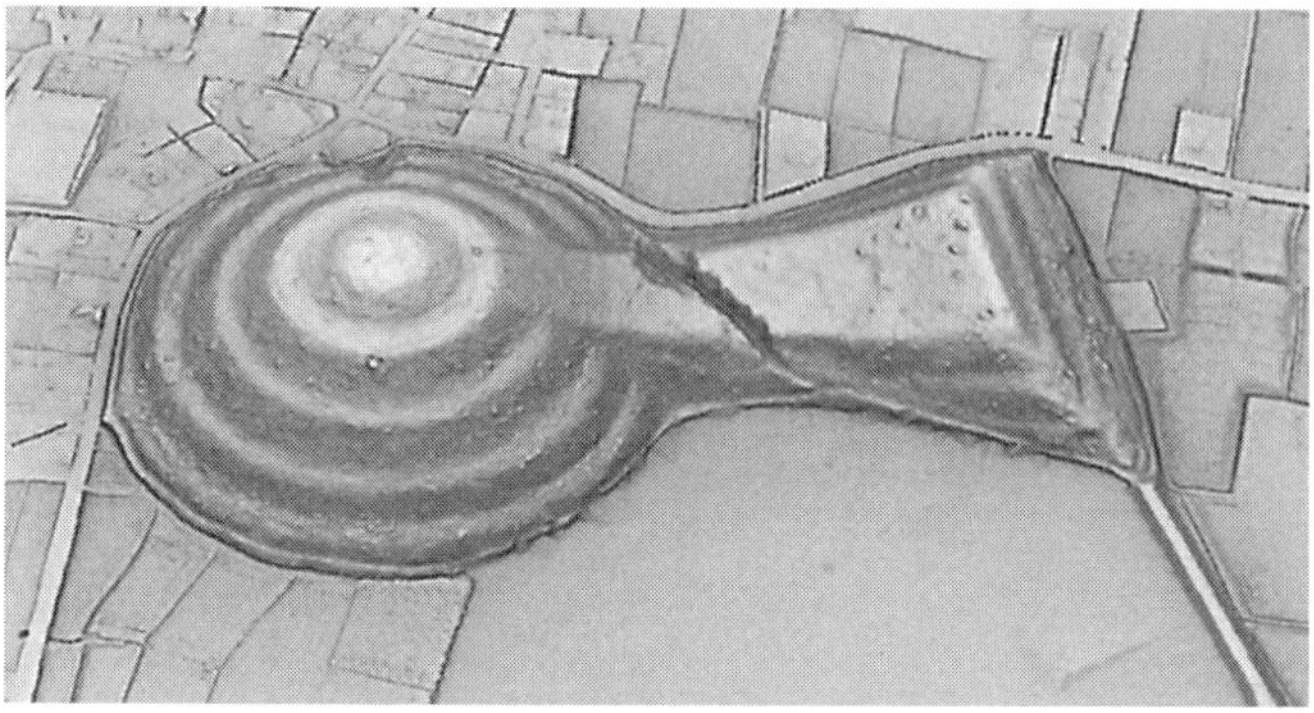

図4　箸墓古墳（赤色立体鳥瞰図）

って変貌をとげていった。その期間に前方後円墳を頂点とする古墳は大きく様相を変えていった。以下、前方後円墳の誕生から終焉まで概説しよう。

生成と飛躍

弥生前期の末頃に九州北部で墳丘墓が登場する。中期には奴国《なこく》王墓と目される福岡県須玖《すぐ》岡本D地点墓や伊都国《いとこく》王墓と推定される同県三雲南小路《みくもみなみしょうじ》一号墓などの卓越した墳丘墓にまで成長する。列島各地でも、墳丘墓や方形周溝墓などが築かれるようになる。ただその規模は、全長三〇～四〇メートルを上限とし、造営についやした労働力はさほど多くない。そうしたなか、墳丘本体と周溝外を結ぶ通路が肥大化してゆく墳墓系統がうまれ、貼石《はりいし》をほどこすなどした突出部へと成長してゆく（図5）。後期後半～末期前半には、前方部と見まがうような突出部をもつ大墳丘墓が出現する（図6）。山陰～北陸の四隅突出《よすみとっしゅつ》型墳丘墓、瀬戸内中部

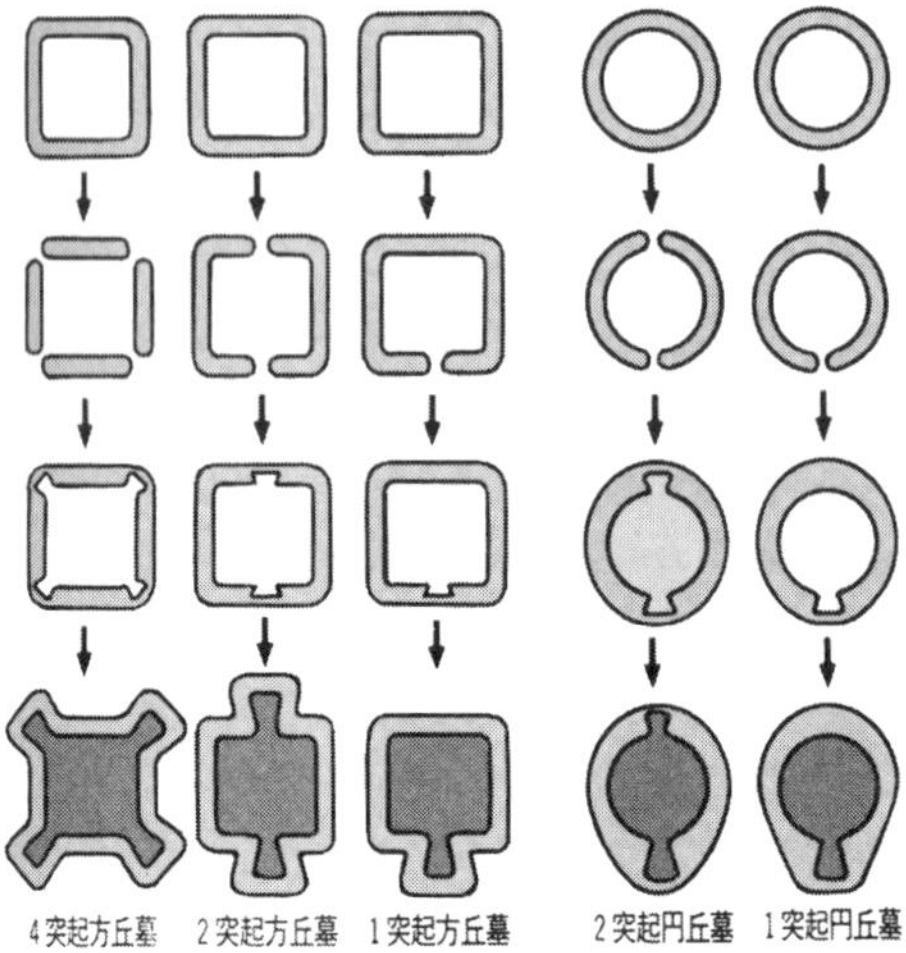

図5　墓道から前方部へ〔都出1998〕

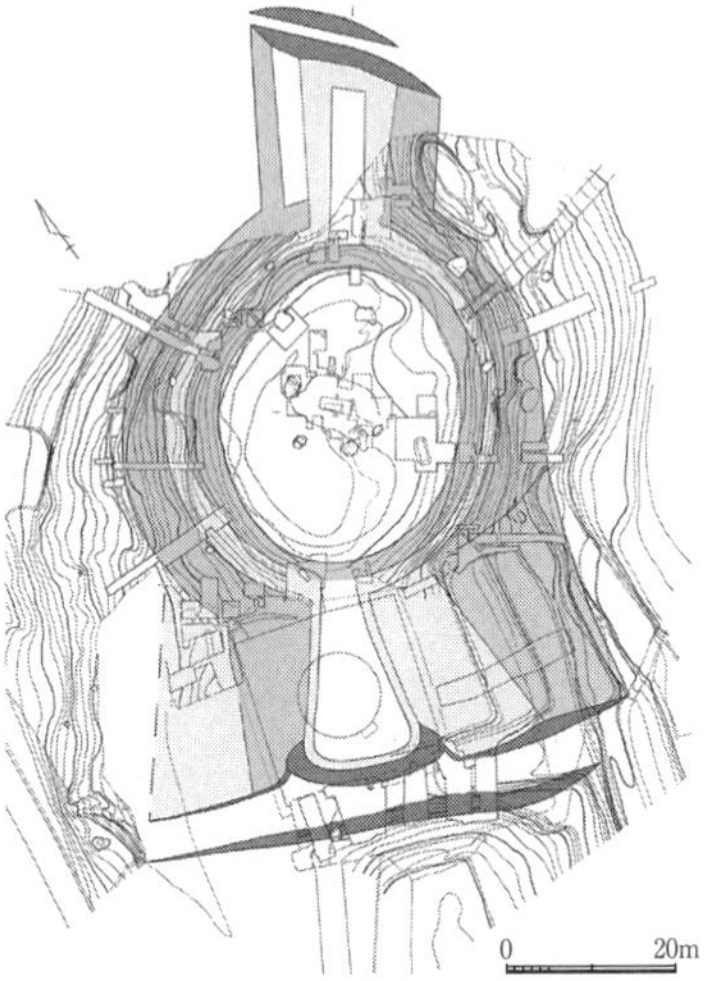

図6　弥生墳丘墓（岡山県楯築墳丘墓）

の前方後円形墳丘墓、近江以東の前方後方形墳丘墓のように、地域的な個性をみせる墳丘墓が発達をとげ、当時の社会的割拠《かっきょ》状態をうかがわせる。

前方後円墳の誕生を弥生末期後半（末頃）とみるか、古墳前期初頭とみるかで、研究者の見解が割れている。前者をとる説は、短く低平な突出部（前方部）を付設する纒向《まきむく》型前方後円墳の登場と広域拡散〔寺沢一九八八〕を重要視する。後者の考えは、それ以前とは隔絶した規模を誇る箸墓古墳において達成された定型性を重んじる〔近藤一九八六等〕。両説の相違は、古墳の「定型」度の評価や拡散の速度と範囲、土器編年や三角縁神獣鏡《さんかくぶちしんじゅうきょう》の副葬開始時期の位置づけや暦年代観など、さまざまな面での解釈と見解の相違が折り重なって生じている。また両説の内部でも、解釈がかなり細かく割れている。

筆者の考えでは、奈良盆地東南部の大和《おおやまと》古墳群（図37）において纒向型前方後円墳が続々と造営されだした時期と箸墓古墳の築造時期にさしたる時間差はなく、箸墓古墳の造営時期（＝埋葬時期）は三角縁神獣鏡の副葬開始時期に先行する蓋然性が高い。したがって、弥生末期末頃に前方後円墳が誕生したと判断しておきたい。とすれば、当期が古墳早期ということになる。この時期、箸墓古墳を内包する纒向遺跡が、列島外までのびる遠隔地交流の結節点として急成長をとげる。広域的なネットワークの形成が、前方後円墳の出現背景にあったこと〔溝口二〇一〇〕を強く暗示する。

箸墓古墳は、それまで一〇〇《メートル》未満だった墳丘墓にたいして、全長比で三倍以上、体積比では三〇倍以上にふくれあがっている。しかも精美な幾何学造形を実現している。大規模かつ精密な造営を可能にした技術力と動員力の賜物《たまもの》である。初現期の古墳は、列島諸地域の弥生墳丘墓に採用されていた埋葬施設・外表施設・副葬品の諸要素を吸収・統合して成立している〔近藤一九八三等〕。前方後円墳の内容は統一性を有しつつも、規模と相関する格差も明白に表示されていた。そのような墳墓が列島の広域に波及したのである。規模と構成（内容）と分布範囲にあらわれた「飛躍」にこそ、前方後円墳が時代を画する政治的・社会的存在であったことが、明白に表出しているのである〔近藤一九八六等〕。

巨大化と広域拡散

箸墓古墳を嚆矢《こうし》とする超大型古墳の造営は、一回かぎりのプロジェクトに終わらなかった。後期後葉まで約三五〇年間にわたって、「大王墓」の築造が継続した。箸墓古墳の画期性ばかりが強調されるが、それ以後にも安定した巨墳造営を実現させせつづけた政治システムの成立は、それに劣らず重要である。各代の「大王墓」には新たな装置が付加され、規模・装置の内容・副葬品により自身を頂点とする古墳の階層構成が形成された。形状・規模・内容などで序列を表示するこの秩序は、「前方後円墳体制」〔都出一九九一〕、あるいは「前方後円墳秩序」〔近藤一九八四〕と名づけられている。

ただし、定型的な前方後円墳がすみやかに列島全域に普及したわけではなかった。前方後円墳はまず拠点的に波及し、各地では伝統的な墳丘墓がしばらく残存した。創出期の三角縁神獣鏡の副葬古墳に、島根県神原《かんばら》神社古墳・兵庫県森尾古墳・大阪府安満《あま》宮山古墳のように方墳が目だつことは、その端的なあらわれである。他方で、「大王墳」自身が「首長墓系譜」（「数基が群をなし、一世代程度の時間差で築かれることが多い」「代々の首長一族の墳墓群」〔都出一九八九ａ〕）を構成し、つづいて前期前葉頃から畿内の要地でも首長墓系譜が形成されはじめた。そして後葉前半には、畿外各地でも畿内的な様相をみせる前方後円墳や首長墓系譜が次々に登場するなど、「大王墓」を頂点とする秩序が列島広域を面的に覆いはじめた。また、前方後円墳・前方後方墳・円墳・方墳が格差をもって形成される〔都出一九九一〕（図9）のもこの時期である。

隆盛と整序

前期後葉～末葉頃の列島各地では、有力古墳の造営があいつぎ、しかもそうした古墳の集中域が変動する。その現象の背後に「政権交替」を読みとる有力説がある〔都出一九八八等〕。その当否をめぐって論争があり、後述するように筆者は否定的な立場をとる。とはいえ、当該期に列島広域をまきこむ政治変動が生じたことは疑えない。そうしたなかで澎湃《ほうはい》と出現するのが古市古墳群（図44）と百舌鳥古墳群（図45）であり、周濠などの装置を完備した壮大かつ精美な巨大古墳が蝟集《いしゅう》する姿は現代人の目を奪う。

他方で中期にはいると、各地で簇出《そうしゅつ》した首長墓系譜や古墳群の多くが途絶し、少数の階層的な大型古墳群に整理されてしまう〔和田一九九四〕（図50）。後円部径の四分の一～二分の一しかない短小な前方部を有する帆立貝式古墳（帆立貝形前方後円墳）の登場も、そうした「整序」〔川畑二〇二二〕の脈絡で考えるのが一般である。畿内の超大型古墳群、列島各地の大型古墳群の造営は、埴輪生産などと連動した一大プロジェクトになった。葬儀に関与する有力集団間だけでなく、造営技術者や労働者のあいだでも広域的な技術交流がなされ、列島の隅々まで造墓技術のみならず政治社会秩序をも滲透《しんとう》させる契機となった。

前期以来、韓半島の器物が列島に流入したが、中期には器物だけでなくその製作技術をたずさえた技術者も渡来し、列島社会の「文明開化」は造墓と足並みをそろえて飛躍的に進んだ。韓半島との交流を畿内中枢勢力が独占していたわけでなかった。列島各地の有力集団が韓半島の諸勢力との交流を積極的に推進した結果、各地の古墳や集落には多様なグラデーションをもって韓半島色がみとめられる。

変質と衰滅

後期になると、超大型前方後円墳はその数をにわかに減らす。『記』『紀』に記された大王一族の紛糾と連動しているかにもみえるが、各地の旧勢力の整理とともに、旧来の小型低方墳を円墳化させた古式群集墳が登場するなど、むしろ畿内中枢勢力主導の集権支配的な政治改革の側面が濃厚である〔和田一九九二〕。「大王墳」が圧倒的に突出し、従来よりも規模を大幅に減じた諸地域の有力古墳がその下位にならび、さらに下位に古式群集墳が、その後には圧倒的多数の新式群集墳が築かれるという、整然とした墳墓序列が形成された（図54）。ただし、関東では一〇〇㍍前後の前方後円墳が急増し、畿内とは対照的に前方後円墳の造営が最盛期を謳歌《おうか》する。畿内の諸勢力による東国重視策に起因する現象と考えられ、その背景の考古学的究明は重要課題である。

畿内では後期末葉に前方後円墳の造営がおおむね終了し、「大王墳」を首座とする有力古墳は方墳や円墳、八角墳などに変貌する。七世紀には、政治的モニュメントの筆頭たる地位は寺院と王宮へとシフトする。関東など他地域でわずかに造営されつづけた前方後円墳もまもなく途絶し、長かった前方後円墳の時代は終焉をむかえた。

多彩なアプローチ

データと研究の充実

学術的な古墳研究には、優に一〇〇年をこえる歴史がある。その間に蓄積された発掘データや研究論文は厖大な量になる。大小さまざまな古墳の発掘調査が実施されてきた。奈良県メスリ山古墳・同県室宮山《むろみややま》古墳・同県桜井茶臼山古墳・大阪府津堂《つどう》城山古墳などのように、超大型前方後円墳の埋葬施設の発掘事例もある。桜井茶臼山古墳の六〇年ぶりの再調査〔岡林他編二〇二四〕をつうじて、一〇〇面をこえる副葬鏡の存在が明らかになり、マスコミをにぎわしたことは記憶に新しい。

こうした発掘の成果は、調査報告書や報告論文の形式で公表されている。調査報告書にかぎっても、一九八〇年代以降の刊行数には目をみはるものがある（図7）。現在では、そうした報告書の多くをインターネットで閲覧・ダウンロードできる（「全国遺跡報告総

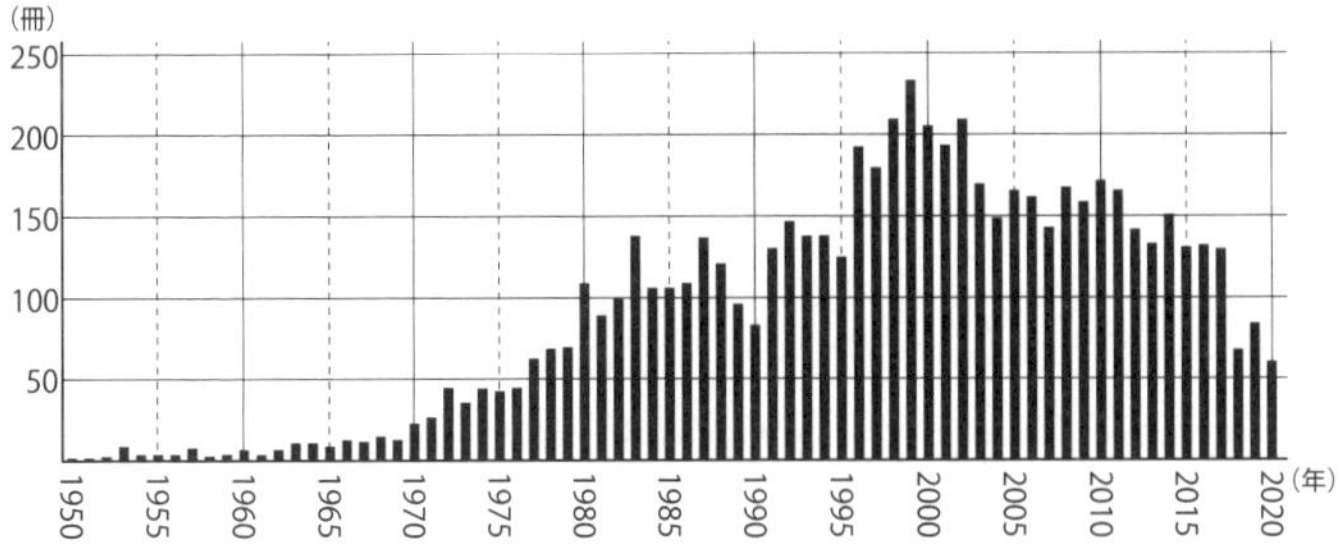

図７　古墳の調査報告書刊行数の推移（川畑純氏作図）

覧」、https://sitereports.nabunken.go.jp/ja)。古墳に関する研究も着実に積み重ねられ、汗牛充棟《かんぎゅうじゅうとう》の観がある。こころみに、論文や書籍・雑誌の学術情報検索データベースであるCiNii《サイニイ》（ＮＩＩ学術情報ナビゲータ、https://cir.nii.ac.jp/）で、「古墳」をキーワードにして検索すると、論文は一万八〇〇〇件あまり、書籍は一万三〇〇〇件あまりもヒットする（二〇二四年十二月時点）。これすら氷山の一角であり、当該データベースにふくまれない論文や書籍は、それこそ山のようにある。しかも、研究分野の細分化と蛸壺《たこつぼ》化が加速度的に進んでいて、古墳時代の全体像を把握するどころか、特定種類の遺物や遺構のデータおよび研究情報の蓄積についてゆくことさえ、もはや至難になっている。

　真摯な発掘調査をつうじたデータの蓄積と、そうした蓄積を活用した研究成果の増大はもちろん歓迎すべきことである。他方、増加の一途をたどる情報を把握しきれなくなっているのは、今後の古墳研究の展望や古墳の保存・活用などを占ううえで憂慮すべき事態でもある。そこで、多様化し細分化する古墳（前方後円墳）研究にたいし、大鉈《なた》を振るってその概況を整理しておこう。

造営・埋葬時へのアプローチ

古墳（前方後円墳）研究は、〈造営・埋葬時に焦点をあてるアプローチ〉と〈造営・埋葬後に焦点をあてるアプローチ〉に大別できる。まず前者をとりあげよう。以下に列挙する事柄は、みな重要な研究視角であり、現に無数の研究が積み重ねられてきた。あまりにも煩瑣になるため、参照文献は例示しない。

古墳は土石の構築物である。農地を侵さない堅固な土地選びが肝要である。景観や交通路との関係や、墳丘からの（墳丘への）視認性に配慮した立地も重要である。墳丘と付帯施設の造営には、着工に先だつ整地作業から完工まで複雑な工程がある。墳丘の規格性と設計法、それらの古墳間での広域共有、そして使用尺の復元研究に、多くの精力が割《さ》かれてきた。とくに近年では、航空レーザーやドローンを駆使した墳丘の精密測量が活発である。石室や葺石などのデジタル測量にくわえて、宇宙線ミュオンで古墳を「透視」するプロジェクトも緒《しょ》に就《つ》いている。個別工程である盛土作業や葺石施工などの工法や技術の詳細、その系統と伝播・交流の実態、そして地域性と広域的な共通性については、発掘をつうじた検討が進んでいる。葺石の石材採取地の同定作業や、周濠などに遺棄された土木具や土器の分析をつうじて、作業の具体像に肉迫しうる。使用土量の算出による投入労働力の復元も、労働力の徴発と編成を解明するうえで必須作業である。

墳丘には埴輪が設置され、土器類も置かれた。木製立物《たてもの》が据えられることもあった。埴輪は円筒埴輪を基本とし、家形・靫《ゆき》形・盾形などの形象埴輪、さまざまな職掌《しょくしょう》や姿態をあらわした人物埴輪、いろいろな動物をかたどった動物埴輪などもある。それら各種埴輪の分類と地域性の抽出が進められ、それぞれにおいて厖大な研究が蓄積されている。製作技法や使用工具に関する分析はますます緻密になり、生産体制の実態や工人の編成が具体的に復元されつつある。樹立の方式や群像の解釈、胎土《たいど》の産地分析などもさかんだ。造出などの付帯施設や、そうした場における祭祀行為に関する研究も多い。祭祀行為の復元作業をつうじて、葬送観念や他界観、宗教観念などへの理解が深まっている。

竪穴式石槨を筆頭とする埋葬施設の研究も多面的に進行している。その構築技術や系統性、規格性や構築資材の産地などの分析が代表的である。木棺の樹種同定や石棺の石材産地同定の精度も向上し、製作技術の具体像と系統性もかなり明らかになった。埋葬頭位の地域性を抽出したり、北頭位（北枕）の優位性を立証する研究も少なくない。埋葬時をピークとする古墳での儀礼の復元も、豊富な発掘調査の事例から詳細に復元されつつある。古墳には複数の埋葬施設を設置することが一般的で、埋葬施設間の関係の分析をつうじて集団内関係にせまりうる。『記』『紀』に依拠した被葬者の推定も散発的に提示される。

被葬者の関係をより具体的に究明する手法として、一九九〇年代以降に進捗したのが、埋葬人骨の遺伝的特性（歯冠《しかん》計測値など）から親族構造を復元するアプローチである。最近では、次世代シークエンサを活用したDNA分析が活性化し、期待がよせられている。人骨の出産痕跡や罹患《りかん》歴などから、被葬者の性格に肉迫することも可能になりつつある。人骨と副葬品目をくみあわせて、当時の社会的性差《ジェンダー》を把捉する姿勢も重要である。歯のストロンチウム同位体比分析から被葬者の出身地を探るアプローチも将来性に富む。

埋葬施設にはじつに多様な器物が副葬された。列挙するときりがないので、個別の副葬品の紹介は割愛《かつあい》する。博物館に足を運んで古墳出土品を眺めると、鏡などの青銅製品、甲冑《かっちゅう》や馬具などの鉄製品、玉類や滑石《かっせき》製模造品などの石製品、供献《きょうけん》土器などの土製品が目だつ。注意すべきは、これらは腐朽への耐性が強い器物であり、繊維製品や皮革《ひかく》製品や木製品といった有機物はたいてい消失してしまうことである。綿密な発掘や観察、理化学分析をつうじて、腐朽した副葬品をどこまで復元できるかが、副葬品研究の重要な課題である。

副葬された多種多様な器物について、分類・型式学的変化・素材・製作技術・生産体制・地域性・使用法・副葬方式などの観点から、厖大な研究が積み重ねられている。列島外からの船載品も多く、それらの出自や流入方式について、さらには船載品および列島製品の流通・授受の方式についても、精緻な分析が実践されている。近年では、そうした器物を入手した集団がそれらをいかに保有したかに関する検討が活発である。船載品の様相や外来技術の特徴は、古墳時代の対外関係を具体的に復元する最重要の手がかりであり、韓半島や中国における考古学的研究の深化と連繫《れんけい》しつつ研究が進展している。

副葬品や埴輪に関して、生産遺跡の様相を加味した検討が深まっている。超大型古墳群などの主要古墳（群）の近辺に生産遺跡が顕著なことから、開発と造墓の連動性に注目が集まっている。集落と特定古墳（群）との対応関係についても、豊富な発掘情報を活用した分析が、二〇〇〇年代にはいってから活況を呈している。

古墳は単体で存在するよりも、群を構成しているほうが一般的である。前方後円墳を首座とする古墳群の構成についての検討は、被葬者集団の構成を究明する重要な手がかりになる。とくに首長墓系譜の分析は、「系譜」内での有力集団の累代的構成を復元するうえで、また地域内／間の諸「系譜」の動態分析により広域的政治秩序を復元するうえで、強力な効果を発揮する。さらに、古墳群（首長墓系譜）内・小地域内・旧国内・列島広域など多様な空間レヴェルで確認できる諸古墳の階層構成を、共時的・通時的に把捉することによって、古墳時代の政治秩序の構成原理とその特質にせまりうる。この種の分析は、特定古墳群（首長墓系譜）や地域のレヴェルではすこぶる活発であるが、それら多様な階層レヴェルをつらぬく総合的な検討作業は手薄である。

造営・埋葬後へのアプローチ

前方後円墳は築造後も、後世の人びとの眼前に壮大な姿を顕示しつづけた。耕作や開発により埋葬施設が露出して人びとを驚かすこともあれば、副葬品が盗掘されて世間に流出することもある。考古学とは人間の活動の物的痕跡から、すなわち人間が遺した過去のモノや構造物や痕跡から、人間の行動や精神活動などを明らかにする学問である。この定義を少し敷衍《ふえん》すれば、そうした構造物なりモノなりがうみだされたのちに、それらを再利用し改変する後世の人びと（現代人もふくむ）の行動や精神活動も、考古学の対象になりうる〔櫻井二〇一一等〕。現に、以下に列挙するような造営後の古墳をめぐる諸現象に焦点をあてた、多彩なアプローチが展開されている。

古墳の墳丘は、戦国期にしばしば城郭《じょうかく》や陣地に転用された。大阪府の今城塚古墳・津堂城山古墳・高屋城山古墳など、城郭に改造された墳丘は少なくない。列島最大級の円墳である埼玉県丸墓山《まるはかやま》古墳に石田三成が戦陣を布《し》いたという記録が残る。大阪府玉手山三号墳は、この地で大坂夏の陣（一六一六年）の帰趨《きすう》が決したゆえに勝負山《かちまけやま》古墳の名があり、実際に鉛の銃弾が出土している。手頃な石材採取地として横穴式石室が破壊されたり、石棺の棺材が抜き取られたりした。そうした石材が城郭の石垣や石仏に転用された事例も知られている。近世以降には、前方後円墳の周濠が溜池《ためいけ》として流用されることもあった。

古墳はしばしば、伝説や民間説話の舞台地として伝承されてきた。兵庫県六甲山南麓古墳群の処女《おとめ》塚・西求女《にしもとめ》塚・東求女《ひがしもとめ》塚古墳にまつわる悲恋譚《ひれんたん》「処女墓伝説」〔関口一九九六〕は、『万葉集』に初出し、多くの文芸作品の題材とされてきた。椀貸塚《わんかしづか》伝承や金鶏塚《きんけいづか》伝承、火雨塚《ひさめづか》伝承など、古墳にまつわる民間伝承は数多く〔柳田監修一九五〇等〕、民俗学の研究対象とされてきた。富に倦《う》んだ長者が、天罰で貧乏になろうと日々捨てつづけた箸が積もったのが箸墓古墳だ、という江戸時代の箸長者伝承は有名だ。ちなみにこの伝承は、テレビアニメ『まんが日本昔ばなし』で放映されている〔「箸墓」、一九八九年一月二一日〕。古墳の祟《たた》りや盗掘にまつわる奇譚《きたん》も各地に伝わり、現代の怪異伝承にも登場する〔朝里監修二〇二二等〕。

目だつ古墳は、歴史上の人物の奥津城として伝承されていることが少なくない。そうした伝承が事実を反映していることはまずないが、その成立経緯や背景には興味深いものがある。『記』『紀』に皇族の下向伝承を伝える群馬県には、豊城入彦命《とよきいりびこのみこと》・彦狭嶋王《ひこさしまのみこ》・御諸別王《みもろわけのみこ》の陵墓伝承地がそれぞれ一一基・七基・六基もある〔群馬県編一九三八〕。皇族につらなりたいという地元の熱望ゆえの現象であり、そんな想いに研究者がまきこまれる事態が、小説の題材にされたこともある〔阿部一九五四・大塚二〇一〇〕。墳墓伝承を意図的に偽造する場合すらあった。京都府椿井《つばい》大塚山古墳は、列島最多の三角縁神獣鏡が出土した古墳として名高いが、藤原百川《ももかわ》（七三二～七九年）の墓だという伝承がある〔中島編一九九九〕。ところが古文献を探ってゆくと、どうやら椿井村出身の文書偽作者である椿井政隆《まさたか》（一七七〇－一八三七年）〔馬部二〇一九〕による偽造伝承であるようだ〔下垣二〇二二c〕。

このように、悠然と大地に根を据える古墳には、人びとの想いが引きよせられやすい。そうした想いを利用して、古墳が政治利用される事態もしばしば生じた。早くも奈良時代には、陵墓（山陵）祭祀が律令国家にとって重大な政策になっていた。尊皇思想が高まった江戸後期には陵墓の荒廃が取り沙汰され、陵墓の盗掘者に厳罰が科された。尊皇攘夷《そんのうじょうい》運動への対策として、幕府は諸藩に巨費を負担させ修陵事業を実施させた。だがこのさいに、多くの荒陵に修復にとどまらぬ改変がくわえられた〔外池編二〇〇五等〕。陵墓が捏造されることすらあった。

天皇を首座に据えた明治政府はすぐさま「太政官達《だじょうかんたつし》第五九号」を公布し（一八七四年）、古墳の発掘にきびしい制限を課した。その意図は治定漏れの陵墓を保護し、皇室の尊厳を護持することにあった。古墳の史蹟指定と顕彰事業は、ナショナリズムの高揚策をはじめ、国家によるイデオロギー操作の資源として利用された〔尾谷二〇一四等〕。他方、皇陵参拝がひろく流行するなど、草の根レヴェルで国家政策が下支えされる側面もあった。

それでも古墳は頻繁に盗掘され、開発をつうじて破壊された（図8）。とりわけ敗戦後の復興期と高度経済成長期には、文化遺産への意識も法的整備も弱く、都市計画などにともない各地の有力古墳が破壊され、この世から姿を消した〔川畑二〇二三等〕。ただし、この時期にうまれた真摯で篤実な文化財保存運動が、数々の古墳を破壊から護り、現在に遺してくれたことを忘れてはならない。

図8　破壊された大型古墳（大阪府百舌鳥大塚山古墳）

そうして護られ遺された古墳は、昨今の古墳ブームとあいまって観光資源としての消費活動がさかんだ〔櫻井二〇二三等〕。従来の史跡整備や「古墳まつり」などの地域振興策、生涯学習との連携活動にくわえ、ゆるキャラや古墳グッズや古墳スイーツ、それらと手をたずさえたライトな書籍など、商魂たくましい近年の販売促進活動には目をみはるものがある〔「古墳ブームにみる遺跡活用の将来像」研究グループ編二〇一七〕。

このように、現代社会と古墳との関係がひろく認識されるようになっており、古墳は市民の歴史意識を涵養《かんよう》したり過去の「ロマン」に想いをはせるモニュメントとして、あるいは憩いの場として機能している。古墳には、そうした精神面だけでなく、防災という実用面でも強い現代的価値がある。大地に傷痕を刻む大地震の痕跡が古墳に遺されているのだ。

造営後に生じた大地震のために墳丘が地崩れをおこしていたり、竪穴式石槨が崩落している事例がある。古墳は活断層で生じた地形を利用して造営されることが多い〔寒川一九九二・高橋一九九七〕ため、地震の爪痕が時おり確認される。王陵級古墳の誉田御廟山古墳も今城塚古墳も活断層の直上に位置し、後世の地震のせいで一部が崩壊している。地震考古学のパイオニアである寒川旭氏は、古墳は「古墳時代の人たちが私たちに残した、特殊な地震計としての役割を備え」、「古墳に刻まれた地震痕跡は、将来の地震被害を軽減することに役立つ情報を与えてくれる」のだと期待をよせる〔寒川二〇一二〕。

本書のアプローチ

古墳にはずいぶん多くの研究視点があり、さまざまな面で社会にかかわっていることをご理解いただけたと思う。これだけ多様な観点を一冊の書物に盛りこむのは無理な話だ。研究者の問題意識なり歴史意識なりにもとづいて、議論の方向を設定することが肝腎である。筆者は造営後へのアプローチも重要だが、日本列島が国家形成へと向かった前方後円墳の造営期へのアプローチは、それにもまして重大だと考える。当該期に前方後円墳がはたした役割を追究することにより、現代までつづく「国家」の起源や特質を解明する有望な手がかりがえられるからである。したがって次章以降は、前方後円墳の機能、とくに政治的機能を探り、国家形成にはたした役割を追究することにしたい。

歴史的意義を求めて

集権志向と分権志向

前方後円墳の二相

古墳には対照的な様相がある。五〇〇《メートル》超を筆頭に超大型前方後円墳がひしめきつつ、一〇《メートル》前後の小墳（円墳・方墳）にいたるまで圧倒的な格差と序列をみせる。有力古墳には中心—周縁性があるし、定型性も顕著である。他方で前方後円墳は、列島の津々浦々にまで分布し、埋葬施設や副葬品など多くの要素が超大型古墳から小墳まで共有され、地域的個性や地域間交流をうかがわせる要素も多い。

それゆえ、格差（序列）性・中心性・統合性・定型性を重視するか、共有性・地域性・多様性に着目するかで、復元される前方後円墳像が、ひいては当時の社会像が大きく変わってくる。前者のように前方後円墳の集権的性格を重視する研究志向を集権志向、逆に後者のように分権的性格に着目する研究志向を分権志向と名づけておこう。

かつては、巨墳造営の背景に専制国家の存在を想定することが多かった。しかし、倭王権の連合政権的な性格が認識されるにつれ、「首長」たちが連携しあって「共に造」る性格〔白石一九九九〕が強調されるようになった。近年では、「共に造」る主体が造墓者である人民にまで拡張され、上下相和《あいわ》して造墓にいそしむ「ゆるくて良い」古墳時代像〔若狭二〇二二b〕まで登場している。

集権志向と分権志向は理念型的に設定した概念なので、両者の相違をことさらに強調すると、解明すべき実態を見失いかねない。多様な考古事象にたいする解釈が折り重なって、専制的な古墳時代像と野合的な古墳時代像を両極とするグラデーションがうみだされているのが実情である。学史的に整理すると、両志向にはそれぞれ起点的な理論枠がある。それらについて簡単に紹介しておこう。

「国家的身分制」論

一九六一年に、東洋史学者の西嶋定生氏が、「古墳と大和政権」と題する長大な論文を発表した。同年に中国秦漢時代の爵《しゃくせい》制研究〔西嶋一九六一b〕をまとめていた西嶋氏は、当該研究の核となる「古代国家の形成における身分制の意義という課題」を古墳時代に適用した〔西嶋一九九二〕。重厚かつ緻密な分析をつうじて、列島各地の古墳は「大和政権との政治的関係を媒介としたばあいにのみ営造されたもの」であり、前方後円墳を首座とする複数の墳形が併存する古墳には、「カバネ秩序」として示される「大和政権の国家体制」である「擬制的同族関係」が、ひいては「大和政権」による「国家的身分秩序」が表出していたとの推論をみちびきだした〔西嶋一九六一a〕。

列島各地における造墓状況に、そして複数の墳形の併存状況に「大和政権の浸透の仕方」を読みとり、「大和政権」と「地方」との政治関係を復元しうると説く西嶋氏の研究視角は、各地で発掘資料を蓄積しつつあった多くの考古学者に希望と研究動機を、そして強力な解釈枠をもたらした。筆者が学部生の頃、都出比呂志先生が講義時に、この論文を必読文献だと推奨しておられたのを想いだす。

前方後円墳体制論

理念性の強い西嶋氏の国家的身分制論を、古墳研究の実態に即して昇華させたのが、都出氏の前方後円墳体制論である。都出氏は各種の墳形を身分・序列表示とみる上述の西嶋説と、前方後円墳を頂点とする各種の格差が墓制に表示されていたとする近藤説〔近藤一九八三等〕を継受したうえで、「墳丘の形態によって首長の系譜や格式を表現し、またその規模によって実力を示すという二重原理」により、諸「首長」層がその「系譜と実力の違いを相互承認する」「身分表示」システムこそが、古墳時代の政治秩序を律する「前方後円墳体制」なのだと提唱した〔都出一九九一・一九九五a等〕。

前方後円墳体制論は、視覚的にわかりやすい模式図〔図9〕とあいまって、現在なお古墳時代の政治秩序を説明する最有力の理論枠でありつづけている。このほかにも、「前方後円墳秩序」論〔近藤一九八四〕や「前方後円墳国家」論〔広瀬二〇〇三〕、「首長連合体制」論〔和田一九九四〕などの理論枠が提示されてきた。前方後円墳体制論とは力点のおきどころがことなるが、いずれも古墳時代の政治秩序の生成と維持に前方後円墳がはたした役割を重視する集権志向の枠組である。

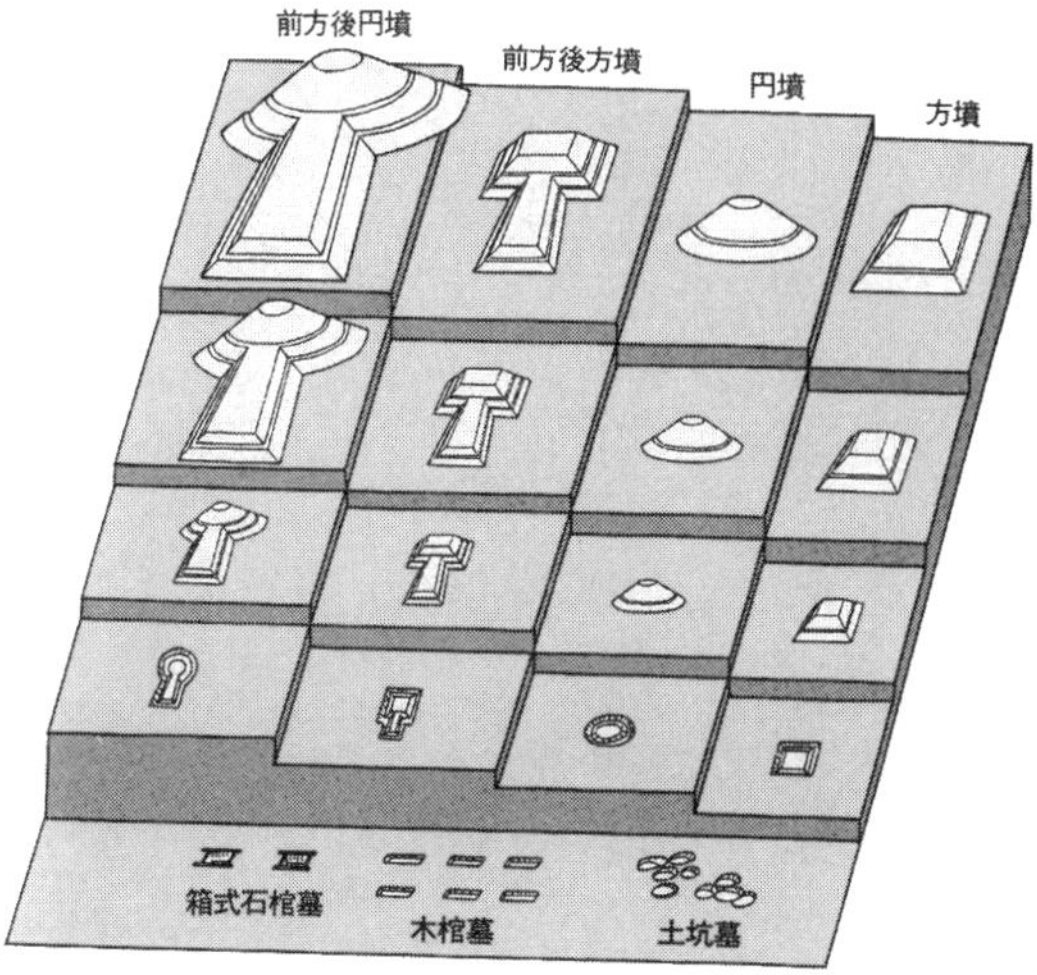

図9　「前方後円墳体制」のモデル図〔都出1998〕

英雄時代論

分権志向の研究も、前方後円墳の解釈に彩りをあたえてきた。その起点的な理論枠である英雄時代論も、考古学者ではなく文献史学者により提起された。現在、考古学と理化学分析やデータ計測との協同が目だつ古墳時代研究であるが、一九七〇年代頃までは文献史と考古学をへだてる垣根が低く、両者の活発な議論をつうじて「古代史」研究が刷新され進展していたのである。

英雄時代論が提唱されたのは、敗戦後まもない一九四八年のことだった。提唱者は新進の古代史研究者として期待されていた石母田正氏。氏は長年にわたって日本古代史を牽引し、その主著『日本の古代国家』〔石母田一九七一〕は「戦後の日本古代史研究における最大の成果」〔大津二〇一七〕と評される不朽《ふきゅう》の名著である。

石母田氏は、無階級社会から階級社会への過渡期に「階級的主体としての古代貴族」と「広汎な独立小農民層」との階級対立が表面化しない時代があり、後者の先頭に立って活動する「英雄的性質」が前者に顕著なことをもって、その一時代を「英雄時代」と名づけた。その主要な論拠として、「天皇と同じく独立不羈《ふき》であって、自己の台地と平野の上に思う存分に足をふみしめている」「諸豪族」の「壮大な古墳」が割拠する事実を特記し、「五世紀の頃」には「王のもとにおける統一された秩序ではなくして」、むしろ「対立と争闘にみちた」「潑剌《はつらつ》たる無政府をさえ想わしめる」前国家社会が展開していたとみた〔石母田一九四八〕。

数年前まで学界に瀰漫《びまん》していた皇国史観と一線を画する英雄時代論は、清新な新説として注目され、当時の社会状況への評価と連動しながら、その当否をめぐって論争がくりひろげられた。大局的には否定されるかたちで終熄《しゅうそく》した〔磯前二〇二三〕が、その後も該当時期を三～四世紀代に溯上《そじょう》させる修正案をつうじて延命しつづけた。

英雄時代論の魅力の一端は、序列システムで当時の社会像を裁断する集権志向の〈ドライ〉な諸研究とは正反対に、地域社会において「首長」と人民が人格的に調和しながら躍動的に歴史を伐り拓いてゆく、〈ウェット〉なロマンに溢《あふ》れていたことにあるのだろう。また、「ヤマト王権による全国統一の予定コース」という「宿命的」な歴史観にたいする「アンチ・テーゼ」であったこと〔小林一九八〇〕も重要である。

分権志向の諸説

若き日の近藤義郎氏の古墳論には英雄時代論の影響が色濃い。群集墳に関する記念碑的論考〔近藤一九五二〕の理論基盤は英雄時代論そのものである。前方後円墳の発生期に、「首長」と共同体成員の関係が、かつての親密なものから後者を疎外する隔絶的なものへと変化したとの見解〔近藤一九六八等〕も、英雄時代論との親和性がある。その後の近藤氏は、西嶋氏の理論枠に「激しい衝動を受け」〔近藤一九九八〕、氏の「国家的身分制」論と擬制的同族論を自身の古墳論に接《つ》ぎ木し、さらにエンゲルス学説に依拠する石母田氏の新理論枠〔石母田一九七一〕を外挿して「国家的身分制」から「国家」を除去していった。その結果、近藤氏の総決算的な著書『前方後円墳の時代』〔近藤一九八三〕において、前方後円墳の出現前後および消滅前後に接ぎ木観が生じているのである。

分権志向の古墳解釈は数多い。ただ、多様性や地域性を重視するためか、理論枠として提示されることはきわめて少なく、集権志向への「アンチ・テーゼ」に終始している憾《うら》みもある。そうしたなか、有力古墳の墳麓部を囲繞《いにょう》する小埋葬施設群（図10）は、民衆の「先頭にたって」「苦労をともにし、利益は分かちあう」「英雄」を慕って、民衆がその墳墓の麓に築いた墓だ、という解釈は具体的で興味深い〔岩崎一九八九〕。各地の「英雄」が自集団の利害を代表して鉄資源取得などの活動に従事していた「三世紀から四世紀ころまでの社会」を、英雄時代に擬する見方もある〔松木二〇〇五〕。

二〇〇〇年代の分権志向の諸研究に依拠すべき枠組をあたえたのが、北條芳隆氏の提唱した「第一群／第二群前方後円（方）墳」論である。北條氏は前方後円墳を「斉一性概念と格差の概念」で把握する集権志向の「畿内主導説」を鋭く批判する。そのうえで、「地域ごとの伝統を保持しつつ推移する」「第一群前方後円（方）墳」と、「巨大前方後円墳、およびその直接的な影響下に成立することになった」「第二群前方後円（方）墳」との二者が併存すると説き、前者に葬られた諸地域の「代表権者」が「合議」をつうじて選抜した「倭国王」の墳墓こそ後者である、と力説した〔北條二〇〇〇a・二〇〇〇b〕。

北條氏の提言は大きな反響をよび、諸地域の古墳の自律性を強調する論調が高まった。

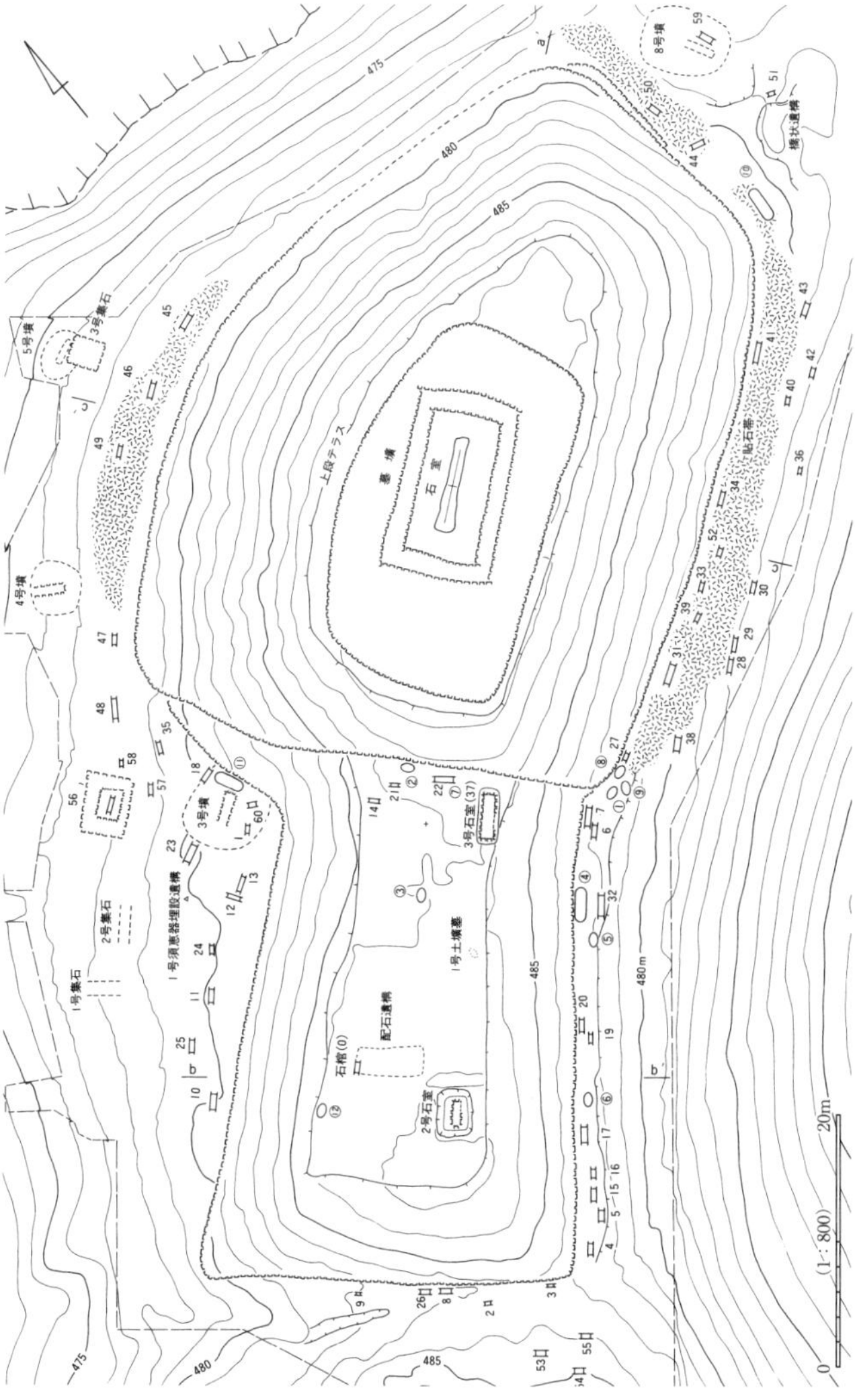

図10　森将軍塚古墳（長野県）と周辺埋葬群

諸地域の古墳を「ヤマト政権」からの影響一辺倒で解釈する傾向に反省をせまり、在地の論理による解釈の必要性を知らしめた点に、この提言の意義がある。それでも筆者は、この提言に、さらには分権志向の古墳論に批判的な立場を示してきた。諸地域の古墳の様態に自律性はたしかにある。だが、それらを被覆する秩序と序列も確固としてあり、畿内中枢勢力を頂点とする有力集団構造をつうじて、地域的個性が吸収され、秩序と序列のなかに自律性が絡めとられていったからだ〔下垣二〇一一等〕。したがって本書では、分権志向の諸研究を尊重しつつも、おおむね集権志向の視座から立論する。

少し長くなったが、現在の前方後円墳論や古墳時代論を強く規定する枠組について概観した。次節ではそうした枠組の問題点を抽出し、新たな前方後円墳論および古墳時代論を構築するための方途《ほうと》を探ることにする。

巨大古墳と国家形成

前方後円墳は国家社会の産物か

古墳時代研究において、文献史学者も考古学者も国家論に強い関心を示してきた。古くは、「世界にも稀な堂々たる威容を誇」る「応神・仁徳両天皇の山陵」を造営した背景に「統一国家」を推察する程度の素朴な国家観であった〔坂本一九六八〕。

ところが石母田氏が、七世紀後半以降の律令国家こそ列島最初の古代国家であり、「カバネ」などの制度的な身分標識の確立が「古墳による身分秩序の表現」を消滅させたと説いたこと〔石母田一九七一〕で、風向きが一変した。各種墳形に表示された「カバネ秩序」こそが「大化前代の大和政権の国家構造」の根幹だと断じていた西嶋氏〔西嶋一九六一〕は、「カバネ秩序」論を撤回した〔西嶋一九九二〕。近藤氏も前方後円墳の廃絶と国家成立の同軌《どうき》性を受けいれ、「原始社会末期のグロテスクな怪物」である前方後円墳が消滅したときに「階級社会と国家が始まる」と考えるにいたった〔近藤一九八三・一九九五〕。しかし一九九〇年代以降に、都出氏などの考古学者が、石母田氏の準拠枠であるエンゲルス学説からの脱却をはかりはじめた。古色を帯びて久しいエンゲルス学説以降の新たな理論枠を導入し、蓄積された厖大な考古資料を駆使しながら、古墳と国家の関連性の解明に果敢に挑んでいったのである。

先陣を切った都出氏は、新進化主義人類学の枠組を導入して、前方後円墳体制に律せられる列島社会が「初期国家」段階に到達していたと論じた〔都出一九九一〕。初期国家論に賛同する福永伸哉氏は、「前方後円墳秩序」における墳墓の「ヒエラルキー」をとりわけ重視し、古墳時代社会は「古代国家」であったとみる〔福永二〇〇五〕。「大和政権中枢との間の支配—従属関係」が前方後円墳造営に表出されていたと考える広瀬和雄氏は、「領域と軍事権と外交権とイデオロギー的共通性をもち、大和政権に運営された首長層の利益共同体」を「前方後円墳国家」と名づけた〔広瀬二〇〇三〕。前方後円墳だけでなく中小古墳（群）の汎列島的動態にも留意した和田晴吾氏は、「首長層」の在地支配が温存された古墳前期〜中期を「初期国家段階」（「首長連合体制」の「成熟期」）、「王権」による支配が諸地域の「家長層」まで貫徹した後期を「本格的な国家的秩序」の開始期だと評価した

〔和田二〇〇四〕。

従説の問題点　上記の諸説は、巨大前方後円墳を頂点とする序列形成の背後に国家成立を読みとるか〔都出一九九一等〕、前方後円墳の廃絶を国家形成の決定的な契機とみるか〔近藤一九八三等〕、古墳時代内に生じた序列の質的変化に国家成立の端緒をみいだすか〔和田二〇〇四等〕で、見解がわかれている。前方後円墳の展開と序列をめぐる諸研究は重要な成果を数多くもたらしてきたが、問題点も少なくない。

たとえば、前方後円墳体制論の要《かなめ》は「古墳の墳形と規模との二重規定によるランキングの差」〔都出一九九五a〕であるが、墳形間の関係と墳丘規模は時期ごとに変動する。模式図で示される前方後円墳＞前方後方墳＞円墳＞方墳の序列（図9）を確認できるのは、じつは前期後葉のみである〔下垣二〇一一a〕。前方後円墳に表示された「身分秩序」を詳細に分析するためには、列島広域・旧国単位・小地域における古墳の階層構成や序列を、小期ごとに追尾する作業が不可欠である。しかし旧説は、精度の低い旧編年に依存した事例研究がほとんどであり、墳丘規模も旧データから更新されていない場合が多い。しかも各地域の作業成果が同一の基準で連繋されていないため、総合的な解釈が困難である。

定量分析の必要性　考古事象の質的（主観的）解釈が優先され、客観的な定量分析が軽視されがちなのも気になる。先述の「第一群／第二群前方後円

(方)墳」論も、提示された模式図(図11)をみると納得しそうになるが、墳丘を同一縮尺にそろえると説得力がにわかに減る(図12)。墳丘規模の大小は投入労働力の多寡におおむね比例する以上、墳丘の定量分析こそが質的解釈の前提条件になるはずである。とこ

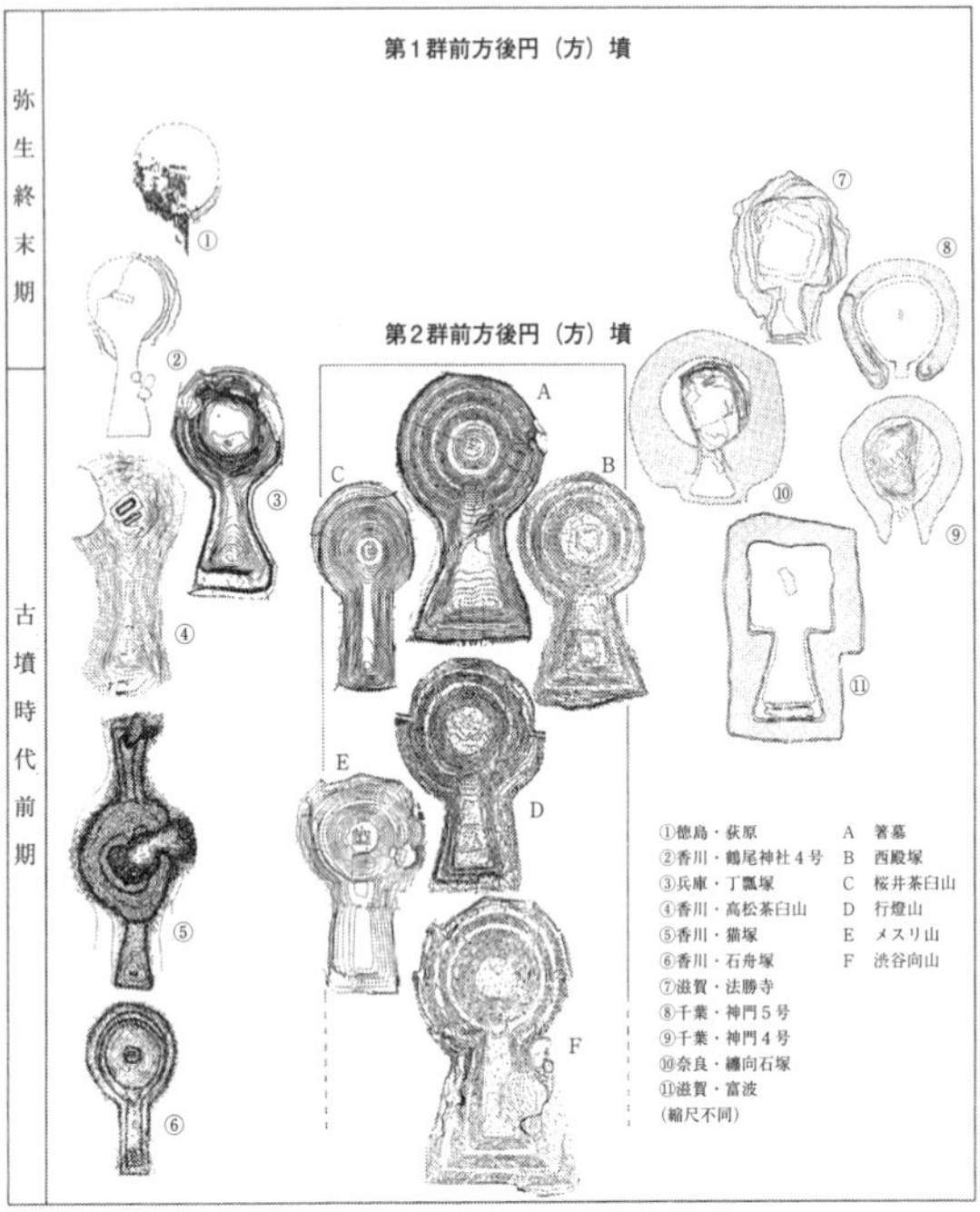

図11　前方後円墳の2者〔北條2000〕

図12　前方後円墳の2者の規模差

ろが、「考古資料に親和的な定量的アプローチ」の意義がしばしば提言される〔福永二〇一四等〕のとは裏腹に、少数の先行研究をのぞくと、この種の分析はけっして十分ではない。

各地の首長墓系譜の解釈にしても、構成「首長墓」を二〇～三〇年に一基という按排《あんばい》で配列したうえでなされている。要するに「首長」の在位年数が四半世紀（二五年）前後という前提にたつわけだが、後述するように埋葬人骨の年齢分析の結果からすると、これほどの長期間にはなりえない。そうなると当然、復元される地域像も集団像も変わってくる。定量分析と解釈を遊離させない研究姿勢が必要なのである。

古墳は政治的産物か

分権志向の立場から提示される、前方後円墳に政治秩序が本当に反映しているのか、との疑念に理論的・実証的に応答しきれていない、という問題もある。古墳はあくまで葬送にかかわる文化的現象であり、国家形成を論じる資料にはなりえない、という疑義が文献史学からしばしば発せられてきた〔山尾一九九九・門脇二〇〇八等〕。

（初期の）前方後円墳からわかるのは「心理的」「精神的」な結びつきであって、「政治的な結びつき」を読みとることなどできない、という考古学者の主張〔田中一九九一〕も、一定の承認をうけてきた。「祖霊祭式が本来的に政治性を帯びやすい」ゆえに前方後円墳の「分布圏」は「政治圏」と解してよい、との反論が提示されたが〔都出一九九五b〕、死者の処理法はきわめて変化しやすいという汎世界的な研究成果〔クローバー二〇一四（一九二七）〕と齟齬するので、十分な説得力をもたない。

私見では、古墳の秩序には理想や理念がこめられており、当時の集団関係の実態をそのまま反映しているわけではない。しかし、そのような理念的な秩序が長期にわたって受容され反復されてゆくなかで秩序の現実化が進んだ。のみならず、古墳は莫大な労働力と資材が投入された構築物であるため、その造営をつうじて多様な政治的・社会的関係が醸成された。したがって、古墳の秩序を長期的にとらえることで、現実的な政治秩序の形成状況を復元できると考える。筆者は、その復元に力を発揮する分析視角に着目してきた。構造マルクス主義人類学につらなる「権力資源（源泉）」論〔Earle 一九九七〕である。

権力資源論

この分析視角については旧著で解説した〔下垣二〇一八・二〇二三a等〕ので、以下では要点のみ摘記する。この視角では、社会とその発展をイデオロギー・経済・軍事・政治・社会（親族）関係的な諸権力の合成物として把握する。そして、それら諸権力の源泉（資源）にたいする他者のアクセスを操作《コントロール》・制限しうる有力者《エリート》が、権力を増強し支配機関を樹立してゆく過程と経緯を復元できるとみる。権力を実体視せず、権力が行使される媒体《メディア》として各種資源を分析する点に独創性がある〔マン二〇〇二（一九八六)」。

権力資源の「経済」では、有力者や支配組織が余剰生産物を政治活動などにあてるポリティカル・エコノミーが基幹的な機能をはたす。これには、貢納や徭役《ようえき》をつうじて人民から徴集する基本物資（農産物や家畜など）の生産・流通・消費をコントロールする基本物資財政《ステイプル・ファイナンス》と、交易ルートや専門工人を掌握して特殊な物品（威信財など）の生産・輸入・流通・消費をコントロールする富裕物資財政《ウエルス・ファイナンス》とがある。

「軍事」は、兵士や武器を威嚇《いかく》装置にして命令を強制的に遵守させる権力資源となる。「イデオロギー」は、一定の様式の信仰・儀礼・物質文化をつうじて社会秩序の規範を示し、有力者による支配の正当性を刷りこませる権力資源である。儀礼行事・象徴器物・公共モニュメントなどの形式で可視化することで、社会へと滲透し別種の権力資源のコントロールを下支えする。「政治」は領域のコントロールが、「社会関係」は社会（親族）的関係に占める位置どり《ポジシヨニング》のコントロールが、とくに重要な機能をはたす権力資源である。

考古学において権力資源論は、おもに「首長制社会」の分析に適用されるが、各種の権力資源を効果的に連繫させてコントロールする支配機関が安定的に持続している場合、そうした機関を擁する社会は国家段階に到達していたと判断できる〔関二〇〇六〕。だから筆者は、経済・軍事・イデオロギー・領域・社会関係の権力資源コントロールを効果的かつ恒常的に遂行しうる支配機関の成立をもって、国家の成立と判断している。ただし国家は、当該社会のおかれた状況に応じて多様でありうるので、一意的な定義はのぞましくない。筆者の分析の力点は国家の定義にではなく、〈複数の権力資源コントロールを効果的かつ恒常的に遂行しうる機関〉にあることを強調しておきたい。

本書の分析　律令期には成文法に準拠した制度的支配システムが整備され、律令法制をつうじて権力資源のコントロールが遂行された。逆にいえば、成文法が未成立の古墳時代社会において、権力資源の効果的なコントロールは困難であったはずだ。それでも権力資源のコントロールは、古墳時代に明確に確認できる〔福永二〇〇五・中久保二〇二三等〕。

権力資源論の理路に沿って、考古資料の実態を読み解いてゆくと、多様な権力資源のコントロールを複合的に発効させていた物的媒体の存在が浮かびあがってくる。（超）大型古墳と鏡がその双璧である。かたや大地に根を張るモニュメントとして、かたや移動性に富む器物として、権力資源をコントロールする機関の成長を相補的に増幅させた。鏡については前著で詳論したので、次章「装置としての前方後円墳」では、（超）大型古墳と権力資源のコントロールの関係について、多面的に検討することにしよう。

そして「階層秩序を探る」の章では、最新の編年案と考古学的データを駆使しながら、前方後円墳を頂点とする序列と秩序の実態を復元する。この序列と秩序を多様な空間レヴェルで検討し、その動態を小期ごとに把捉する作業と、造墓をつうじて発効する権力資源コントロールの抽出作業を総合的に実施することで、〈古墳に身分秩序が反映している〉といった単純な理解から脱却し、造墓と国家形成との関連性を新たな視座からとらえなおすことが可能になるだろう。

装置としての前方後円墳

集団関係の表示——社会関係

〈ひとりのための古墳〉という誤解

巨大な古墳を現地でみあげて、あるいは本やテレビの画像を眺めて、「なぜこんな巨大な墓をたったひとりのためにつくったのだろう?」と不思議に思った人はきっと多いだろう。ところが意外なことに、確実にひとりのみを埋葬した古墳は少ない。埋葬者が確実にひとりだけ、という有力古墳はむしろ少数派である。とすれば、同じ古墳に葬られた有力者たちの関係を追究することで、当時の有力集団内関係が明らかになるだろう。こうした関係を究明することで、はじめて古墳間の序列なり身分秩序なりについて地に足のついた検討が可能になる。そう筆者は考える。

古墳に複数人を葬る事象を「複数埋葬」とよぶ。同一古墳に複数の埋葬施設を設置する

「同墳複数埋葬」、一基の棺槨《かんかく》に複数人を葬る「同棺複数埋葬」、一基の横穴系埋葬施設に複数人を葬る「同室複数埋葬」に大別できる。同棺複数埋葬は、複数体分の人骨が腐朽して消失している場合だと（たいてい消失している）、副葬品が複数人の存在を明確に示すように配置されていたり、複数の石枕が設置されていたりしないかぎり、はっきり認定できない。同室複数埋葬は追葬《ついそう》や先葬者の移動が顕著になされたり、後世に他人が侵入して荒らしたりするため、被葬者間の関係をとらえにくい。だから本書では、同墳複数埋葬の検討に主眼をおき、とくにことわらないかぎり同墳複数埋葬を複数埋葬とよぶ。

前方後円墳の複数埋葬の設置位置は多様である。模式的に図示すると図13のようになる。後円部の墳頂中央部の埋葬位置Aが中心埋葬、それ以外が副次埋葬である。Aの被葬者が古墳の主人公である。C～Fとa～fの埋葬施設を周辺埋葬とよぶこともある。前方部のない円墳と方墳の埋葬位置はA～Fに区別される。図の網掛け部分は墳丘斜面であり、基本的に埋葬施設を設けない。白地の平坦面のさまざまな箇所に設置するのである。

埋葬位置の格差　地域性や時期差もあるが、竪穴系の埋葬施設には竪穴式石槨＞粘土槨（・石棺直葬）＞木棺直葬＞箱形石棺・埴輪棺＞土壙墓《どこうぼ》といったおおまかな序列がある。この序列は埋葬位置とおおよそ相関しており、模式的に表現すると図14のようになる。細かな例外はあるが、中心埋葬に小型の箱形石棺が、副次埋葬や周縁埋

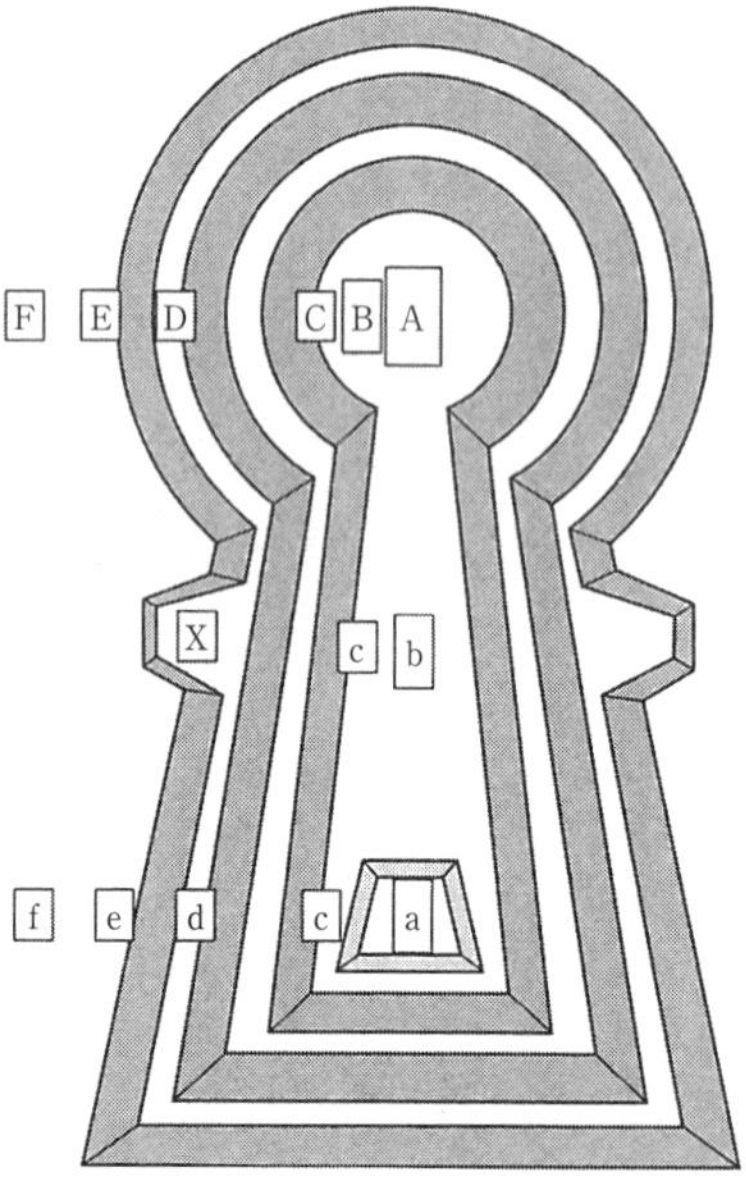

A　後円部墳頂平坦面中心埋葬
B　後円部墳頂平坦面周縁埋葬
C　後円部墳頂平坦面外縁埋葬
D　後円部テラス部埋葬
E　後円部墳麓埋葬
F　後円部墳外埋葬
a　前方部墳頂平坦面中心埋葬
b　前方部墳頂平坦面後部埋葬
c　前方部墳頂平坦面外縁埋葬
d　前方部テラス部埋葬
e　前方部墳麓埋葬
f　前方部墳外埋葬
X　造出埋葬

図13　複数埋葬の設置位置

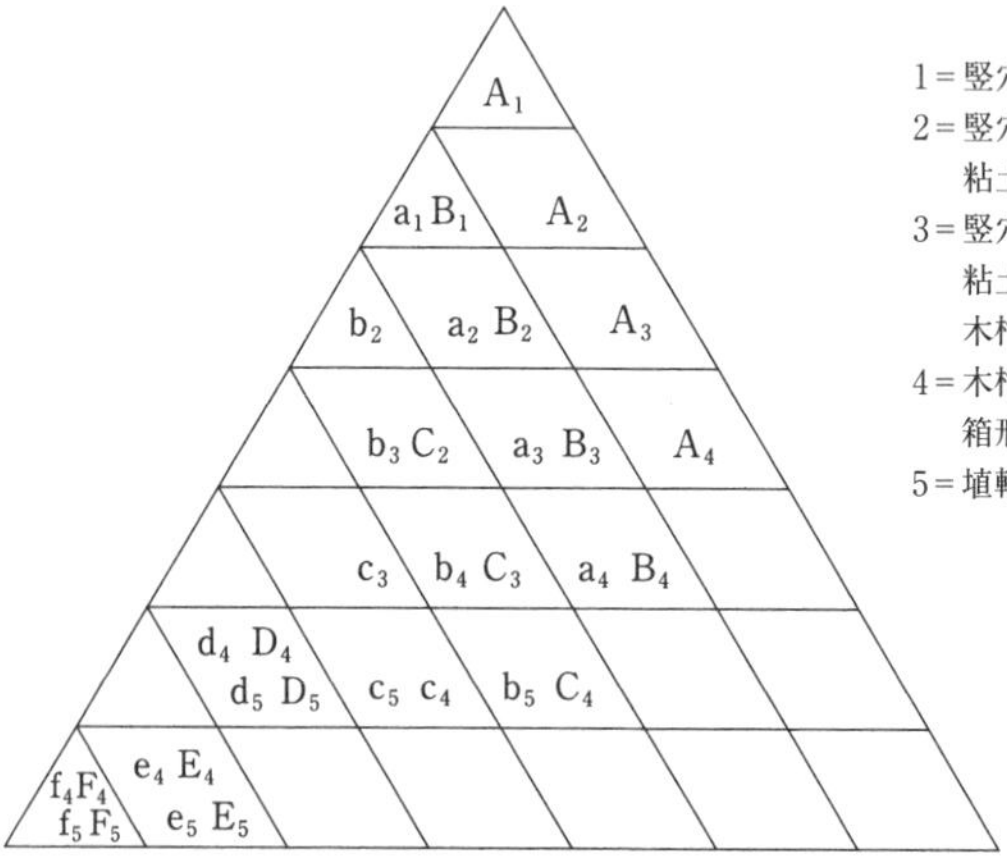

1＝竪穴式石槨(4m～)
2＝竪穴式石槨(2m～)
　粘土槨・石棺直葬(4m～)
3＝竪穴式石槨(～2m)
　粘土槨・石棺直葬(～4m)
　木棺直葬(4m～)
4＝木棺直葬(～4m)
　箱形石棺
5＝埴輪棺・土壙墓

図14　埋葬位置と埋葬施設の格差

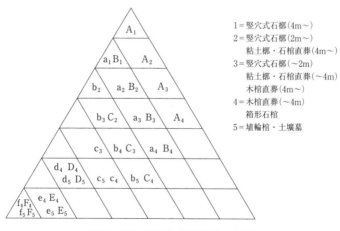

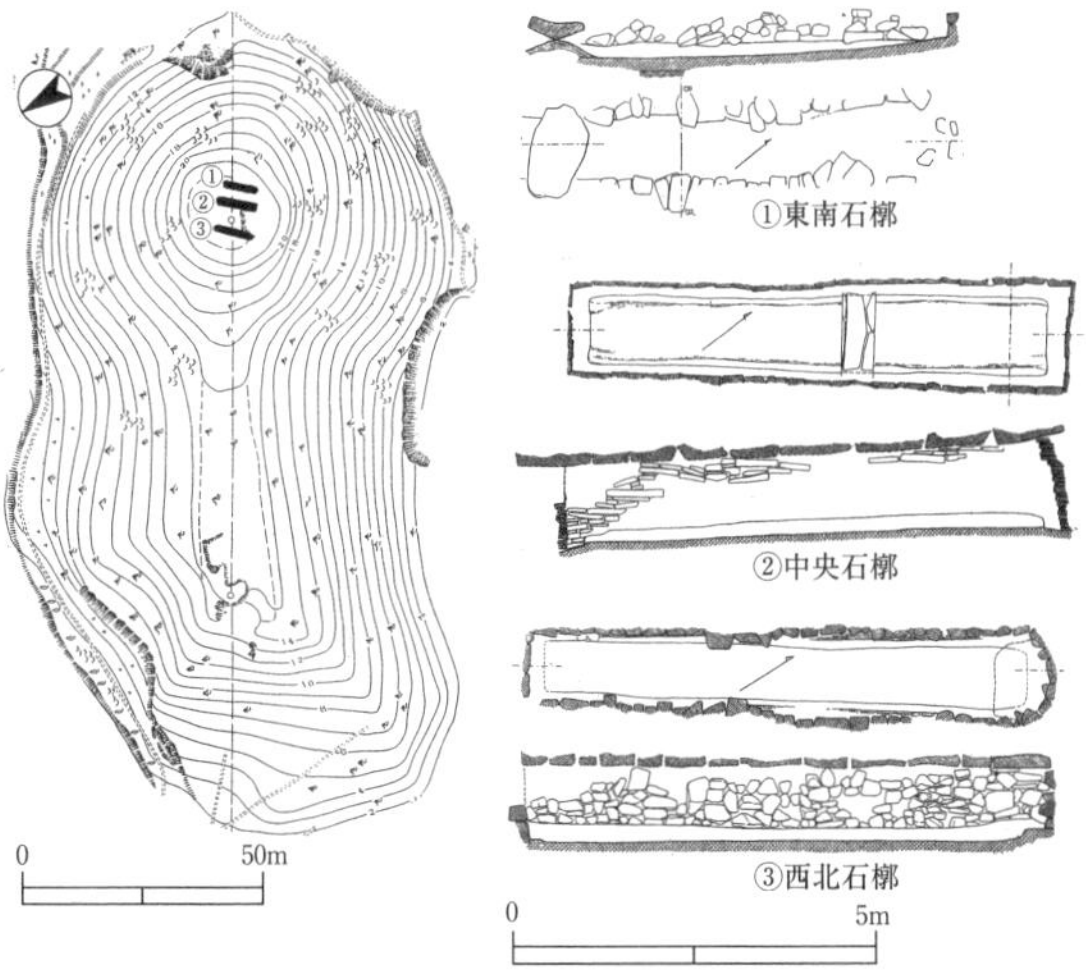

図15　複数埋葬の竪穴式石槨の差（滋賀県安土瓢箪山古墳）
墳丘 S＝1/3,000　埋葬施設 S＝1/200

葬に長大な竪穴式石槨が設置される複数埋葬はありえない。副次埋葬である前方部埋葬は、後円部の中心埋葬に劣り、有力古墳だと長大な埋葬施設が設置されることもあるが、粘土槨か木棺直葬であり、内法長四メートル以上の長大型竪穴式石槨の確認例は一例しかない。

同じ棺種でも、複数埋葬では微妙な差がつけられることが多い。たとえば中心埋葬に板状石材をもちいた竪穴式石槨が設営され、副次埋葬も竪穴式石槨である場合、後者は非板石状の石材で構築された劣位の埋葬施設である〔蔵本二〇〇三〕(図15)。同一墓壙《ぼこう》内に設置された同種の埋葬施設も、法量や設置深度に意図的な差が設けられた

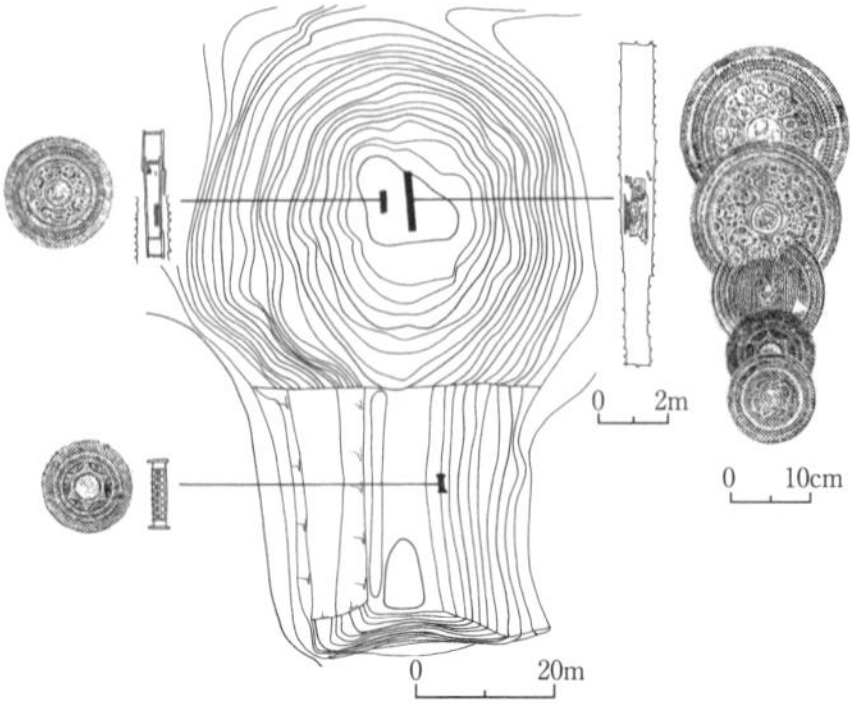

図16　埋葬施設および設置位置の差と副葬鏡径の差（鳥取県馬山4号墳）

表4　複数埋葬の鏡径差

		埋葬施設	
		中≫副	中≧副
鏡径	中≫副	27	5
	中>副	13	12
	中≒副	3	16
	中<副	4	0

＊数字は埋葬施設の基数
＊中は中心埋葬，副は副次埋葬．

〔三木二〇一一〕。

複数埋葬の格差は、被葬者に副《そ》えられた器物でも表示された。露骨なのが鏡である。古墳時代には、鏡径の大小をつうじて、畿内中枢勢力による諸地域の集団にたいする序列づけが表現されていた。複数埋葬を中心埋葬と副次埋葬の格差が大きな場合（中≫副）と、格差が少ないかほとんどない場合（中≧副）とに大別して、両者の副葬鏡径差を集計してみると、ほぼ例外なく中心埋葬が副次埋葬を上まわるか同等である〔下垣二〇二一a〕（図16・表4）。それほど明白ではないが、腕輪形石製品においても鍬形《くわがた》石《いし》＞車輪石＞石釧の格差と中心埋葬＞副次埋葬の格差とが相応している。こうした格差の対応例は、今後ほかの器物でもみつかるかもしれない。ともあれ、埋葬位置に表示された格差の存在は、古墳内で被葬者が序列化されていたことを示している。

複数埋葬の被葬者間関係

古墳の埋葬状況をえがいたイラストでは、男性が棺内に横たわっていることが多い。そうした刷《す》りこみ効果と現代日本人の家族観などにより、中心埋葬（A）とその脇の副次埋葬（B）の被葬者は男＝主、女＝従の夫婦であり、親縁者が墳丘の周辺的な箇所（C・D、a〜d）に、従属者が墳端（E・e）や墳丘外（F・f）に葬られたと、ついつい考えたくなる。ところが埋葬人骨の分析をつうじて、そうではない実態が浮かびあがってきた。

日本列島は概して酸性土壌であり、しかも温暖湿潤な気候であるため、なかなか埋葬人骨が遺らない。竪穴式石槨や粘土槨など、木棺を使用する上位の有力集団の埋葬施設は、せいぜい断片的な人骨しか出土しない。他方、刳抜《くりぬき》式石棺や箱形石棺や横穴式石室、奈良時代以降まで存続した横穴墓の埋葬人骨は、出土伝承などまでふくめると、優に一万体をこえる。しかし、箱形石棺や横穴墓は総じて下位集団の埋葬施設であり、上位の有力集団の内的関係を追究する資料にならない。横穴式石室と横穴墓は追葬と後世の攪乱《かくらん》がひどく、埋葬時の集団内関係を究明するうえで大きな限界がある。それでも、遺存状況と出土状況が良好な数少ない人骨にたいする精緻な分析をつうじて、複数埋葬の被葬者間関係が明らかにされてきた。最近ではＤＮＡ分析も活況を呈してきた。

親族関係の復元

　埋葬人骨の形質人類学的かつ考古学的な分析を推進してきた田中良之氏と清家章氏により、同墳内の複数埋葬の親族構成とその変遷過程が復元されてきた〔田中一九九五・二〇〇八・清家二〇一〇等〕。要約的に示すと、弥生末期から少なくとも古墳中期前半までの被葬者間関係はキョウダイ（ないしイトコ）が基本であり（基本モデルⅠ）、造墓の契機となる初葬者の比率は男女に差がなく、双系的な親族原理が支配的であった。その後、中期後半以降に「家長」とその地位を嗣《つ》がなかった子の関

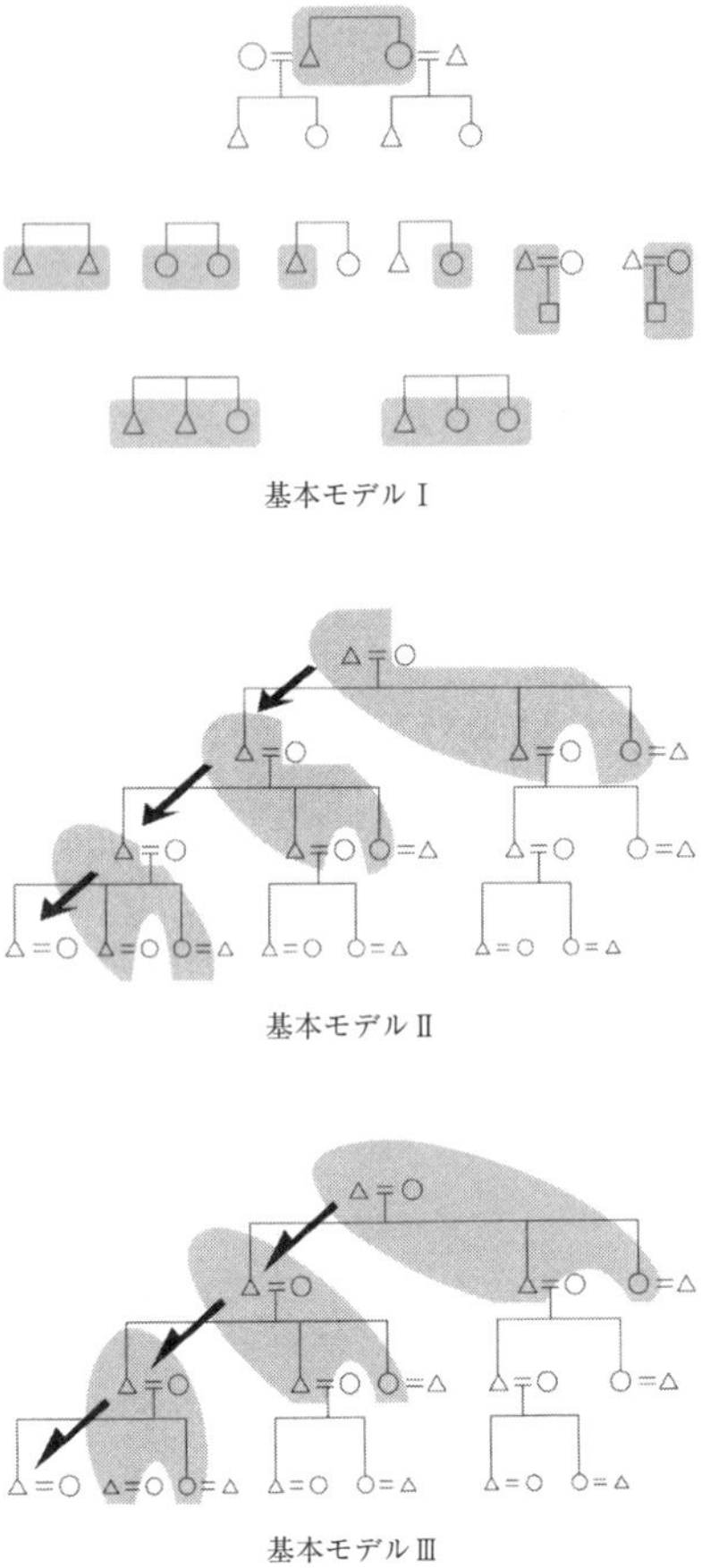

図17　複数埋葬の被葬者間関係のモデル図〔田中2008〕
網掛け内が合葬される被葬者．△は男性，○は女性．

係（基本モデルⅡ）が、後期にはそれに配偶者がくわわる関係（基本モデルⅢ）があらわれ、双系的性格を基底に残しながら、次第に父系原理を色濃くしていった（図17）。被葬者の配偶者は、少なくとも基本モデルⅡまでは、同じ墳丘内や墓域に葬られず、当人の本貫地《ほんがんち》に帰葬されたようである〔清家二〇一〇〕。一見ややこしいが、『サザエさん』の磯野家とフグ田家の家系図を参照しながらイメージすると理解しやすい。ただこの数年、歯冠計測値と頭蓋形態小変異から復元された上記の親族原理が、ＤＮＡ分析の成果にうまく合致しない事例が蓄積されつつある〔清家二〇二四等〕。今後の研究の展開を注視したい。

人骨研究の重要性

古墳の主人公は被葬者である。被葬者の形質的特徴（性別・体格・容貌・血液型・遺伝情報など）だけでなく生前の履歴（活動状況・健康状態・栄養状態・摂取食物・罹患歴・受傷痕《じゅしょうこん》・妊娠痕・生活地・死亡年齢・死因など）を教えてくれる人骨分析〔片山一九九〇・谷畑他二〇〇四等〕は、きわめて重要である。

とくに被葬者の年齢（死亡年齢）は、「首長位」などの職位への就任年齢や在位期間などを推定する第一級の手がかりになる。人骨から死亡年齢を推定する場合、歯の萌出《ほうしゅつ》状況や咬耗《こうもう》状況、頭蓋骨の縫合《ほうごう》度合いなどが基準にされる。ただし、たとえば歯の咬耗は、食生活などの生前の環境に左右される。柔らかく調理された食品ばかり摂取していると、歯がすり減らないので、実際よりも若い死亡年齢が弾きだされてしまう。それだけでなく、年齢や性別などの基本情報すら、鑑定者によって食い違うことが頻繁にある。筆者は報告書などの情報に依拠するしかないので、そうした問題点を自覚しつつ検討を進めたい。

年齢区分の呼称については、一般的な用法にしたがい乳児（〇〜一歳）・幼児（一〜五歳）・小児（六〜一五歳）・成年（一六〜二〇歳）・壮年（二〇〜三九歳）・熟年（四〇〜五九歳）・老年（六〇歳〜）とする〔清家二〇一八等〕。ただし、鑑定者によって微妙にことなる場合があるので、本書では誤差を吸収できる程度の大局的な考察にとどめたい。

古墳時代人の死亡年齢に関する研究は意外にとぼしい。引用頻度の高い小林和正氏による分析では、七〜八世紀の横穴墓出土の人骨二六体が対象とされており、一五歳以上の男性二一体の平均死亡年齢が三〇・六歳、女性五体の平均死亡年齢が三四・五歳という数値が提示されている〔Kobayashi 一九六七〕。一六五体もの人骨が検出された千葉県市宿《いちじゅく》横穴墓群（後期後半〜）の報告書では、一五歳以上の男性が約三五歳、女性が約二五歳という平均死亡年齢値が示されている〔井上他一九九六〕。

意外と若死に

このところ筆者は、古墳報告書類の人骨鑑定データを収集しており、現状で約三四〇〇体の年齢データが集まっている（横穴墓や箱形石棺などの事例をふくむ）。老若男女すべてのデータだが、老年は七〇体弱しかない。これに「熟年〜老年」という幅のある鑑定例を足しても計一〇〇体に満たない。つまり老年は、およそ二％台という低率なのである。身近な事柄にたとえると、還暦《かんれき》をむかえてクラス同窓会を開こうとしたら存命者がひとりだけ、というくらいの低率ぶりである。六〇歳以上が総人口の三五％を占める現在（二〇二四年）の日本とは、まったくの別世界だ。

追葬を基本とする横穴式石室が普及する以前、すなわち前期〜後期前葉頃までの竪穴系埋葬施設に限定し、さらに相当な有力者が葬られた蓋然性が高い三〇《メートル》超墳の主要埋葬施設（A・B・a・b）に対象をしぼりこむと、年齢が鑑定された人骨は八〇体あまりにまで激減する。「熟年」を五〇歳、「壮年前半」を二五歳というように、中央値に置換する粗い換算法を適用したところ、平均死亡年齢は約三八歳となり、男女差はとくになかった。

意外と若死にだと思われるかもしれない。しかし、産業革命以前の人類の平均寿命（一五歳以上）はおおむねこれ未満であった〔ガロー二〇二二〕。上記の八〇体あまりから、明確な追葬例をのぞくと、最若年齢者は一〇代半ば〜後半となる。三〇《メートル》超墳の主要埋葬施設の被葬者が、「首長位」などへの就任者であり、終身在位であったとすれば、その平均在位年数は最大で二〇年程度ということになる。誰もが一〇代半ばで即位するはずもないので、当然ながら在位期間はこれより短くなる。平均在位年数はせいぜい一〇〜一五年程度だったのではなかろうか。

日本の歴史上、天皇の在位期間が異常に長い明治～現在を身近に知る考古学者は、大王や首長の在位年数を四半世紀ていどに見積もり首長墓系譜を配列する傾向が強い。しかし埋葬人骨からは、それよりかなり短い在位期間が想定できる以上、各代の「首長」を葬った有力古墳の累代的つらなりを首長墓系譜とみる従来説にも、一定の修正が必要になる。たとえば近在する複数の首長墓系譜が、じつは単一の累代「首長」が交互に造墓した結果だという解釈や、中心埋葬に匹敵する副次埋葬に次代を嗣いだキョウダイ「首長」を葬ったという解釈にも、考慮の余地があるだろう。

二王並立説との齟齬

かつて甘粕健氏は、古墳前期の期間は「五〇年以上、一〇〇年未満」なのに「王墓」が「一〇基」もある現象に注目し、「一〇基の大前方後円墳が一〇代の王の系譜を示すとすると、平均治世を一五年としても、その年代の幅は一五〇年におよぶことにな」って不合理だとして、男女二王が並立して「王墓」を築きつづけた結果だと推測した〔甘粕一九七五〕。同様の理窟から、「二系列の氏族がそれぞれ大王を輩出し、併存していた」とする見解〔石野一九七六〕や、『記』『紀』の信憑性を疑う指摘〔山中一九九九〕が示された。近年では、「二王並立」の「祭政分権王制」の存在まで提唱されている〔岸本二〇〇八〕。

ところが、古墳出現年代の溯上にともない、古墳前期の年代幅がほぼ「一五〇年におよぶ」ことが明白になり（表12）、甘粕氏の懸念した不合理がすんなり解消してしまった。

逆に、一代二墳（二王）を想定すると、一代が約三〇年にのびる不合理が発生してしまう。

実力推戴説との齟齬

文献史研究において、古墳時代の「首長」位は実力本位で推戴《すいたい》され継承されたのだと、まことしやかに主張されることが多い。しかし、早逝例の多さ〔松下二〇〇一〕に目を向けると、これも怪しくなってくる。

たとえば香川県第二位の規模を誇る快天山《かいてんやま》古墳（九九メートル・前期後葉前半）の被葬者のひとりは「二十七八才位の男子」〔和田他一九五一〕、景初《けいしょ》三年銘鏡の出土で名高い大阪府和泉黄金塚古墳（九四メートル・前期末葉）の東槨の被葬者は、「青年期より壮年期初期」の男性と鑑定されている〔中村一九五四〕。山口県妙徳寺山《みょうとくじやま》古墳（三〇メートル・前期後葉～）の被葬者はもっと若く「一六才～一八才の可能性が強い」という〔松下他一九九二〕。多量の武器・武具や銅鋺《どうわん》などを副葬した茨城県舟塚古墳（八八メートル・後期後葉）の中心埋葬の男性被葬者も、「二〇才以前の若年」だと鑑定されている〔大塚他一九六八〕。鈴鏡をともなう石川県和田山一号墳（二四メートル・後期前葉）の被葬者の死亡年齢は「一〇代中頃」だとされる〔大藪二〇一三〕。壮麗な金銅製《こんどうせい》透彫《すかしぼり》冠《かんむり》を着装した茨城県三昧塚《さんまいづか》古墳（八七メートル・後期前葉）の男性被葬者は成人骨とされるが、「二〇歳代」とみてよいらしい〔小澤編二〇一六〕。千葉県屈指の副葬品が出土した金鈴塚《きんれいづか》古墳（九五メートル・後期末葉）では、横穴式石室への「初葬者および二人目が二〇歳代」である〔谷畑二〇一六〕。これら青少年の被葬者を「実力本位」説で解釈すると、わずかな活動期間で「首長」墳に葬られるにたる力量と信望を発揮し蓄積したことになり、少々不合理である。

他方、継体～天武頃（六世紀初～七世紀後半頃）の大王の即位年齢は基本的に四〇歳をこえており、「高齢であることが大王・天皇即位にとってはむしろ有利であった」という〔仁藤二〇一二〕。大王と地域有力者のちがいはあるが、彼我《ひが》の年齢の開きが気になるところだ。しかし、七世紀代の王族級の埋葬人骨をみると、藤原鎌足《かまたり》墓の可能性が指摘される大阪府阿武山《あぶやま》古墳出土人骨が「約六十歳」〔清野他一九三六〕、壁画古墳である奈良県キトラ古墳の出土人骨が「五〇～七〇歳」〔片山二〇一三〕、同じく壁画古墳の同県高松塚古墳の出土人骨が「老年者である確率も全くは否定出来ない」ものの「熟年者」〔島一九七二〕と鑑定されているように、高齢化が進んでいるようである。『紀』には隋唐から医術を学んだという記載があるので、当該期における王族の寿命の延伸を出土人骨が証拠づけている可能性がある。

序列の低い子どもと老人

前方後円墳や有力古墳では、未成年者が墳頂部から除外され、墳端部や周溝内などに葬られる事例が頻見する。未成年者が中心埋葬に葬られることは例外的である。塚本敏夫氏はこの現象を重視し、「年齢的埋葬位置原理」が存在したと提言する〔塚本一九九八〕。そうした現象は少なからぬ古墳で確認されている〔岸本編一九九六等〕。この年齢による埋葬の格差は、副葬鏡にもはっきりみとめられる。一〇《センチ》代半ば未満で死亡した被葬者に副葬された鏡はすべて径一〇《センチ》前後未満にすぎず、壮年と熟年の副葬鏡径に明らかに劣る〔下垣二〇二一a〕。

副葬鏡径の点でいえば、老人の位置づけも低く、すべて小型鏡である。興味深いことに、竪穴系埋葬施設を有する後期前葉までの前方後円墳において、主要埋葬施設からの老年人骨の単体出土例がみあたらない（「熟年～老年」例や同棺複数埋葬例ならば数例ある）。そうした老年人骨出土例において、比較的すぐれた内容を有する古墳は、岡山県月の輪古墳（六一《メートル》・中期前葉）や福岡県七夕池古墳（二九《メートル》・中期前葉）などの円墳であって前方後円墳ではない。墳丘内において、未成年者だけでなく老人も低く位置づけられていた状況が暗示されているわけだ。もし既往の年齢鑑定に誤りがなければ、この現象は古墳の被葬者像を解明するうえで重要である。

古墳内の性差

複数埋葬には性差も表示された。被葬者の性差（男／女）は埋葬人骨から鑑定できる。また、男女いずれかにのみ副葬される器物があれば、人骨が消滅した埋葬施設の被葬者の性別も推定できる。清家氏が実証性豊かに解明したように、甲冑や鏃類、鍬形石や多数の刀剣類は、基本的に男性に副葬される〔清家二〇一〇等〕。ただ残念ながら、もっぱら女性に副葬される器物は抽出できていない。腕輪形石製品を腕部に副葬したり足玉を装着する被葬者を女性とみる見解もあるが、十分に検証されていない憾みがある。足玉に関しては、もはや絶望的である。こうした事情のため、性別の判明する人骨も男性に共伴する副葬品も出土していない埋葬施設の被葬者の性別は、副葬品の「男」性的性格の濃薄で表現せざるをえない。それでも副葬品は、古墳内に表示された性差の実態を解明する重要な手がかりになる。

筆者は以前、人骨から判別される生物学上の性別に言及するさいには男性／女性と記し、副葬品から推定される性差や古墳時代の社会的性差に言及するさいには「男」性／「女」性と表記していた。副葬品目から性別を特定できるのは、武器などをともなう一部の男性だけであり、それ以外の男女を特定しがたいことにくわえ、当時の社会的性差を現代のそれと同一視し、生物学的性差と安易に直結させるのを躊躇《ちゅうちょ》したためである〔下垣二〇一一等〕。幾人かに「意味がわからない」と苦言され、その後はわかりやすさを優先してこの表記法をとりさげていたが、意味はあるので本書では復活させる。

ヒメ・ヒコ制と複数埋葬

古墳被葬者の性別に関して学際的な論点になってきたのが、「ヒメ・ヒコ制」である。沖縄〈南西諸島〉のオナリ神信仰や民俗学の知見をもとに、女性〈姉妹〉が男性〈兄弟〉を補弼《ほひつ》する日本古代の祭祀・統治制度の存在が指摘されてきた。この統治制度〈「男女による複式酋長制」〉を鮮やかに論じ、古代史研究にひろめたのが、女性史研究の偉大なパイオニアである高群逸枝氏だった。氏は、「神言《しんげん》を体する姫職と、それを受けて執行する彦職とによつて政治、産業、その他百般の事が行はれた」時代を「姫彦の時代」とよび、大化前代には「兄妹」や「姉弟」を基調とする「姫彦統治」が存在したと説いたのである〔高群一九三八・一九五四等〕。

ヒメ・ヒコ的な分掌観は考古学にも導入された。とくに複数埋葬の人骨や副葬品組成に着目して検討が進められた。ただし、「同権の男女が共に首長権をになう」連立統治〔今井一九八二〕を承認する方向で議論が深められた。その結果、男女（ないし男男・女女）による共同統治型の聖俗二重首長制説がさかんに提言されるにいたった〔松尾一九八三・寺沢知二〇〇〇・白石二〇〇三等〕。性別よりも「首長」の性格差に力点がおかれるようになったのである。

「聖」や「俗」といった抽象的で中身のない概念を被葬者にあてはめたり、複数埋葬の被葬者を「聖」「俗」ふたりに収斂させたりせずに、考古資料の実態により即した解釈も提示されている。たとえば田中良之氏は、古墳中期までは「一対の男女による聖俗二分統治（あるいは経営）ではなく、多少の性格の差を示す複数の人物による共同統治（経営）」が存在したと主張した〔田中一九九五〕。墳頂部の複数埋葬の被葬者を、おしなべて特定地域の「支配共同体」の「首長」だとみる意見もある〔広瀬二〇一三〕。

筆者は、共同統治を過大評価することに反対の立場である。かつて複数埋葬を全面的に検討したさいに、複数埋葬では卓越する埋葬施設が一基のみの事例が過半を占めることに気づいた。そこで、男女問わずひとりの卓越者が統治権の過半を寡占《かせん》することが基本形で、各有力集団の構成に応じて、おそらくはそのキョウダイが統治権を分掌することもあった、と結論づけた〔下垣二〇一二〕。

ところで清家氏は、生涯未婚の巫女的職掌を否定し、古墳などに葬られた成人女性にほぼ例外なく妊娠・出産の痕跡があることを明らかにしている〔清家二〇一〇〕。重大な成果だが、筆者の目にはこの例外性の低さが逆に不自然に映る。子を産まず亡くなった女性が、古墳などに葬られなかった可能性も考慮しておくべきかもしれない。

埋葬位置と性差

筆者は複数埋葬の性差について、埋葬位置との関係性を重視している。たとえば、前方後円墳を前方後円墳たらしめる前方部の埋葬位置（図13）と被葬者の性差に相関性を確認できる。少なくとも中期前半まで、前方部墳頂（埋葬位置a）の埋葬施設は、その副葬品目において「男」性的性格がかなり稀薄であり、武器類の副葬がきわめて少ない。出土人骨をみても女性が五例・男性が二例である（男性例である香川県高松茶臼山古墳例は、放射性炭素年代値によると中心埋葬とかなり年代的な開きがある）。他方で、後円部に近い鞍部（埋葬位置b）の埋葬施設には、甲冑や鏃類など「男」性的性格の濃厚な器物の副葬例が顕著であり、性別が鑑定されている人骨は、一例ではあるが男性である。多量の武器・武具類をおさめる埋納施設がこの箇所でしばしば検出されることも、この箇所に「男」性的性格が付与されていたことを暗示する。

聖俗二重統治説の問題点

後円部だと、「男」性的性格の濃い埋葬施設と薄い埋葬施設が、埋葬位置AとBに互換的なかたちで併存していることはあるが、埋葬位置と性差に相関性はない。上述の聖俗二重統治説は、この併存現象を主論拠とする。聖俗二重統治説は、ヒメ・ヒコ制と共鳴するロマンのある説なので、世間に受容されやすいが、いろいろと問題がある。まず時期的な問題がある。聖俗二重統治説は、腕輪形石製品と武器類がそれぞれ複数埋葬の片方に偏在する現象を特権視することが多い。しかし、腕輪形石製品は前期中葉頃〜末葉頃までの短い期間に流行する器物であり、そのため時期的に偏った分析におちいりやすい。それ以前の時期については、『魏書』東夷伝の卑弥呼と男弟をヒメ・ヒコ制と直結しがちだが、後述するように考古資料にもとづかない臆説にすぎない。

聖俗二重統治説や共同統治説が、婚入者の出身地への帰葬〔清家二〇一〇〕を考慮していないことも問題である。筆者の分掌説にも同様の難点がある。複数埋葬者の一部が他地域に婚出していて、歿後に帰葬されていたとしたら、婚出者を共同統治者に組みこんでしまっている諸説は破綻《はたん》しかねない。婚出せず、婚姻後も本貫地にとどまる別居婚ならば問題がないが、実証の手順をとらずに前提にすることはできない。

帰葬と前方部埋葬

埋葬施設に他地域の要素がみとめられる場合、その被葬者と当該地域に浅からぬ関係を想定してよい。そのような要素が前方部埋葬に時おり確認される〔下垣二〇一八〕。たとえば、京都府長法寺《ちょうほうじ》南原《みなみばら》古墳の前方部（埋葬位置a）には、但馬《たじま》（兵庫北部）の特徴である石棺系小石室が設置されている。その被葬者が但馬からの婚入者であった可能性が指摘された〔福永一九九二〕が、むしろ歿後に婚出先の埋葬方式をもって本貫地に帰葬されたと考えるべきだろう。

このような現象は横穴式石室にも看取される。ただ前方部に在地系の、後円部に外来系の埋葬施設を設置する事例もあるため、強く主張することはできない。とはいえ、前方部が準外部的な部位であることを念頭におくと、前方部が帰葬の場として意識されていた可能性は十分にありうる。そうであれば、前方後円墳の複数埋葬には、性差や年齢階梯差にくわえて、婚姻をつうじた本貫地との関係性の差も表出されていたのかもしれない。私たちは婚出者といえば女性のイメージを抱きがちだが、男性の婚出者も当然いたはずである。

有力古墳は「男」性優位

ヒメ・ヒコ制説にせよ聖俗二重統治説にせよ、男女（「男」「女」）の相補性が、ひいては同格性が含意されている。墳墓の初葬者に男女差のない前半期（前期〜中期）から男性にかたよる後半期（後期）への推移〔田中一九九三〕が、あるいは武器類の副葬などにより、女性「首長」が一定の割合を占める前期から皆無になる後期への変化〔清家二〇一〇〕が説かれてきた。つまり、倭国を統《す》べる女王の卑弥呼や台与《とよ》が君臨した時代からしばらくの期間、女性が高い社会的地位を享受していた、というわけだ。他方で、古墳前期においても、男女（「男」「女」）の対等性は「中小古墳に葬られた下位者の実態」にすぎず、「上位者」は明確に「男」性優位だとの見解もある〔川西他一九九一〕。

卑弥呼云々を抜きにして、古墳出現期以降の有力古墳における複数埋葬の様相を通覧すると、その当初から「男」性が優位であることが明白である。中心埋葬と副次埋葬における「男」性的要素の濃薄を通時的に復元すると、次のようになる。すなわち、「男」性的要素が強い前期前半から、「女」性埋葬が相対的に卓越する前期後葉〜末葉頃をへて、中期以降は「男」性的要素が濃厚さを増し、中期末葉以降には「女」性埋葬の場であった前方部墳頂部（埋葬位置ａ）までが「男」性色に塗り替えられる（図18）。要するにヒメ・ヒコ制説などのような、男女同格の統治方式を想定する諸説は、前期後半の複数埋葬におけ

図18　前方後円墳の埋葬位置における「男」性的要素の濃度の消長

埋葬位置	前期前半	前期後半	～中期後葉	中期末葉～
後円部墳頂平坦面中心(A)	○	○	◎	◎
後円部墳頂平坦面周縁(B)	△	△	○	○
前方部墳頂平坦面後部(b)	－	△	◎	○
前方部墳頂平坦面中心(a)	×	×	×	◎

＊記号は「男」性的要素の濃さの程度を示す

る一部の様態を誇張し、古墳時代全般にまで適用したものであり、「中小古墳に葬られた下位者の実態」を上位層にまで拡大解釈したものだといえよう。

「差異化の装置」

以上のように、古墳とりわけ前方後円墳の複数埋葬には、被葬者間の格差・社会的性差・親族関係・年齢差などが表示されていた。そうした表示方式の背景に、「出自原理と社会的身分制を表象する棺式に埋葬位置による造営集団内での身分的な階層差や年齢的な集団帰属性を表現する複雑な身分表象型古墳システム」を読みとる解釈は魅力的だ〔塚本一九九八〕。要するに古墳において、埋葬施設および副葬品の種別と格差や埋葬位置差などをつうじて、多様な人的区分が実践されていたと読み解くのである。この側面を筆者はすこぶる重要視し、多様な人的区分を表示する「差異化の装置」としての機能が、古墳（前方後円墳）の重大な機能であったと評価している。

そもそも、前方後円（方）墳という墳形それ自体が、差異化の設定に適していた。円形

（方形）に三角形を突き刺したような、単純な造形原理の構築物でありながら、段築を造成したり造出を付設したりすることで、比較的複雑な形状を実現したことは、重大な意味をもった。前方部の有無で円墳や方墳との差異化をはかりうるし、墳頂平坦面各所・段築平坦面・くびれ部・後円部と前方部の接合部・前方部前面・造出などの多様な場（図2・図13）に、埋葬や葬送祭儀にかかわる多彩な意味を付与できたからだ。

畿内の優勢化のメカニズム

古墳に表示されたさまざまな「差」は、おおむね汎列島的に共通していた。そして墳丘規模にせよ、粋《すい》を凝らした長大な埋葬施設にせよ、多量の副葬鏡にせよ、畿内中枢勢力の奥津城である超大型古墳がその頂点を占め、諸地域の小墳を下層とする多階梯の階層構成を形成していた。

しかもよく知られているように、古墳の構成要素の多くは諸地域の墳墓要素に起源がある。そもそも前方後円墳自体が、列島各地で醸成された墳墓要素を統合して創出された新式墳墓である〔近藤一九八六・寺沢薫二〇〇〇等〕。だとすると、古墳に表示される多様な人的区分の要素や方式は、畿内中枢勢力のもとで統合的に設定され、みずからを最高位に位置づけたうえで広範に波及させていた可能性が高くなる。たとえば前方部埋葬は、古墳出現期に岡山南部近辺で発祥した葬送方式だが、おそらく畿内中枢勢力の関与のもと、棺種などの格差などと組みあわせつつ列島広域に普及していった。

現在、筆者をふくむ大半の古墳時代研究者が、畿内の超大型古墳の優位性をみとめつつも、畿内中枢勢力の専制的で強権的な地域支配が古墳時代の早い時期に実現したとは考えていない。それではなぜ、畿内中枢勢力が設定と拡散を主導した古墳における人的区分の要素や方式が、諸地域に滲透していったのだろうか。それは、「差異化の装置」としての機能が、各地の有力集団内の秩序や序列を表示し、維持し、再生産するのに適していたからだろう。ところが、この人的区分システムは、畿内中枢勢力を頂点とするシステムであり、その受容と適用の反復をつうじて、畿内中枢勢力の優位が刷りこまれてゆくことになる。つまり諸地域の有力集団の自律的な選択と実践の反復が、結果的に畿内中枢勢力の優位と諸地域勢力の劣位という事態を、列島広域でひきおこすことになったわけだ。

権力資源論の観点から言いかえると、諸地域の有力集団は、「親族的関係」における位置どり《ポジショニング》の表出に適した方式として、複数埋葬などの人的区分システムを自発的に受容した。しかし、最上位に畿内中枢勢力がそびえるシステムであったため、畿内中枢勢力によるコントロールが発効する結果をうみだした、ということになる。

首長墓系譜の存在様態

古墳前期～中期の複数埋葬では同世代の、後期以降になると複数世代の「親族的関係」が表示されたが、いずれもその時間幅はさほど長いものではなかった。他方、前方後円墳をはじめとする有力古墳では、もっと長い時間幅の「親族的関係」（「社会関係」）も表出されていた。それは首長墓系譜の様相から読み解ける。

　少しわかりにくいが、首長墓系譜と古墳群は同じではない。古墳群は一定の範囲にまとまった複数の古墳を指す。有力古墳の有無や造営期間の長短は認定条件にふくまれない。他方で首長墓系譜は、一般に「代々の首長一族の墳墓群」〔都出一九八九ａ〕とみなされる古墳群である。一定期間をつうじた有力古墳の累代的造営（図19）が認定条件になる。

　有力古墳が群在する古墳群は、総じて「代々の首長一族の墳墓群」としてあつかわれる。なるほどそのように解釈できる「墳墓群」は少なくない。他方、構成古墳の内容と造営時期にかんがみて、別個の解釈が妥当な「墳墓群」もある。「首長一族」を認定する確実な基準がないので、どうしても主観が混じるが、「首長墓」の母体が単一集団か複数集団か、造営は一世代に一基か複数基か、単一世代で終わるか複数世代におよぶかという指標から、多様な首長墓系譜の存在様態を複数の類型に大別できる。具体例をあげて説明しよう。

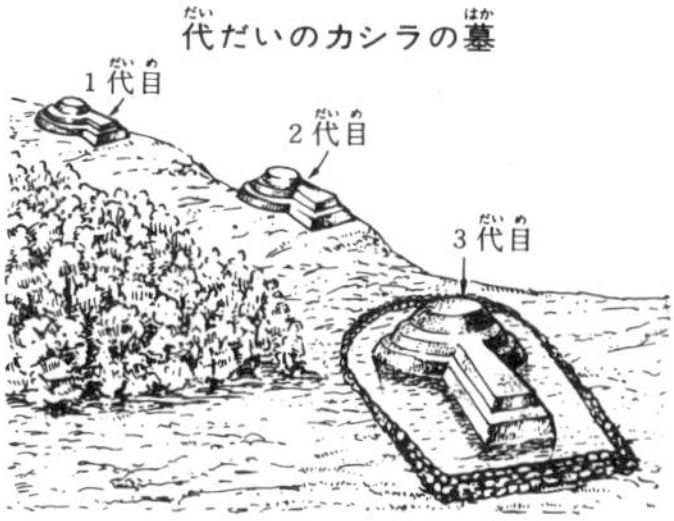

図19　首長墓系譜の概念〔都出1978〕

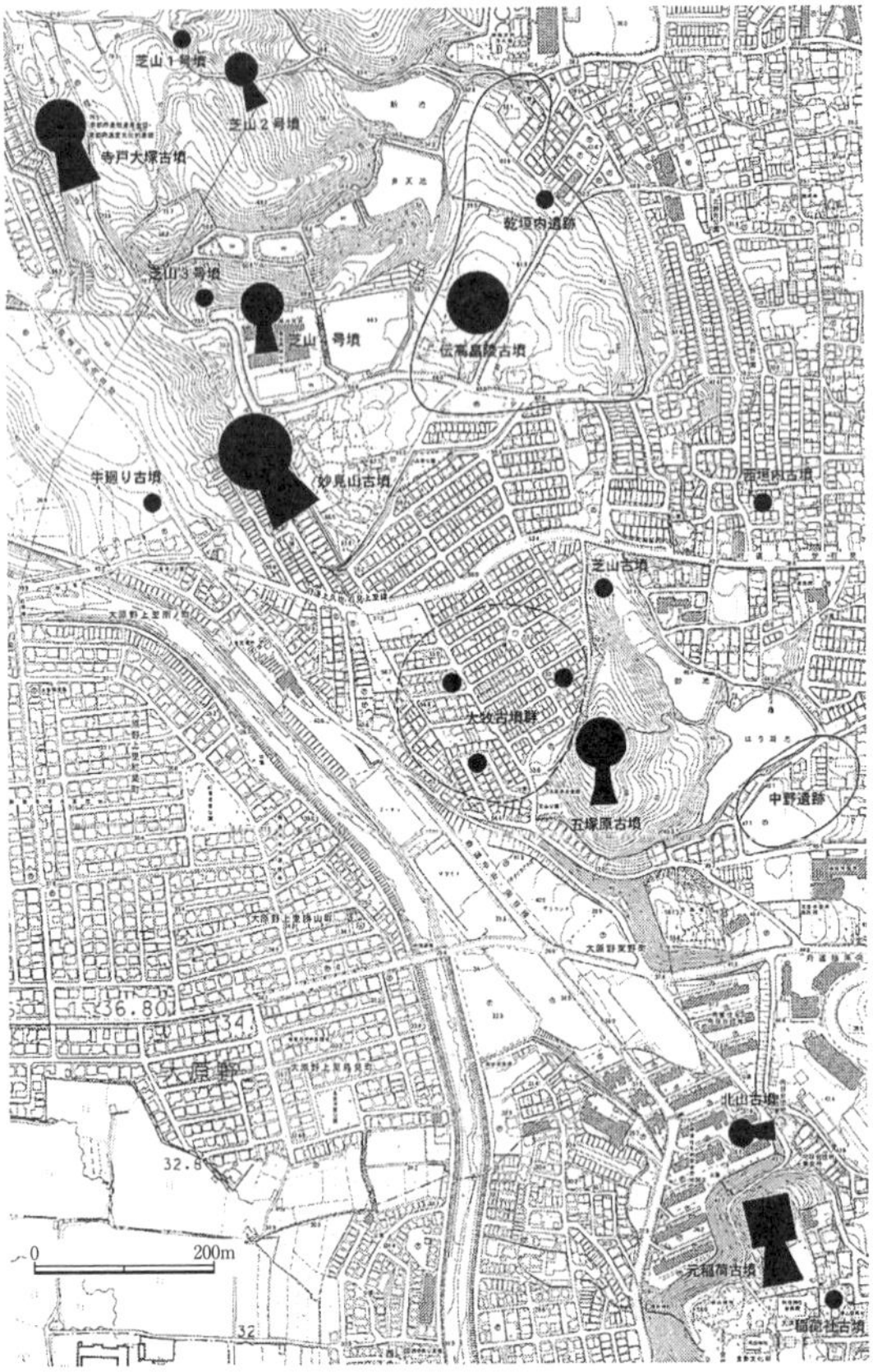

図20　首長墓系譜の存在形態(1)　向日丘陵古墳群（京都府）

向日丘陵古墳群

京都府向日《むこう》丘陵古墳群は、向日市から京都市の南西端に所在する古墳前期の古墳群であり、典型的な首長墓系譜である。長岡京の名祖である嵐山山塊から南方に張りだす狭長な丘陵上に、五基の前方後円（方）墳がおおむね等間隔に分布する（図20）。長年にわたる発掘調査をつうじて、五塚原《いつかはら》古墳（古墳早期〜・九一メートル）→元稲荷《もといなり》古墳（前期前葉・九四メートル）・北山古墳（前葉?・六〇メートル）→寺戸大塚古墳（中葉〜・九八メートル）→妙《みょう》見山《けんやま》古墳（後葉前半・一一五メートル）の順に造営されたことが判明している。

それらの墳丘規模は一定範囲内におさまり、埋葬施設の規模や規格、構築材もおおむね共通し、被葬者集団の親縁性を強く示唆する。寺戸大塚古墳と妙見山古墳には酷似する「仿製《ぼうせい》」三角縁神獣鏡が副葬されている。同一の有力集団が特定機会に入手した二面の鏡を、複数世代の「首長」に副葬したのだろう。そのうえ、妙見山古墳に設置された埴輪が、五塚原古墳の墳端埋葬（埋葬位置E）に転用されたことが判明している。これは両墳の被葬者を「同じ親族系譜のなかで位置付ける」物証になりうる事象である。「妙見山古墳の被葬者の死後、その親族が始祖」である五塚原古墳の被葬者を意識して、「その系譜に連なることを示した」との解釈が提示されている〔梅本二〇一八〕。

本古墳群では複数の「首長墓」の時期的な重複もみとめられない。したがって、単一集団に出自する有力者たちが累代的に造営した有力古墳の集積、すなわち〈特定集団・一世代一基・累代〉タイプの首長墓系譜だと判断できる。

玉手山古墳群

大和盆地を潤す大和川が、生駒《いこま》山系を貫流して河内《かわち》平野に躍りでる、その喉元の丘陵上に築かれた古墳前期の古墳群である（図21）。一〇〇メートル

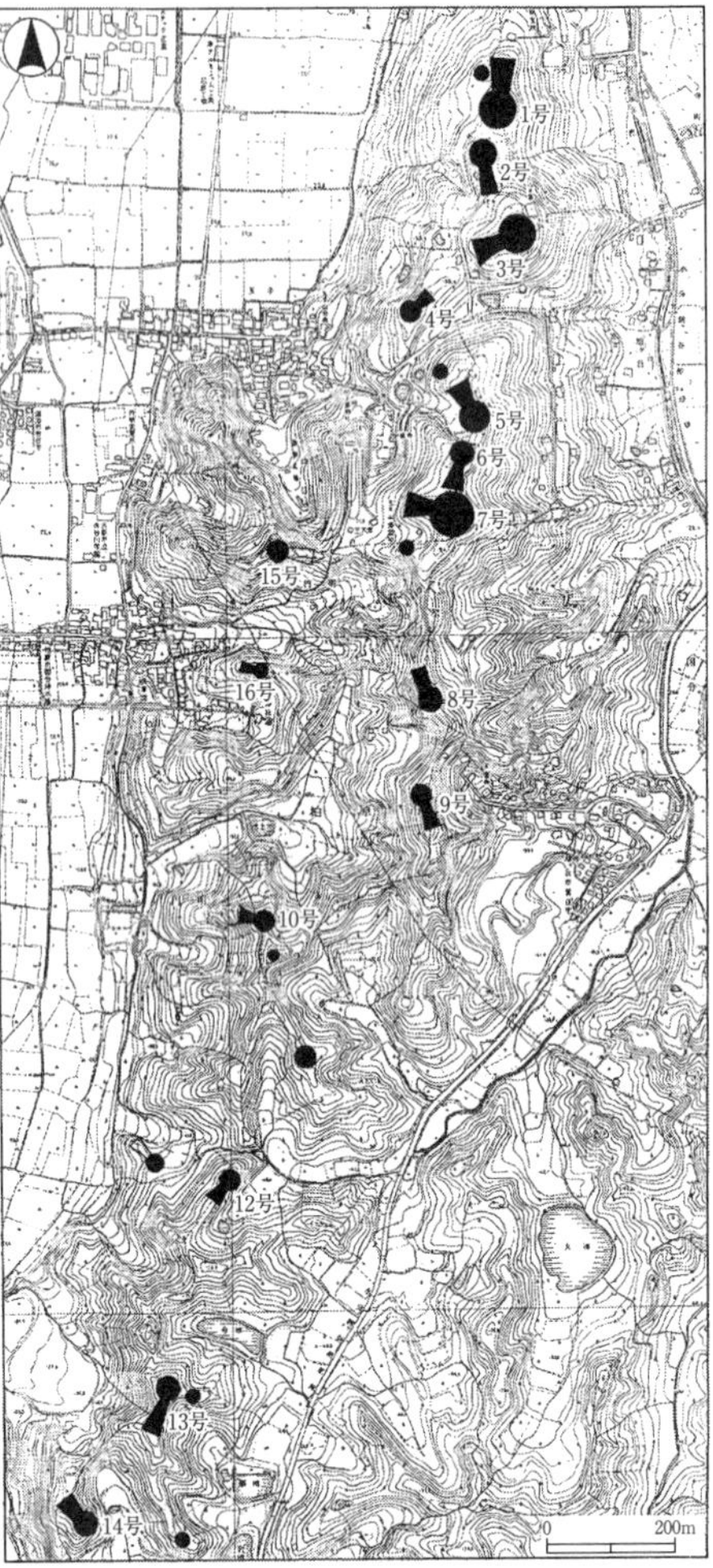

図21　首長墓系譜の存在形態(2)　玉手山古墳群（大阪府）

前後の前方後円墳を四基も擁すなど、奈良盆地をのぞくと前期屈指の規模を誇り、指呼《しこ》の間にあり時期的に後続する古市古墳群との関係が注目されてきた。かつての「河内王朝論」において、「三輪王朝」から「河内王朝」への「王朝交替」を実現させた「天皇家」の前身勢力の墳墓群だと想定されたことさえあった。

本古墳群は、それぞれ数基の有力古墳がまとまる四つ前後の小群で構成される。その構成状況から、四つ前後の有力集団が各小群を「墓域」として、同時併行的に「首長墓」を造営した累積を本古墳群とみなす解釈が一般的である〔広瀬一九八七・北野一九九八等〕。

しかし、構成古墳の年代を細かく吟味すると、各小群には時期的な重複がわずかにあるものの、古い小群が比較的短期間のうちに群構成したのち、次の小群が構成されてゆく推移を復元できる〔下垣二〇一二〕。他方で本古墳群の竪穴式石槨（と粘土槨）の「型」〔奈良二〇一〇〕は、小群ごとのまとまりをまったく欠く。その反面、小群間で共通する埋葬施設の「型」がみとめられる。向日丘陵古墳群の構成集団を推定した論理を適用するならば、本古墳群の各小群を単一の有力集団の所産とはみなせない。

本古墳群の各小群は、複数の有力集団に出自する有力者たちの墓域であり、特定時期の支配集団を構成した有力者たちが特定時期にいとなんだ墓域（小群）の集積が本古墳群だと推定できる。つまり〈複数集団・一世代数基・累代〉タイプの首長墓系譜である〔広瀬一九八七〕。同様の構成は王陵級古墳群である大和古墳群や古市古墳群にも看取できる。

男山古墳群　石清水八幡宮《いわしみずはちまんぐう》が鎮座する京都府八幡市の男山丘陵に造営された古墳群である。後期古墳も混在するが、有力古墳は前期後半頃に限定される。向日丘陵古墳群の衰退と入れ替わるように擡頭《たいとう》し、前期末葉に石不動《いしふどう》古墳・八幡東車塚古墳・八幡西車塚古墳という一〇〇《メートル》前後の大型古墳を集中的に造営した。その背景には、のちの古山陽道と東高野《ひがしこうや》街道を介して連絡する古市古墳群の勃興があったようだ。

この三古墳は畿内では少数派の東西頭位の埋葬施設を設置し、東車塚古墳と西車塚古墳は副葬鏡の組成が類似する。したがって、これらは単一集団の所産と推定しておきたい。つまり〈特定集団・一世代数基・単一（〜少数）世代〉タイプの首長墓系譜である。ただ、南方の美濃山《みのやま》王塚古墳は別集団の墳墓かもしれない。そうなると〈複数集団・一世代数基・単一（〜少数）世代〉タイプとなる。

以前から筆者は、こうした短期的な集中造営を重要視してきた。だが上述したように、埋葬人骨から推定される平均在位年数が確実に二〇年を下まわることを考慮するならば、二〇〜三〇年の時間幅を有する一小期内に複数代の「首長」墳が築かれることはむしろ自然である。「一世代数基」の判断はもう少し慎重に下すべきかもしれない。

「輪番」的造営

ここまで例示したのは、特定範囲にまとまる複数の有力古墳が構成する首長墓系譜である。他方で、それより広い範囲に時期を異にする有力古墳が分散する現象も注目されてきた。そうした現象は、「地域集団の枠をはるかに越えた領域の上に君臨」する盟主的な「首長」が、「単一の集団から世代を重ねて輩出したのではなく、複数の特定地域集団の首長が、そうした地位をおそった」結果だと解されてきた〔西川一九六四・岩崎他一九六四等〕。いわゆる「首長権の輪番《りんばん》的継承」説〔吉田一九七三〕

である。この解釈が正しければ、これは〈複数集団・一世代一基・累代〉タイプの首長墓系譜である。

「輪番」的な有力古墳の造営という学説は、学史的に重要な位置を占めている。その後の発掘調査や編年研究の進展によって適合しなくなったケースもあるが、それでも有力古墳造営地の不定性と移動性を指摘した点に大きな意義がある。

他方、「輪番」とは真逆の解釈もありうる。「単一の集団」の「首長」が「複数の特定地域」に順繰りに有力古墳を築いた、という解釈である。そう考えるなら、ある首長墓系譜の衰滅と軌《き》を一にして近隣地域に別の首長墓系譜が出現する現象を、「首長権」の移動ではなく、複数地域を統轄する「単一の集団」の墓域移動の結果だと解しうる。

土生田純之氏は、中期末葉頃から後期前半頃に列島各地で「首長墓造営地の固定化現象」が生じることに注目する〔土生田二〇一一〕。その典型例である埼玉県埼玉《さきたま》古墳群は、一〇〇メートル前後の前方後円墳が五～六代にわたって造営されつづけた首長墓系譜である〔図22〕。初造墳である稲荷山古墳から出土した辛亥《しんがい》年銘鉄剣に刻鏤《こくる》された「乎獲居《をわけ》」なる名の人物は、「上祖」の「意富比垝《おほひこ》」から数えて八代目にあたる〔図23〕。

乎獲居が中央豪族ではなく、当墳に葬られた在地の有力者であるとすれば、かれは「獲《わ》加多支鹵《かたける》」〔雄略〕のもとで「天下」を「左治」した功業ゆえに当地に有力古墳を築きは

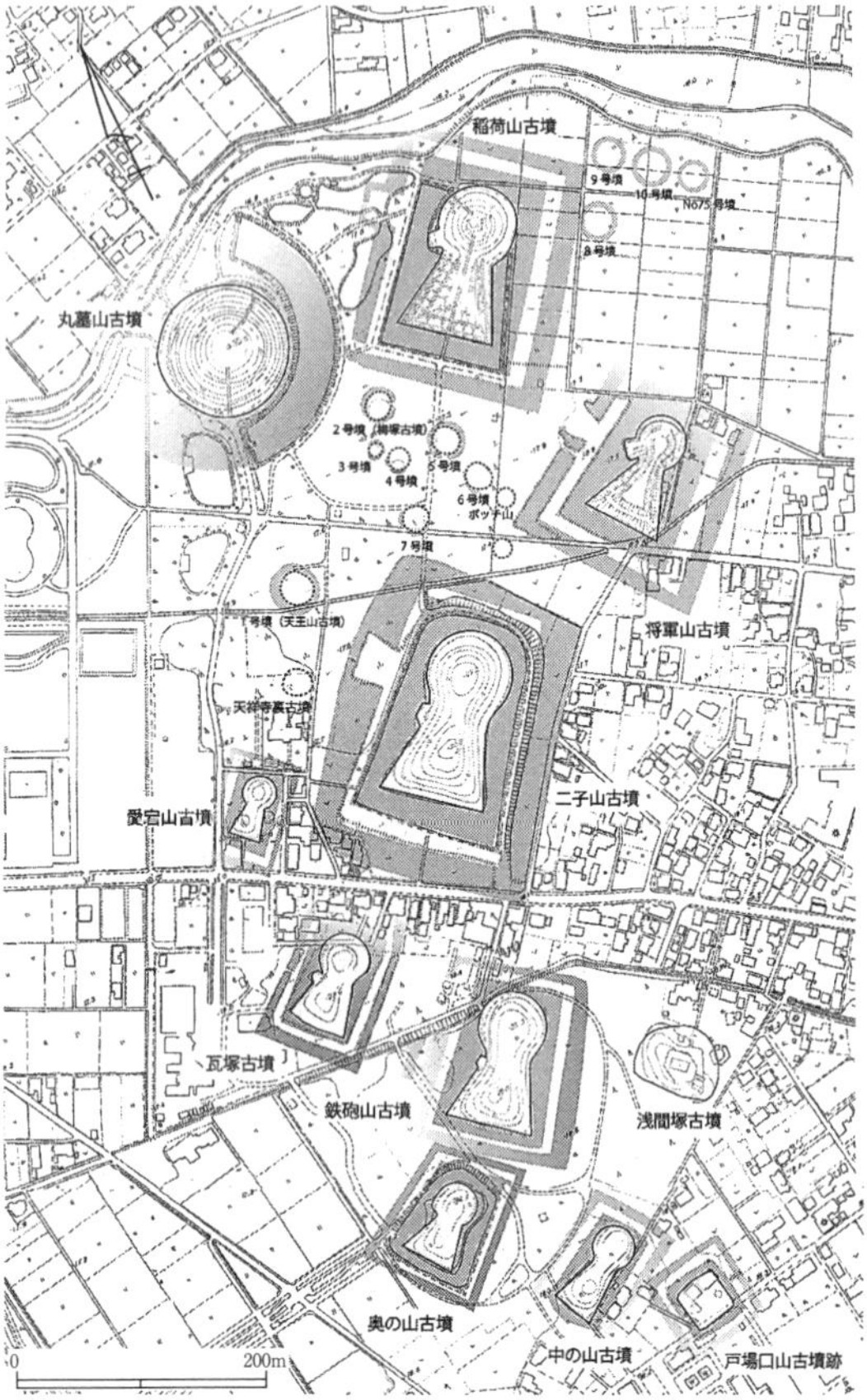

図22　首長墓系譜の存在形態(3)　埼玉古墳群（埼玉県）

じめたのであり、かれに先行する歴代の諸首長は別の場所に有力古墳をいとなんでいたはずである。首長墓系譜を考えるうえで重大な論点になりうる問題である。

「同一性保証の装置」

以上、具体例をあげながら首長墓系譜の構成原理のパターンを説明した。

ここで注意したいのが、首長墓系譜としてイメージされる特定の「首長一族」による累代的造営というパターン（図19）が、じつは一般的でないことである。首長墓系譜は数基にとどまることが多く、その存続期間はけっして長くない〔太田二〇一七〕。このような不安定さを内包しながら、列島広域で首長墓系譜がさかんに生成消滅をくりかえしたのはなぜだろうか。

古墳時代、とくにその前半期は、列島各地の有力集団が地域内／間で交流関係を結びつ

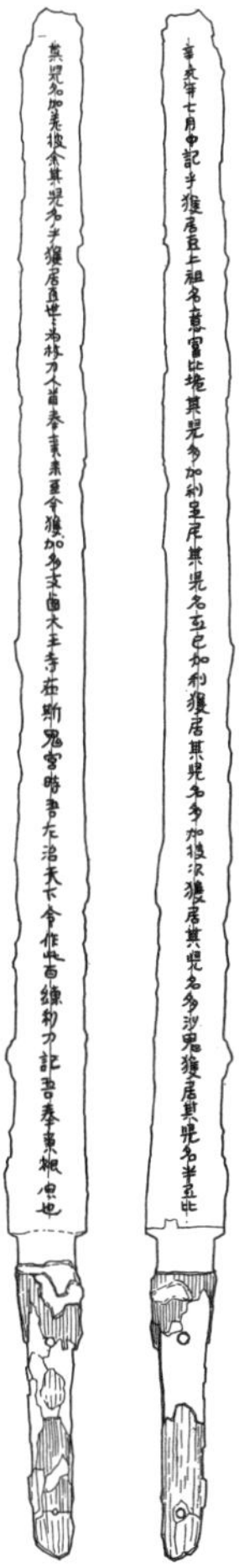

辛亥年七月中記乎獲居臣上祖名意富比垝其児多加利足尼其児名弖已加利獲居其児名多加披次獲居其児名多沙鬼獲居其児名半弖比（表）

其児名加差披余其児名乎獲居臣世々為杖刀人首奉事来至今獲加多支鹵大王寺在斯鬼宮時吾左治天下令作此百練利刀記吾奉事根原也（裏）

図23　稲荷山古墳出土の鉄剣と銘文

つ、より優位な立場をめぐって競合する社会状況にあった〔辻田二〇〇七〕。そのうえ、複数埋葬研究や古系譜研究が明らかにしたように、当時の親族関係は双系的性格が強く、そのため有力集団の「首長」位などの継承は流動的にならざるをえなかった。当然、首長墓系譜も不安定になる。

こうした集団関係のもと、優勢化した諸集団が継続的に造墓した結果が首長墓系譜であった。競合的で流動的であったにもかかわらず、ではなく、競合的で流動的であったからこそ、首長墓系譜がうみだされた。そう筆者は考える。有力集団の代表権者の地位なり「首長」の身分なりを、安定的かつ継続的に保証する法的規範があれば、巨大な古墳を築く必要などなかった〔石母田一九七一等〕。競合的で流動的な集団内／間関係にさらされていたからこそ、自集団の共時的関係（人的区分や序列）を表示し（「差異化の装置」）、なおかつ継続的造営によって自集団の通時的連続性をも表示する古墳の効能が、列島広域の有力集団に歓迎され、積極的に受容され造営されたのだろう。

要するに、「差異化の装置」にくわえて、いわば「同一性保証の装置」としての機能を古墳がはたしていたと想定できるのである。後述するように、恒久的なモニュメントである有力古墳は、広範囲から視認できる地点や交通の要衝《ようしょう》に造営される強い傾向性がある。その顕示性は「同一性保証の装置」としての機能を補強し、所属集団の通時的連続性をより堅固に保証する効果を発揮したのではなかろうか。

「社会関係」のコントロール

このように有力古墳の（継続的）造営と埋葬をつうじて、権力資源の「社会関係」（「親族的関係」）の共時的かつ通時的なコントロールが発効したと考えられる。諸地域において競合しあう諸集団は、離合集散しながら各地の「首長権」を構成した。その結果、多様なパターンの首長墓系譜が形成されたのだろう。

他方、各有力集団はみずからの優位をえるために、畿内中枢勢力への求心性を強め、器物や造墓技術の供与をうけた〔辻田二〇〇七等〕。皮肉にも、そのことが畿内中枢勢力のいっそうの優勢化を招くことになった〔西嶋一九六一・吉田一九七三〕。鏡をはじめとする器物だけでなく、「差異化の装置」および「同一性保証の装置」としての古墳というシステム自体にも、畿内中枢勢力を頂点とする格差が織りこまれていた。それゆえ、自利のために各地の諸集団がこの装置を受容すればするほどに、畿内中枢勢力を上位とする序列が生成され強化されるという逆説的な事態が生じたのである。

他界の演出——イデオロギー

考古学の得手、不得手？

前方後円墳は墓である。本書のように古墳から政治的関係を、ひいては国家形成を追究しようとする場合、つねにつきまとう批判がある。「墓はあくまで宗教的で精神的なものなのだから、そこから政治云々を論じるのはお門違いだ」、という批判だ。また、戦後歴史学を強力に方向づけてきた唯物史観では、政治やイデオロギーといった上部構造は経済的な下部構造に規定されると断じる。そうなると、イデオロギーと国家を、あるいは古墳と国家を結びつけること自体、無謀なこころみになりかねない。

しかも考古学は、イデオロギーのような精神面の事柄に弱い。かつてイギリスの考古学者クリストファー・ホークス氏は、文字史料や口頭伝承の助けがない場合、先史考古学者

表5　考古学の得手，不得手〔Henson 2012を改変〕

	難易の階梯	例	証拠の種類
難	精神生活	死後信仰，神	副葬品，文字史料，民族誌
↑	宗教制度	聖職，儀式	「儀礼」遺跡，民族誌，文字史料
	政治制度	部族，首長，司法	文化，身分表示品，民族誌，文字史料
	社会制度	家族，婚姻，相続	出土人骨，DNA，民族誌，文字史料
↓	経済	物資と物品の交易	産地・製作地の特定，文字史料
易	生業	穀物栽培，調理	穀粒，動物骨，炉，土器
	技術	道具づくり，建築行為	人工物，構造物

にとって技術の復元がもっとも容易だが、生業や経済はそれより難しく、社会制度や政治制度の復元になるとはるかに困難となり、宗教制度や精神生活の復元はお手上げだ、と整理した〔Hawkes 一九五四〕（表5）。この階梯的な難易度評価は「ホークスの梯子」とよばれ、考古学者に政治史論を躊躇《ちゅうちょ》させる足枷《あしかせ》になってきた。この評価からすると、同時代史料の援護がほとんど期待できない古墳から政治的な諸関係や秩序にせまるのはかなりきびしく、そのイデオロギー的側面の復元など僭越《せんえつ》の沙汰《さた》だ、ということになる。

葬制の政治性

しかし、その後の考古学的（人類学的）研究は、葬制と社会的複雑度および社会階層とに強い相関関係があることを明らかにしてきた〔Binford 一九七一・Wason 一九九四等〕。また、世界の墳墓を対象にした比較考古学的検討をつうじて、モニュメント性の高い墓や葬儀がしばしば強い政治的イデオロギー性をまとうことが示されてきた〔都出二〇〇〇等〕。本書では権力資源論を基幹的な理論枠として採用しているが、その根幹にある構造マルクス主義人類学は、上部構造と下部構造の規定関係を解体し、イデオロギーの権力的・社会的性格をいっそう鮮明にしている。

したがって、モニュメント的構造物である古墳や葬送儀礼、そして葬送に使用される「象徴器物」の分析をつうじて、有力者がいかにして社会秩序に関する規範を創出し、顕示したり普及させたりしながら、自身の支配を正当化したかの検討は、十分な有効性がある。たとえば福永伸哉氏は、物質化されたイデオロギーである「公的儀礼」「象徴的器物」「公的記念物」のコントロールこそ、古墳時代の「中央政権」が政治的主導権を獲得する根幹的な戦略であったことを説得的に解き明かした〔福永二〇〇五〕。

理念の自己成就

前節では、古墳の複数埋葬に有力集団内の序列や人的区分が表示されていたことを論じた。首長墓系譜には、集団秩序の流動性を抑制し、集団の連続性を後継世代に保証する機能があったことも推定した。つまり、権力資源の「社会関係」のコントロールが、古墳への継起的埋葬をつうじて発効していたのである。ただし、古墳に表示された秩序や人的区分は、現世における秩序の直截《ちょくせつ》の反映ではなく、当該集団にとっての理念（理想）的な秩序が投影されたものであったようだ。そのことは、副葬鏡の大小と埋葬施設の格差および位置に整然すぎる相関性があったり〔下垣二〇二二a〕、序列や人的区分の規範を大きく逸脱する事例があまりに少ないことから、逆に察せられる。

もちろん、古墳に表示された秩序や人的区分が現実の集団関係と無関係だと主張したいわけではない。ここで強調したいのは、古墳への複数埋葬をつうじて、現実の集団内関係をより理想的に表示しようとする志向がみとめられることだ。さらに、墳丘規模や付帯施設の充実度、埋葬施設の入念《エラボレーション》さや副葬品の量と質、設置埴輪の段構成数〔藤井二〇二二・廣瀬二〇二三等〕などに厳然として存在する、畿内中枢勢力を頂点とする広域的序列は、そのような理念的秩序が汎列島的に共有されていたことを示している。

こう提言すると、古墳の様態に当時の集団秩序や政治構造がそのまま反映していると考え、考古学的検討をつうじてそれらが復元されることを期待する読者を失望させてしまうかもしれない。しかし、理念的秩序が汎列島的に共有されていった事態こそが、前方後円墳の共有をもたらしたのである。のみならず、「あるべき」集団関係を古墳に投射したゆえに、古墳における社会秩序の規範や支配の正当性の表示という権力資源の「イデオロギー」のコントロールがより強く発効したのだろう。別著で論じたように、理念的秩序が反復的に表示されていった結果、畿内中枢勢力を最上位とする階層構造がいっそう強固に現実化してゆく事態が生じたのである〔下垣二〇一八〕。

他界の造形

古墳は葬送儀礼を遂行する舞台装置であった。とくに上位クラスの前方後円墳は、壮大な墳丘に礫石《れきいし》を葺いて輝かせ、各種の埴輪や木製品を設置してにぎやかに飾りたて、造出に祭儀装置をしつらえ、周濠や周堤で外界から隔絶させるなどして、その威容を仰々しく顕示させた。埋葬施設の構築にあたって、工程の切れ目ごとに儀式的な行為を実施した。埋葬時には種々の品目を棺の内外に設置し、共食儀礼をもって死者を送った。

外界から切り離された前方後円墳は、それ自体でひとつの「世界」を構成している。古墳時代の人びとは、前方後円墳によっていかなる「世界」を表象していたのか。古墳の表象性や儀礼性を包括的に検討した辰巳和弘氏や和田晴吾氏は、それを「他界」だと考える。辰巳氏は、「幾重にもめぐらされた円筒埴輪列や葺石、また周濠などの諸々の施設によって結界」された墳丘は「現世とは異なった」「他界」と認識され、被葬者は墳頂部の器財埴輪で表現された「居館」内で「永久の時間を生きる」と観念されたのだと論じる〔辰巳二〇〇〇〕。和田氏も説得力に富む多くの論拠をあげて、墳丘を「他界」だと考察する。ただし、被葬者が永久に住まう「他界」そのものではなく、「他界の擬《なぞら》えもの」として観念されていたと主張する〔和田二〇一四・二〇二四〕。いずれにせよ古墳が、少なくとも前方後円墳などの有力古墳が、死後に被葬者が暮らす「他界（の擬えもの）」だと認識されていたとする解釈は、現状の考古学的証拠にもっとも適合する。

他界の演出とイデオロギー

現世に構築された前方後円墳は、「他界」にかかわる「イデオロギー」を可視化する機能を発揮した。荘厳な墳丘は公共性をまとわされた巨大なモニュメントとして造成された。埋葬施設・墳頂部・周濠・造出などの舞台装置を仰々しく整備し、そこに各種埴輪や供献物や副葬品などの象徴器物を投入して、公的儀式イヴェントが挙行された。後述するように、そうした儀式や舞台装置は、王陵級古墳の造営主体である畿内中枢勢力のもとで創出され、格差を付帯させつつ広範に拡散した。つまり、造墓やそこで執行される儀式をつうじて「イデオロギー」がコントロールされていたわけだ。

一例をあげると、上田直弥氏は埋葬施設の儀礼空間の特色に「ヤマト政権」のイデオロギー戦略を読みとる。狭く深い墓壙に設置される竪穴式石槨では、棺への垂直的距離により儀礼へのアクセスが強く制限されていた。ところが前期後半～中期には、「葬送イデオロギーを社会の成員に浸透させるという方策」として、儀礼空間が平面的にいちじるしく拡張された。そうした様相から、上田氏は古墳時代の葬送儀礼に「イデオロギーの敷衍装置としての機能」があったのだと結論づける〔上田二〇二二〕。

古墳出現期に大規模化し、方形壇や埴輪列などの装置が次々に付加された墳頂部〔今尾一九九四〕でも、中期を中心に墳丘への入口として種々の儀礼行為が実施された造出でも、外来墓制として後期以降の列島で大流行した横穴式石室の各部位などでも、「イデオロギーの敷衍」機能の発効を看取できる。

古墳祭式の統合—波及現象

古墳を「他界」とみる宇宙観のもとで、多くのイデオロギー的要素が古墳の舞台装置として、あるいはそこで挙行される祭式として集約された。しばしば指摘されてきたのが、神仙思想などの中国思想の要素である。たとえば、周濠をめぐらす三段築成の墳丘は崑崙山や蓬莱山から着想をえたもので、埋葬施設における施朱《せしゅ》や北頭位、そして密封志向などは、中国の葬法からの影響だ、と考えるわけである〔都出一九八九b・岡本二〇〇八等〕。前期古墳の副葬品の首座である三角縁神獣鏡は、神仙と霊獣をあしらっており、古墳における副葬配置は、同時代の神仙書『抱朴《ほうぼく》子《し》』〔三一七年〕に記された使用法に合致する〔福永二〇〇五〕。ただし、そのような要素は、統一的な宗教信仰として体系的に導入されたのではなく、古墳という祭儀的モニュメントを創出してゆくなかで断片的に採用されたようである。

以前から注目されてきたように、前方後円墳を構成する個別要素の「ほとんどすべて」が、列島各地の弥生〔墳丘〕墓において創出され、集団間交流をつうじて一定範囲で共有されていた要素に起源を求めうる〔甘粕一九七一・近藤一九八六等〕。黎明期の前方後円墳である奈良県ホケノ山古墳では、撥《ばち》形前方部・石囲い木槨《もっかく》・葺石・墳丘上での壺の囲繞・鏡や鏃類の副葬などといった、他地域に淵源する要素が統合されている。墳丘内の情報がほとんどわからないものの、箸墓古墳においても同様の統合現象を推定できる。

ところで古墳の構成「要素」という表現では、埋葬施設・外表施設・副葬品などの物的要素のみを示しているように誤解されかねない。以下では、これら物的要素だけでなく、それらをめぐる葬送行為や儀礼なども包括する概念として、「祭式」の語を使う。

さて、この統合現象にたいして、主導権をにぎったのは「大和」の勢力ではなく、むしろ「初期ヤマト王権」の「権力母体」は、それらの墳墓要素を擁する各地の諸勢力であり、かれらが王陵級古墳群である奈良県大和古墳群に奥津城を築いたのだ、という見解が提示され〔寺沢薫二〇〇〇・北條二〇〇〇b等〕、一時期かなりの人気を博した。各地の研究者が、この理窟を奉じて大和古墳群の被葬者を自地域の出身者だと主張した結果、当該古墳群の構成基数では数が足りなくなる事態さえ起こった。これはいわゆる「お国自慢の考古学」〔都出一九九四〕の発露であり、後述の「政権交替」（河内政権）論の賛同者に大阪の出身者および関係者がすこぶる顕著なことと似た現象である。

筆者は、統合現象だけに注目するのでは不十分であり、統合後の波及の様態を見極めることが肝腎だと考える。また、統合―波及現象が一回きりの現象だったのか、複数回生じたのかの追究も重要だ。結論からいえば、統合―波及現象は古墳早期から後期まで、幾次にもわたって確認できる〔下垣二〇一二〕。とくに古墳前期に顕著である。そして波及にあたって、統合主体である王陵級古墳を頂点とする格差が明瞭にみとめられる。前述のホケノ山古墳や箸墓古墳では、列島各地で育まれた祭式が統合されており、同時期の諸地域の古墳とのあいだに、墳丘規模・埋葬施設の規模および入念さ・副葬品の質と多寡・葺石の有無および入念さなどの面で明らかな格差がある。つまり、特定地域に起源をもつ古墳祭式が、地域間交流などによって拡散したのち、畿内中枢勢力のもとで統合され、格差を付与されて広域に波及しているのである。

古墳祭式の広域波及

この現象は、古墳前期をつうじて反復された。古墳早期～前期初頭頃には、前代に瀬戸内や四国で育まれていた竪穴式石槨や、岡山南部で隆盛していた特殊器台が、それぞれ長大な竪穴式石槨および円筒埴輪へと発展し、王陵級古墳を頂点としながら各地に波及した。前期前葉～中葉には、九州南部産の貝輪に系譜的起源のある腕輪形石製品や、断絶はあるものの九州北部の弥生倭製鏡を起点とする倭製鏡などが、その有無やサイズ面で畿内の有力古墳を上位とする格差を内包したうえで、列島広域に配布された。

前期後葉には、王陵級古墳の造営を契機に新様式の埴輪が誕生したり、古くから四国で流行していた白色円礫《えんれき》がひろく採用されたり〔青木二〇一〇〕、弥生後期〜末期に流行したのち途絶していた巴形銅器や筒形（状）銅器が復興し、列島各地の古墳に副葬された。さらに前方部埋葬は、弥生末期頃に岡山南部で発祥し、前期前〜中葉に列島各地に点的に波及したのち、畿内の有力古墳を核として広域展開をとげる。このような統合―波及現象は、詳細に探索すればいっそう増加するはずである。今後の研究の進捗を期待したい。

吸収―再分配構造

古墳祭式の統合は、一回きりの特殊現象ではなく、反復的かつ長期的な構造をなしていたわけだ。この構造の注目すべき点は、各地で醸成された祭式が畿内中枢勢力下で統合・変換されるのと軌を一にして、当の起源地で衰退することである。統合・変換された祭式が起源地に還流するさいに、その格付けが高くなかったことも重大である。たとえば九州北部に配布された倭製鏡に大型鏡はほとんどなく（沖ノ島をのぞく）、腕輪形石製品の数も少ない。初現期の円筒埴輪は畿内の要地にかたより、淵源地の岡山南部にはとぼしい。古墳祭式の起源地では、統合後の祭式が総じて低調なのである。

こうした考古学的事実は、古墳祭式の諸要素を提供した諸地域を「初期ヤマト王権」の「権力母体」とみる説と決定的な齟齬をきたす。畿内中枢勢力の主導下で諸地域の祭式が吸収・統合され、諸地域を序列づけるべくそれらに格差を内包させて再分配されていたと考えるべきである。換言すると、畿内中枢勢力の主導による地域祭式の「吸収—再分配」構造が作動していたのである。列島諸地域の立場からすると、自地域に由来する祭式が複数次にわたって吸収され、統合・格付けされた定型性の高い祭式を受容したことになる。各種器物の流通状況も勘案すると、どうやら祭式の吸収—再分配のメカニズムは、器物の配布と複合されながら、諸地域の有力集団を序列づける機能をはたしたようだ。

この吸収—再分配は、幾度もくりかえされた。その契機は、王陵級古墳の造営であったと推定される。王陵級古墳のほとんどが陵墓ないし陵墓参考地に治定されていて、立ち入りすら禁じられている現状では、追究に致命的な限界がある。しかし、王陵級古墳の造営ごとに新規の祭式や新様式の埴輪が創出されていること〔広瀬二〇〇一・坂二〇〇九〕や、首長墓系譜の広域的な変動期に「中央政権主導勢力による葬送儀礼コントロール」が生じていること〔福永二〇〇五〕などは、この推測を裏づける。

祭式生成構造の特質

前節では、「差異化の装置」としての古墳を諸地域が積極的に受容したことが、畿内中枢勢力を頂点とする序列を維持させ補強する結果を招いたことを論じた。これと同様の事態が祭式の吸収—再分配においても生じた。諸地域の有力集団は、畿内中枢勢力を頂点として格差づけられた祭式や器物を、自地域の枠組に即して翻訳的に受容する側面もあったものの、「差異化の装置」や「同一性保証の装置」として格差ごと受容した。しかし、そのようなメカニズムが長期的に作動した結果、諸地域の古墳に畿内色が強まり、独自の祭式の創成が低調化した。他方で、吸収元の地域性が涸渇《こかつ》していった結果、吸収―再分配に駆動される古墳祭式の生成ダイナミズムが次第に失われてゆく事態を招いた。つまりこのシステムは、いずれ崩壊する構造的欠陥を内包していたのである。

祭式生成の推移

中期になると、このシステムが衰微《すいび》し、列島外から導入される諸要素が古墳祭式において目だってくる。当該期の列島内の有力集団は、畿内中枢勢力を介すことなく韓半島の有力集団と独自の交渉をもちえた。王陵級古墳の圧倒的な巨大性と墳墓内の舞台装置の壮麗化にかんがみて、畿内中枢勢力は前代以来の広域的な吸収―再分配システムに頼らず、むしろ墳丘の規模と壮麗さをもって彼我の格差を顕示する戦略をとったのだろう。イデオロギーを可視化する手段として、葬送儀礼という公的儀式イヴェントにかかわるモニュメントが最重要視された反映だろう。

後期には、追葬を可能とする横穴式石室が主流になるなど、おそらく死生観レヴェルでの変動が生じた。ところが面白いことに、前期的な祭式への復古現象が散見する。継体大王の真陵と目される今城塚古墳（後期中葉）の埴輪には前期的な様相がみられる〔安村二〇一〇等〕。後期前葉には、「前期的な鏡秩序」がかなりの規模で再興された〔辻田二〇一八〕。後期中葉を最後に河内平野で大型古墳が途絶し、大型古墳は奈良盆地に回帰する。これまた復古的な現象の一環かもしれない。

後期には、列島外に起源を有する「畿内型横穴式石室」が畿内を核として広域拡散をとげるなど、祭式の統合と拡散を看取できる。ただし、前期のような吸収―再分配現象の明確な事例はみあたらないし、前期にくらべると格差も目だたない。そのうえ、独自の祭式が隆盛した地域もある。九州北部の有明海周辺地域が典型的である。後期前半頃に、当該地域を核として石人《せきじん》や石馬《せきば》などの独特の祭式が顕著な展開をとげ、韓半島西南部の栄山江《ヨンサンガン》流域などとも強い地域間交流を育んだ〔和田二〇〇四等〕。関東では、畿内をふくむ列島のどの地域よりも活発に大型古墳が造営された。埼玉古墳群の長方形二重周濠、墳丘下段を低平な基壇状に造成する栃木南部の「下野《しもつけ》型古墳」、墳丘裾部に中心埋葬を設営する千葉北部～茨城南部の「変則的古墳」など、個性に富む祭式を内包する古墳が築かれた。

祭式のコントロールと政治秩序

このように後期には、列島諸地域に祭式面での自律性がみとめられる。各種イデオロギーのコントロールが顕著な前期〔福永二〇〇五〕、古墳の儀礼的モニュメント性が肥大化した中期と比較すると、イデオロギーのコントロールが後退している。ただしこれは、畿内中枢勢力を核とする政治秩序の弛緩《しかん》を意味しない。むしろ後期は、新式群集墳の登場からうかがえるように、官人的な身分秩序と制度的な政治支配が萌芽した時期であり、従来のように身分秩序や政治秩序を形成し維持するために、労働力や各種資材を消尽して巨墳を造営したり仰々しい葬送儀礼を実施する必要性が薄れていた。そうなると、諸地域の造墓や葬送儀礼をコントロールする旧来の志向も減退する。

他方で諸地域の有力集団にとってみれば、畿内中枢勢力との関係の構築は深まりはしたが、地域内での自身の位置は依然として流動的であり、他集団や他地域との関係をつうじて安定性や優位性を築く必要があった。その結果、各地で自律的な祭式が展開したのだろう。このことから逆に、前期〜中期に造墓と葬送儀礼が列島広域の政治秩序の形成および維持にはたした重大な機能的役割が浮き彫りになるのである。

人とモノの集約——経済・軍事

造墓の基本は人海戦術

古墳の序列や階層構成は、墳丘長の長短から推定されるのが一般的である。この場合ついついつい忘れがちなのは、古墳が立体的な造形物だということだ。単純計算すると、墳長が倍になれば土量は八倍、五倍になれば一二五倍、一〇倍になれば一〇〇〇倍を要する。墳丘を盛るための土砂の運搬距離も、規模に応じて延伸する。墳丘の整地面や葺石の設置範囲も、墳長が二倍になれば四倍、一〇倍になれば一〇〇倍になる。墳丘規模の格差が第一義的に体積（土量）差に起因し、それが動員人数差に、ひいては労働編成（徴発）力に直結する以上、造墓の戦略や秩序を追究するためには、墳丘体積（≒土量）を分析に組みこむことがのぞましい。

四〇年も昔のことだが、建築会社の大林組のプロジェクトチームが、列島最大の前方後円墳である大山古墳の造営事業を詳細にシミュレーション復元した。古代工法にのっとり造営した場合、延べ約六八〇万人（ピーク時二〇〇〇人／日）の労働人員と一五年八か月の工期が必要になると算出された〔大林組プロジェクトチーム一九八五〕。その後の測量により、本墳が一回り大きくなることが判明したので、それを加味すると人員と工期は約二割増しになる。ともあれ、尋常でないコストだ。設計企画をもとに幾何学的な墳丘を特大規模で実現するには、高度な労働管理能力と指揮系統が不可欠である。ただし、その能力を要求されるのは少人数であり、古墳は総じて人海戦術で築造された。

莫大な人数をどのように集めたのかを問う前に、どれだけの人間が動員されたのかを明らかにする必要がある。時期ごと、地域ごとのちがいも考慮にいれておかなければならない。大型古墳の造営についやされた土量と人員数を試算してみよう。

墳丘体積の復元

等高線で描出される墳丘図から体積を算出する作業はきわめて煩瑣である。その煩瑣な作業を近畿の主要古墳にたいして実施し、造墓体制およびそれを主導した「畿内政権」の特質にまでふみこんで考察したのが石川昇氏である。石川氏は新聞社を定年退職後、大阪大学の聴講生をしながら古墳の体積計算に従事し、先駆的な研究をなしとげた〔石川一九八九〕。

以下では、石川氏の研究成果に依拠しつつ、簡略ではあるが墳丘体積について分析する。

ただ、全古墳の体積データを算出するのは不可能である。中小古墳は時期が不明なものが多く、小期別の推移を検討する分析には不向きである。そこで、上記のように一〇〇メートル超を目安とする大型古墳を分析対象にする。また次章では、古墳の階層構成を復元するために、各小期の上位一〇～二〇基程度を上位ランク墳（第1～4ランク墳）として抽出する（表7。後掲）が、これら上位ランク墳（以下、ランク墳とよぶ）も分析対象にする。

算出の方法

ただ困ったことに、石川氏の研究対象は近畿であり、他地域のデータはほとんど示されていない。そこでまず次善の策として、「墳長を一〇〇で割った数値を三乗し」た指数値（例：一〇〇メートル＝一・〇、三〇〇メートル＝二七・〇）を計上する手法を採用し、列島全域の大型古墳ないしランク墳に適用する。新納泉氏はこの手法で列島全域の一三五メートル超墳を、水林彪氏は一手間くわえた計算法で八〇メートル超墳を対象にした考察を提示している（新納二〇〇五・水林二〇一七）。尊重すべき成果ではあるが、墳丘規模のデータが古く、時期比定にも問題が多いため、本書では全面的に改訂する。

一〇〇メートル超の約三三〇基のうち時期比定が可能な三〇七基とランク墳とについて、それぞれの指数を小期別に棒グラフ化した（図24・25）。棒グラフは最上位墳・近畿・東国・西国にわけて小期別に配列した。最上位墳＝第1ランク墳であるが、同一小期に複数の第1ランク墳がある場合、体積の大きいほうを最上位墳とする。最上位墳はすべて近畿に所在するので、「最上位」墳と「近畿」の和が真の近畿の総体積となる。一〇〇メートル超墳を一律に算出した図24と、小期によっては一〇〇メートル未満をふくんでいたり一二〇メートル未満がランクインしない図25とが、同調する推移をみせることは、少なくとも一〇〇メートル前後から、小

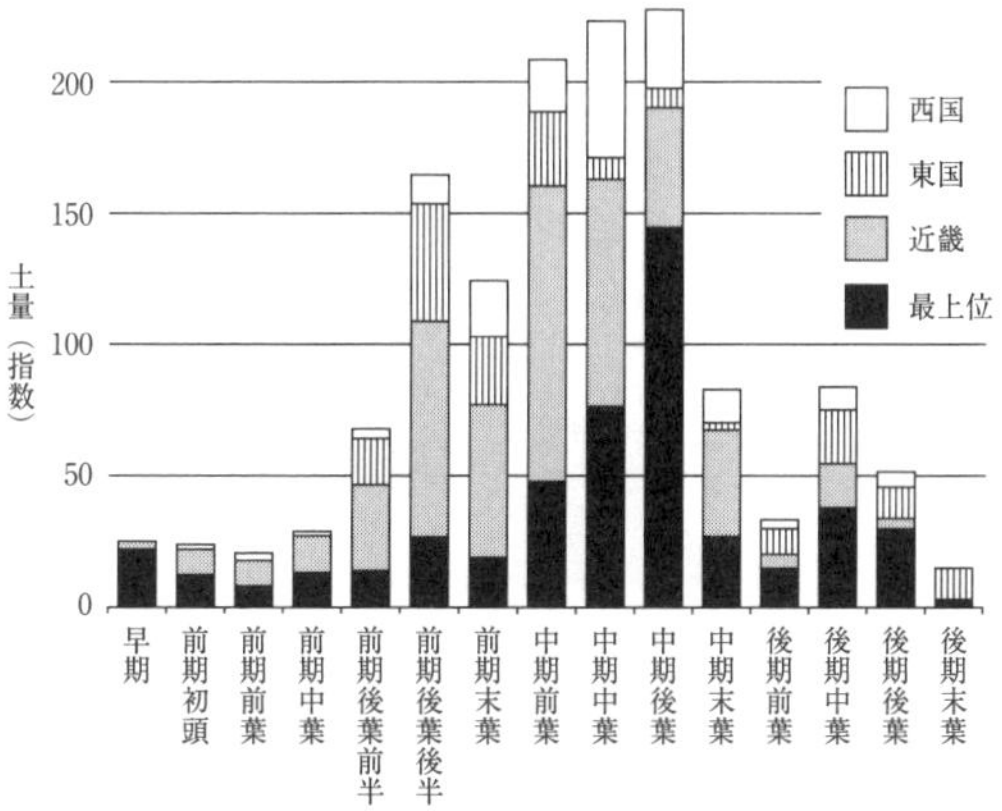

図24　100メートル超墳の総体積（指数）の推移

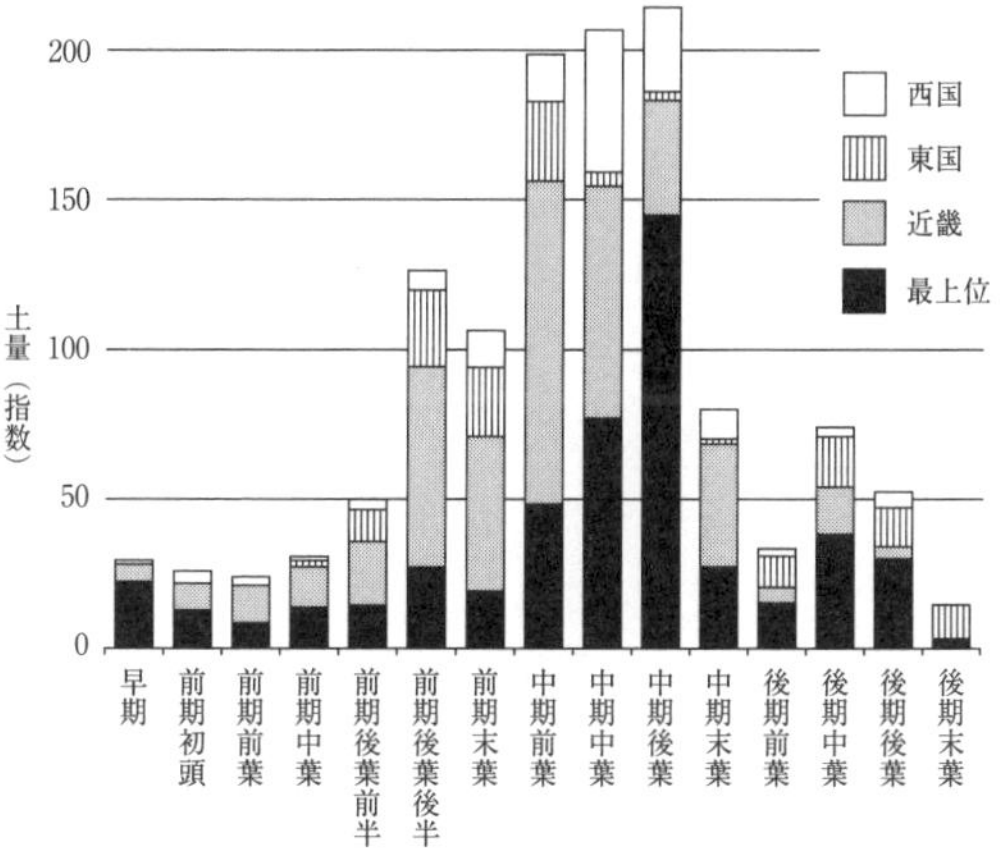

図25　上位ランク墳の総体積（指数）の推移

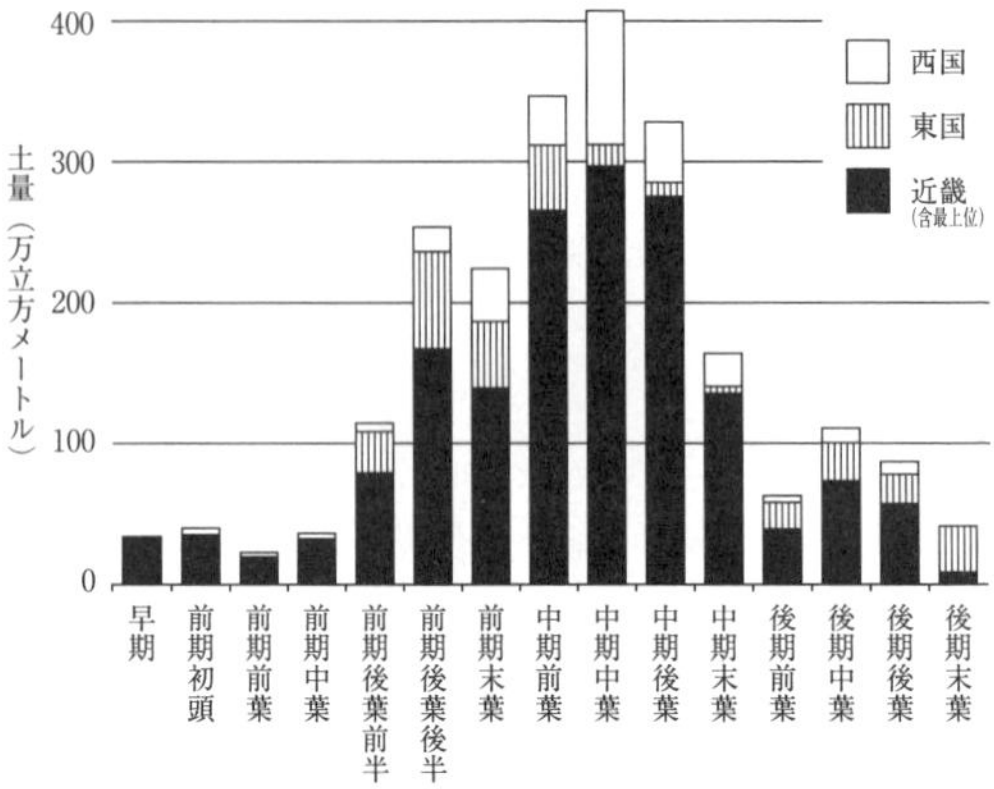

図26　100メートル超墳の総体積（実数）の推移

期ごとの墳丘総体積の傾向が一定であることを示している。

　さらに、石川氏が体積データを公表した畿内の一〇〇メートル超の前方後円墳一三七基にたいして、各小期の総体積を総指数で除して指数一・〇あたりの体積を小期別に算出し、それを小期別の一〇〇メートル超墳の総指数に乗じた棒グラフも作成した（図26）。

　この種の分析に問題が多いことは自覚している。そもそも、不確定要素が多すぎる。調査や研究の進展により墳丘規模が変更される可能性があるし、少なからぬ消失墳を算出に組みこめない。墳丘のどれだけの割合を盛土で築いたのか（＝地山利用がどの程度か）を確定しがたいし、腰高の墳丘と低平な墳丘では当然ながら体積がちがってくる。採土地からの距離は労働効率に直結するし、山上の古墳と集落付近の古墳とでは、造営作業にとりかかるまでの労力消費に大きな差が生じる。これら不確定要素をあるていど解消できたとしても、古墳の時期比定に揺れがあるし、そもそも各小期の年代幅が均等である保証がない。とはいえ、具体的な数値データにもとづく分析は、検証性と将来の修正へと開かれている点で、従来の感覚的な議論よりも数段ましである。

墳丘体積＝動員人数の推移

グラフを眺めると、いろいろと興味深いことがわかる。近畿の、とくに最上位墳の圧倒的な優位がほぼ全時期に貫徹している。前期前半は近畿が独走状態であり、最上位墳がその半ば～大半を占める。前期後半になると、最上位墳の数値（指数・実数）はさほど変わらないが、全体に占める割合が激減する。他方、東国と西国も目立ちはじめ、東国の躍進が目ざましい。

ひときわ注目されるのが、古市古墳群・百舌鳥古墳群・奈良県佐紀《さき》古墳群・同県馬見《うまみ》古墳群に超大型古墳が陸続と造営された中期前葉～後葉の状況である。最上位墳の数値が飛躍的に上昇し、後葉には列島の総数値の約三分の二を占めるにいたる。他方、最上位墳以外の近畿の大型古墳やランク墳の総数値は、中期前葉こそ前期後葉後半に匹敵するが、その後は漸減《ぜんげん》してゆく。東国にいたってはみる影もなくなる。

じつに興味深いことに、この三小期にわたって、最上位墳の増進とそれ以外の近畿および東国の減少とが相関しながら、近畿（最上位墳をふくむ）の大型古墳の総土量体積が一定値（三〇〇万立方メートル弱）を維持している（図26）。古墳には土盛り以外の各種工程があるので、動員実数の見積もりは至難である。大雑把に概算すると、中期前葉～後葉の各小期における近畿（最上位墳をふくむ）の動員人数は延べ一〇〇〇万人前後（多く見積もると一五〇〇万人程度）、恒常的な稼働人数は一〇〇〇～二〇〇〇人といったところになろう。この見積人数は、労働管理者や炊事係などをふくめると若干多くなる。

各小期の実年代幅に特段の差がないという条件つきの推論になるが、長期にわたって土量（≒動員人数）が一定値を維持する現象は、近畿の大型古墳の造営に一定の労働人員を恒常的に投入していたことの反映だろう。中期中葉～後葉に東国の数値が激減したり、後述するように超大型古墳群のランク墳の造営に相互補完関係があることなどを加味すると、東国など列島各地の人民を造墓に使役する体制が当該期に成立していた蓋然性が高くなる。もっといえば、格別な有力者が死歿するごとに（あるいは死歿に先だって）、そのつど造墓に動員するのではなく、畿内中枢勢力やその下部組織の統轄下で造墓活動が恒常的に運営されていて、一定人数がつねに複数の造墓に投入されていた状況を想定できる。

造墓と各種産業の連動

造墓以外にも多数の労働人員を要する事業がある。耕地開発や大規模な農業経営、金属器や土器類など諸物資の生産、築堤や造道などの土木事業、そして軍事行動である。このうち耕地開発から土木事業までは権力資源の「経済」（「基本物資財政」「富裕物資財政」）に、軍事行動は「軍事」のコントロールに密接にかかわる。近年の発掘調査や研究により、これら各種事業と造墓が有機的に結びついていたことが明らかになってきた。そして、時系列的に整理すると、各種事業に集まった労働人員を造墓にも割りあてたのではなく、造墓活動が活性化し恒常化してゆくなかで、労働人員を各種事業に振り向けていったようである。その推移を概観しよう。

造墓＝産業複合の萌芽―前期―

大型古墳は古墳早期（弥生末期末頃）に、奈良盆地東南部の纒向遺跡内に続々と築かれた。遺跡内で金属器などの生産関連遺物が検出されているが、造墓との連繫を想定できるほどの規模ではない。むしろ、土木事業との関連性が顕著である。遺跡内を走る纒向大溝の掘削には延べ約一万人の労働力を要し、都市とも評されるこの遺跡の形成は造墓と連動して進められた。さらに畿内中枢勢力が、この遺跡の下流に位置する盆地中部に、列島諸地域からの「入植者」を吸引しながら生産基盤を拡充したことが、集落遺跡の調査成果から推定されている〔坂二〇〇九〕。

纒向遺跡と一体の関係にある大和古墳群における（超）大型古墳の継続的な造営は、このような基本物資財政への投資を促進した。そして逆に基本物資財政の拡充は、造墓の経済基盤となったであろう。大和古墳群の造墓活動には、この生産基盤でうみだされた基本物資（食糧）が、そして当地で生産活動に従事した人びとが振り向けられたと考えられる。

表6　（超）大型古墳の基数の推移

	前期		中期		後期	
	前半	後半	前半	後半	前半	後半
近畿	25(4)	53(11)	35(13)	23(6)	15(2)	5(1)
西国	3(0)	19 (0)	14 (1)	8(2)	8(0)	4(0)
東国	0(0)	48 (0)	12 (1)	7(0)	16(0)	19(0)

＊数字は100メートル超墳（200メートル超墳をふくむ）の基数.
括弧内は200メートル超墳の基数.

むろん、それ以外の諸地域の物資と労働者も投入されたはずだ〔清水編一九九二〕。

器物の生産活動と造墓活動との併存性は、福岡県比恵《ひえ》・那珂《なか》遺跡群、同県三雲・井原遺跡群、岡山南端の足守川《あしもりがわ》流域遺跡群および百間川《ひゃっけんがわ》流域遺跡群など、弥生末期〜古墳前期前半に隆盛した列島各地の拠点集落群でも確認できる。しかし、（超）大型古墳と生産活動の連繋性がみとめられるのは、畿内中枢勢力の膝下《しっか》である奈良盆地東南部に限定される。

前期後半になると、大型古墳の基数が激増する。畿外の増加がいちじるしく、とくに東国の躍進には目をみはるものがある（表6）。ただし、上記した拠点集落のほとんどが衰退することや、副葬器物の配布状況および埴輪生産技術の波及状況などにかんがみて、畿外諸地域の自律的な発展ではなく、畿内中枢勢力の強い関与に起因する現象であろう。畿内中枢勢力が配布したり生産・流通に強く関与した器物は、当期に激増する有力古墳に副葬された。活発な副葬行為は諸集団に次なる器物への強い欲求を惹きおこし、器物の生産と流通をコントロールする畿内中枢勢力への求心性を高めることになる。こうして、「富裕物資財政」のコントロールがいっそう強く発効することになった。

当期の畿内において、（超）大型古墳の造営を機に埴輪工人集団が編成され、その製品が近隣域にも供給される事例がみとめられる〔廣瀬二〇一五・原田二〇一七等〕。そうした現象は、造墓が先行するかたちで器物の生産活動との連繋が進んだことを強く示唆する。

造墓＝産業複合の隆盛—中期—

中期には造墓と各種産業の連繋がいっそう拡充する。とくに畿内の活況ぶりは特筆に値する。奈良盆地と河内平野が「王権の内部領域」化し、王陵の造墓域と多種の生産拠点（窯業《ようぎょう》・鍛冶《かじ》・造兵《ぞうへい》・馬匹《ばひつ》生産など）が計画的かつ強制的に設置され、大規模な造墓と生産が展開される〔菱田二〇〇七等〕（図27）。そして造墓と連動しながら、新来の土木技術と鉄製農工具を活用して、畿内の広範囲にわたって水利開発や造道などの開発が多角的に進展した〔田中二〇一七〕。

各種生産拠点や開発拠点には、しばしば時期を同じくする（超）大型古墳がともなっており、造墓との連繋性を証拠だてる。そもそも、超大型古墳群の造営事業は開墾や各種産業と一体化した「国家的な規模の大開発」であり〔甘粕一九七五等〕、巨大古墳の築造技術は「そのまま当時の土木灌漑技術」の応用であり、他方で造墓への計画的な動員が「河川

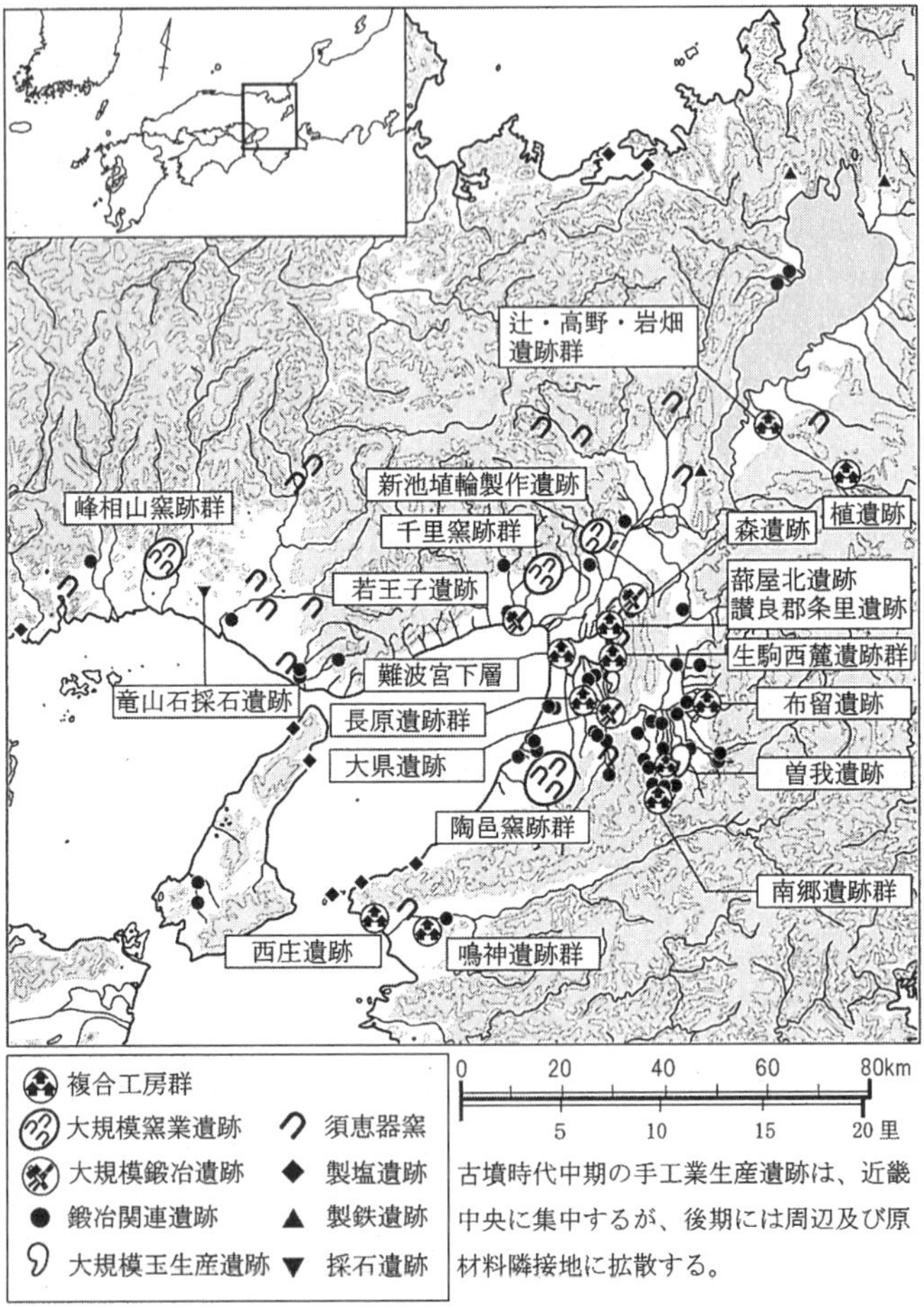

図27　古墳中期～後期の畿内の主要生産遺跡〔中久保2023〕

や流路の人工的制御、つまり耕地の拡大と安定化の土木灌漑事業にも適用された」ことが〔門脇他一九六七〕、早くから推定されてきた。先駆性に富む推定が、その後の発掘成果により裏づけられてきたわけだ。

畿内の造墓＝産業複合

代表的な事例をあげよう。大阪府太田《おおだ》茶臼山古墳（二二六メートル）は、中期後葉に築かれた古墳としては大山古墳と岡山県作山《つくりやま》古墳（二八二メートル）に次ぐ列島第三位の規模を誇る巨墳である。当墳の所在する三嶋《みしま》の富田台地が、造墓をその一環とする畿内中枢勢力による「梃入《てこい》れ」の結果、大々的に開発されて接収されてゆく過程が、実証性豊かに復元されている〔森田二〇一七〕。

奈良盆地西南端に位置する南郷遺跡群は、複合工房群が居館や墓域などと計画的に配備された巨大遺跡群であり、掖上鑵子塚《わきがみかんすづか》古墳（一四九メートル・中期後葉）との関連性が説かれている〔坂他二〇一二〕。本墳に先行する超大型古墳の室宮山古墳（二三八メートル・中期前葉）は、少し距離が離れるが、南郷遺跡群に先行する生産拠点集落である脇田遺跡との関係が推定されている〔神庭二〇二一・神庭他二〇一九〕。古くから物部《もののべ》氏との関係が論じられてきた奈良盆地東南部の布留《ふる》遺跡では、中期に中小墳を築きながら「軍事、経済、イデオロギーという権力資源を蓄積した」のち、後期前葉から次々に大型古墳が築かれてゆく経緯が詳細に復元されている〔中久保二〇二三〕。

畿外の造墓＝産業複合

畿外でも同様の現象が確認されている。岡山平野西部では、造山《つくりやま》古墳（三五〇メートル・中期中葉）と作山古墳という二大巨墳が造営された時期を中心に、手工業生産地を計画的に配置した「倭王権の内部領域の縮小版ともいえるような景観」が現出した〔菱田二〇〇七〕。愛知県の熱田台地にいとなまれた古渡《ふるわたり》遺跡群（中期〜後期）では、「首長居館」や倉庫群や港湾施設が計画的に配置され、「尾張の中枢集落」と評価されるが、台地の南北に複数の大型後期古墳が展開している〔藤井二〇二二〕。群馬県榛名《はるな》山麓地域では、中期後半以降に水利開発や耕地改良、馬匹生産や金属加工を複合させた地域経営が進捗したが、それに対応するように有力古墳が活発に築かれた〔若狭二〇〇七〕。

このような事例は、発掘と検討が進めば今後ますます増加するだろう。他方、事例が増えてきたことで、造墓と産業および開発の連繋といっても、性格に相違のあることもみえてきた。中期においては、畿内の要地に生産拠点が設けられ、おそらくは超大型古墳群の造営と関連しながら、人びとが動員され物資が集約されていた。その差配には在地の有力者だけでなく畿内中枢勢力の関与がうかがえる〔田中二〇一七〕。超大型古墳群は、その連綿たる継続性ゆえに、基本物資財政と富裕物資財政のコントロールを安定的に作動させていただろう。

造墓＝産業複合と権力資源コントロール

他方、富田台地や南郷遺跡群の場合は、産業と開発が複合的に展開したが、有力古墳の造墓は単発的であった。岡山平野南部の場合は、王陵級古墳に比肩《ひけん》する巨墳を累代的に造営し、「倭王権の内部領域の縮小版」を実現させていた。しかし、『紀』によるとその後、この地の勢力は「大王」勢力による打撃をうけ衰退する。このことを裏づけるように、当地では大型古墳が築かれなくなる。南郷遺跡群は『記』『紀』に「葛城」氏として登場する大有力集団とのかかわりが指摘されるが、この集団も「大王」勢力に力を削《そ》がれ、有力古墳の造営が消極的になってゆく。中期において、造墓と産業の連繫は、その主宰者の権力資源コントロールを高める効果を発揮した。それゆえ、畿内中枢勢力の頂点である「大王」勢力からすれば、他勢力による同様のコントロールは忌避《きひ》すべき事態であり、そのような勢力の削減に意を注ぐことになったのだろう。

畿内中枢勢力による造墓と産業および開発の連繫は、列島各地の有力者を介した奉仕的・貢納的関係を促進した。そして畿内の造墓地や生産拠点への上番をつうじて、列島各地に諸技術が伝播することになった。また中期の超大型古墳群における埴輪生産には、個別的な拠点性がみとめられ〔木村二〇二〇〕、さらには超大型古墳群の造営をつうじて、「地方からの上番者」により「土師《はじ》氏前身集団」が編成された可能性も指摘されている〔溝口二〇二一〕。とすると、諸産業と緊密に結びついた継続的かつ恒常的な大規模造墓活動が、専門的な職能を分化させ、王権への奉仕を前提とする部民制や氏族を誕生させた、という推論も可能になる。

造墓＝産業複合の発展的解消――後期――

このような仕組みは後期に変容する。中期末葉に古市古墳群をのぞく超大型古墳群は主要墳の造営を停止し、古市古墳群における造墓活動も後期前葉をもってほぼ終焉をむかえる。他方で、畿内各地に生産拠点を設置する従前の方式にくわえ、畿外諸地域に設けた生産拠点に新技術を扶《ふ》植《しょく》し、その成果物を貢納させる仕組みが構築された〔菱田二〇一二等〕。そうした生産拠点の核となったのは各地に続々と設置されたミヤケ（屯倉《みやけ》）であろう〔舘野二〇〇四〕。

上述の三嶋の地が、大開発ののちに竹村《たかふの》屯倉として「大王」勢力に献上されたり（安閑《あんかん》紀）、群馬に緑野《みどの》屯倉が設置された背景に、後期の関東で随一の規模を誇る七輿山《ななこしやま》古墳（一四五メートル・後期中葉）の造営勢力の政治的「解体」が想定される〔若狭二〇一五〕ように、造墓をともないつつ各地で育まれた生産拠点の多くが、ミヤケとして畿内中枢勢力の管轄《かんかつ》下にはいったのだろう。当該期のミヤケには、田地にくわえて山林や漁場や牧場などが付随したことを考慮すると、畿内中枢勢力による基本物資財政および富裕物資財政へのコントロールが、ミヤケの設置を介して列島広域に拡大したことがうかがえる。

生産物の収取と開発が、造墓をともなわずとも制度的に実施可能になれば、もはや造墓は不要になってくる。ミヤケが本格化する後期後半に、関東をのぞく列島各地において大型前方後円墳の造営が途絶してゆくのは、必然的な流れだった。

造墓と軍事

　動員力が事の成否を左右する事業として、造墓と開発のほかに軍事行動があった。造墓と軍事の密接な関係について、以前からしばしば指摘されてきた〔直木一九六四・門田一九九二等〕。組織的な事業である巨大古墳の造営に結集させられた多くの労働者は、有事には武器をもたせて戦闘集団に変えうる。造墓に徴集された役《えき》民《みん》が兵士に転用されうる状況は、『紀』において幾度も語られる。畿内の超大型古墳群において、恒常的に巨大古墳が造営されていた事実は、造営主体である畿内中枢勢力が、潜在的な軍事力をつねに掌握していたことを暗示する。

　ところが不思議なことに、『紀』などの国内文献や『三国史記』などの国外文献および金石文に、倭の軍事活動が頻出するのとは裏腹に、考古資料から戦争状況が浮かびあがってこない。筆者は以前、「戦争考古学」の先駆者である佐原眞氏が、「戦争のあった社会、あるいは戦争を知っていた社会」を示唆する考古学的指標としてかかげた、防御集落・武器・殺傷人骨・武器の副葬・武器形祭器・戦士や戦争場面の造型〔佐原一九九九〕などが、どのていど古墳時代に該当するか確認したことがある。すると意外にも、考古資料から判断するかぎり古墳時代は、活発な武器副葬で武威を顕示しつつも、総じて戦争の徴証《ちょうしょう》が稀薄であるという結果になった〔下垣二〇一七〕。その後、いっそう緻密で多角的な分析をつうじて、同様の結論が示されている〔松木二〇二一・橋本二〇二二等〕。

軍事編成論がさかんであった一昔まえとはうって変わって、少なくとも列島内での軍事活動や戦争を重視する論調は影を潜めている〔河内二〇一八等〕。現在の古墳時代研究においてもっとも影響力の強い理論枠である前方後円墳体制論および初期国家論が、武力抗争による社会分裂を回避するための「平和共存」システムとして構想されていること〔都出一九九一〕も再認識すべきだろう。

考古学の射程と限界

ただし、考古学の証拠能力に大きな限界があることも自覚しておかねばならない。たとえば野戦《やせん》は考古学的痕跡を遺しにくい〔藤原二〇一八〕。たとえ遺していても、ほかの遺構をともなわないので、そもそも発掘される機会がない。殺傷人骨にしても、骨の残存状況が良好でなければ確認できないし、致命傷の頻度がもっとも高い腹部と胸部の傷は、検出が至難だという〔中橋一九九九〕。のみならず、文献記事にあれほど戦争の記載が登場するのに、考古学に証拠がないというのは不審である。「磐井《いわい》の乱」はおろか、壬申《じんしん》の乱の痕跡すら考古学的に検出できていない現状からすると、考古学の証拠能力に少なからぬ問題があるようだ。

列島内でどれほどの規模および頻度で実戦があったかはわからない。ただ、佐原氏による上述の考古学的指標は、すこぶる顕著な弥生時代とは対極的に、古墳時代になるとにわかに稀薄になるのだから、やはり実戦はかなり少なかったと想定しておくべきだろう。

権力資源としての「軍事」は、兵士や武器を威嚇装置にして命令に服従させうるものである。反抗や不服従にたいする武力行使は最終手段であり、武力の即時的な行使可能性を服従者に認識させておくことが肝腎である。これに関して興味深いのが古墳中期であり、兵士へと転用可能な大量の労働人員を超大型古墳群に常駐させ、埋葬施設にこれみよがしに多量の武器・武具を埋納するのと裏腹に、列島内における軍事的発動の考古学的徴証は稀薄である。逆説的ではあるが、このことは「軍事」のコントロールが功を奏していたことを物語るのではなかろうか。先述したように、当該期の「大王」勢力が他勢力による継続的な大規模古墳の造営に歯止めをかけたのは、それが軍事コントロールの発動に、ひいては叛乱《はんらん》につながる以上、当然のことであった。

古墳時代の武器類は、実用性よりも技巧性や顕示性に重点をおく場合が多く、それらは畿内中枢勢力の管轄下で製作された。この点で権力資源の「富裕物資財政」のコントロールとも結びついていた。さらに古墳時代の、とくに中期の武装具は、実際の戦闘用具としてよりも、軍事を背景とする政治統合および政治的秩序を表示する「象徴的器物」としての側面が主たるものであり、古墳への武装具の埋納は「第一義的には古墳築造、古墳祭祀のシステムに組み込まれたものであ」り、そこでは「軍事的世界観」の「可視化」が企図されていたという〔橋本二〇二二〕。つまり、「軍事」と「イデオロギー」のコントロールが造墓を介して緊密な関係にあったことになる。

造墓と軍事の離別

後期になると、顕示的な武具副葬は後景にしりぞき、超大型古墳群の造営も途絶する。つまり、造墓と連動する形式での「軍事」コントロールが減退する。ただしこれは、先述の生産および開発と造墓との連繋の場合と同様に、畿内中枢勢力の失墜を物語る現象ではない。それどころか逆に、畿内中枢勢力の軍事コントロールが列島広域に拡延し、諸地域の有力者に委任する形式で軍事動員が可能になった事態の反映であろう。この時期には、畿内中枢勢力が地域支配の目的で列島広域に設置したミヤケが、軍事の徴発・動員拠点として機能するようになった。当該期に編成された国造《くにのみやつこ》制においては、ミヤケの現地管理主体である国造が、力役と軍役の徴発をになった〔今津二〇二二等〕。畿内中枢勢力による新たな広域委任統治の機関であるミヤケと国造制とが、経済だけでなく軍事もコントロールする強力な手段になったのである。

国造となった「有力地方豪族の自律的性格」が尊重されていたようで〔吉野二〇一〇〕、初期の国造が設置された地域（福岡・愛知など）や後期後半に国造制が滲透した関東各地には、大型古墳を擁する首長墓系譜の形成（「首長墓造営地の固定化現象」）がみとめられる。

おそらく軍役の制度性が強まった結果、造墓が軍事コントロールを誘発するリスクが減り、そのため諸地域の有力集団は以前よりも自由に造墓できたのではないだろうか。

超大型古墳群の造営が、換言すれば（超）大型古墳の恒常的造営が停止したのは、造墓を介さずとも、ミヤケや国造などの各種制度や機関をつうじて権力資源コントロールが可能になったことに重要な要因を求めうる。そしてまた、『紀』からうかがえるように、この時期に韓半島への派兵が畿内中枢勢力の重要課題になっていたことも重視したい。当時の軍事動員数は、おおむね一〇〇〇人程度の規模であったという〔森二〇〇六〕。奇《く》しくもこの人数は、中期の近畿における（超）大型古墳造営の稼働人数に近似する。造墓と実際の軍事活動がトレードオフの関係にあったことを暗示する。

しかも、年輪セルロースの酸素同位体比にもとづく古気候の復元研究によると、「五世紀末」から「六世紀前半」にかけて、「激しい水害と干害」とそれに起因する「飢饉《ききん》」が列島社会を襲ったという〔中塚二〇一七〕。この期間はおおむね後期前葉〜中葉頃に相当する。『記』『紀』においては王権の混乱期であり、「磐井の乱」などの「叛乱」記事が多出する時期である。畿内中枢勢力にとってみれば、新たな制度や機関により権力資源コントロールが可能になっていた以上、韓半島への派兵や「叛乱」への対処に人員を割かねばならない状況下で、恒常的な造墓はますます不要になったのだろう。

区画と連結――領域・交通

造墓地と領域

古墳は、とりわけ（超）大型古墳は、狙いすましたような立地をとることが多い。以下に示すように、造墓の拠点的立地は、権力資源の「領域」および「基本物資財政」のコントロールを左右する交通に深くかかわっていた。

古墳群と近隣集落が時期的に対応する事例が蓄積されている。他方、（超）大型古墳群の場合は、近隣集落の動向と噛みあわないことが少なくない。そもそも有力古墳は、丘陵地や段丘面に立地するのが基本であり、平地は耕作や居住など生者の生存活動に利用されてた〔末永一九六二〕。畿内を例にとると、そのことは前方後円墳の分布状況に明白である（図28）。有力古墳がそのような立地を志向したのは、耕地尊重や広域的な視認性の確保、さらには自然地形の利用による造営土量の軽減といった、実利的な理由によるのだろう。

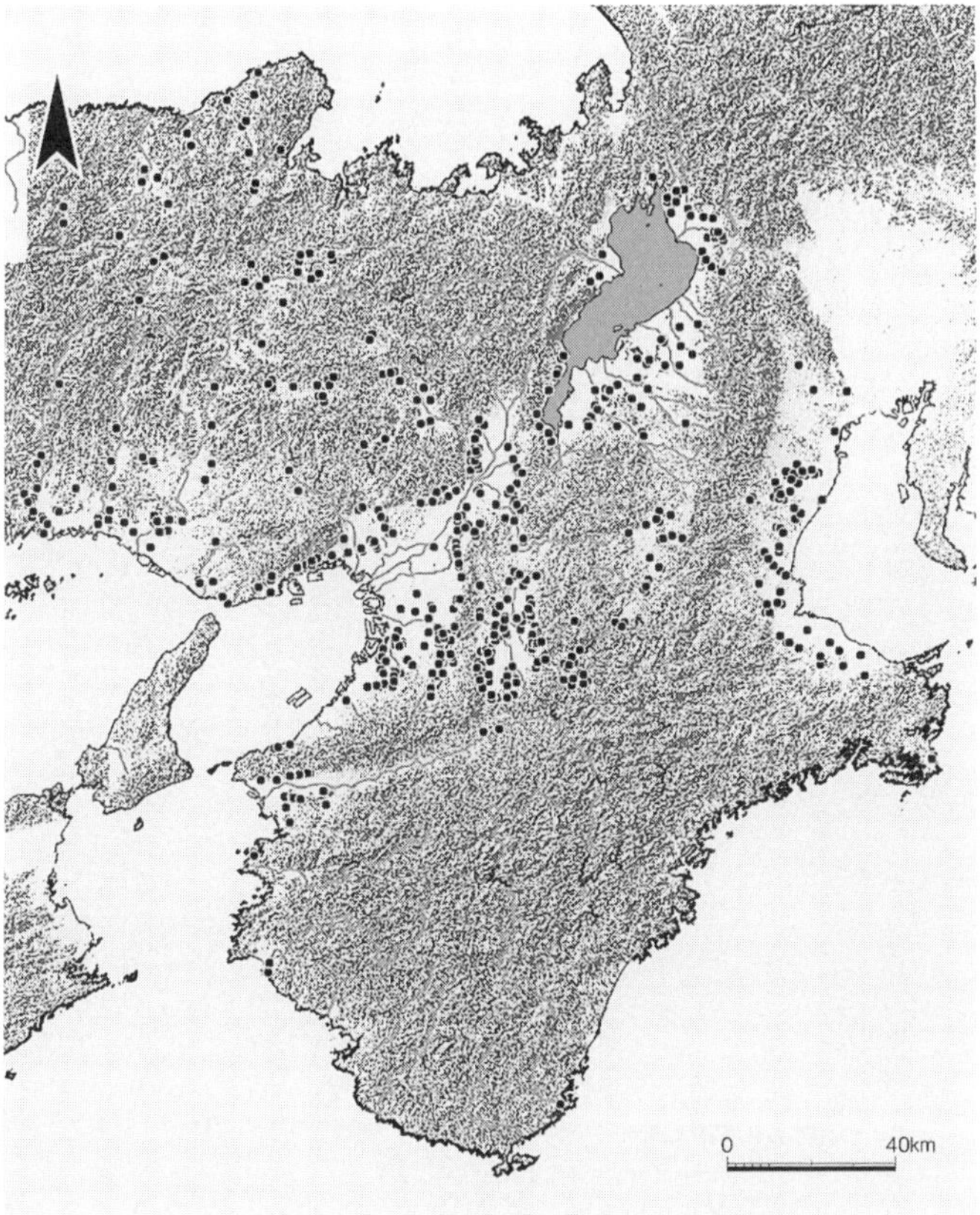

図28　近畿の前方後円墳の分布（原田昌浩氏作図）

そうした志向にまして重視したいのが、有力集団の領有圏の外縁部や境界地点、そして水陸交通の要衝などの要地を、有力古墳がかなりの頻度で占めている事実である。前期後半の近畿に顕著な現象であるが、（超）大型古墳が旧国の境界付近やのちの畿内四至《しいし》の近傍、近畿北端の外港的な地点にしばしば築かれた。それらは、在地の状況とも先後の脈絡とも関係なく突発的に出現することが多い。そのうえ前期後半には、鏡の配布をつうじて奈良盆地・盆地外の畿内・畿内周辺域という領域区分が志向されていた〔下垣二〇二一a〕。先述した中期における畿内の「内部領域」化は、前期後半における（超）大型古墳の拠点的配置を前提にして達成された。次章で論じるように、前期後半や中期だけでなく、その前後の各小期にも、その時々の政治的・社会的状況に応じて、畿内や近畿のしかるべき要地に（超）大型古墳がかなり意図的に配備されている。つまり、造墓をつうじて「領域」がコントロールされていたことになる。

律令期に「面」的な「領域認知」が達成される以前には、交通路のネットワークの境界である「点」としての要地をつうじて「領域表示」がなされていた〔佐々木一九八六〕。巨大古墳の境界選地の志向は、まさに「点」的な領域表示の物証とみることができる。そうであれば、主要古墳の拠点的配置の分析をつうじて、各時期の交通ネットワークの状況とその推移を復元する道も開けてくるだろう〔田中二〇二三等〕。

他方で、近畿外の列島諸地域では、大型古墳の拠点的立地はわりと顕著であるものの、同時期に複数の大型古墳が領域的に配置されることはない。つまり造墓による「領域」のコントロールは、畿内中枢勢力のみが実効的に、かつ継続的に遂行できたのである。

古墳と水上交通

古墳の選地は水陸の交通路とも密接にかかわっていた。弥生末期後半から古墳前期前半にかけて、韓半島から九州北部、瀬戸内、河内潟南岸部をへて奈良盆地東南部にいたる交易（「博多湾貿易」）の主要ルートが構築され、その結節点で巨大集落群が隆盛した〔久住二〇〇七〕。出現期の有力前方後円墳や三角縁神獣鏡は本ルート沿いに分布しており、この水上ルートの発展が前方後円墳の出現と展開の史的前提になったことがうかがえる。この広域ルートを介して結ばれた西日本広域のネットワークのうち、水上ルートと東国への陸上ルートの結節点にある奈良盆地東南部がその「媒介者的位置」ゆえに、列島の中心勢力へと急成長したと考えられる〔溝口二〇一〇〕。

天然の良港になる潟湖《せきこ》（ラグーン）に、しばしば大型前方後円墳が築かれた〔森一九八六〕。とくに前期後半に顕著であり、日本海に面する旧潟湖のほとりに位置する京都府神《しん》明山《めいやま》古墳（一九〇メートル・前期末葉）および同府網野銚子山古墳（二〇一メートル・前期後葉後半）、東郷潟を見下ろす鳥取県馬山古墳群の四号墳（一〇〇メートル・前期後葉後半〜）、かつての潟湖である旧大之浦《おおのうら》に張りだす台地上の静岡県松林山《しょうりんざん》古墳（一〇七メートル・前期後葉後半）および寺《てら》谷《たに》銚子塚古墳（一一二メートル・前期後葉後半）など、数多くの事例をあげうる。

前期後半には水上交通を介した地域内関係も活発化した。たとえば、京都南部の巨椋池《おぐらいけ》をかこんで立地する古墳間でさまざまな情報が共有されている〔原田二〇一七・下垣二〇二一d〕。千葉県や茨城県の内海地域でも同様の現象が注目されている〔田中二〇二三〕。

当時の航法は、陸標や山並みなどから船の位置を知る地乗り航法だった。海岸部に突きだす前方後円墳は、航海の陸標としても機能したようだ。瀬戸内海沿岸部と日本海沿岸部に築かれた四五メートル超の前方後円墳は、平均二〇〜二五キロの距離をおいて分布するが、これは一日の航程距離に近い〔岸本二〇一二〕。圧倒的な顕示性を誇る大山古墳と誉田御廟山古墳は、瀬戸内海航路で東進した場合に、前者は神戸沖から、後者は芦屋沖から姿をみせはじめ、「道案内」の機能をはたしつつ、徐々にその存在感を高める視覚的効果を発揮したのだという〔朝日二〇二二〕。

古墳と陸上交通

古墳時代の道路遺構の検出例はきわめて少ない。自然道は検出がほぼ不可能であるし、遺構として残存しうるほど整備された道路は、後代まで利用が継続したり再利用されるさいに「上書き」されてしまい、古墳時代の遺構が消えてしまうからだ。現在のところ、古墳時代の「幹線道路」は中期後半までしかさかのぼらない〔近江二〇〇六〕。しかし、有力古墳の近傍にのちの古道や官道が走る事例があまりにも多い〔岸一九七〇等〕以上、有力古墳の立地と陸路には緊密な関係があったと考えるのが自然である。

古墳と陸路の密接な関係性を示唆する事例はじつに多い。岡山南部の超大型古墳である造山古墳と作山古墳、そして両宮山《りょうぐうざん》古墳や宿寺山《しゅくてらやま》古墳や牟佐《むさ》大塚古墳などの有力古墳に沿って古代山陽道が走っていたり、丹比《たじひ》道（竹内街道）とその延長にある横大路《よこおおじ》が古市古墳群・百舌鳥古墳群・馬見古墳群・大和古墳群を結ぶように河内平野から奈良盆地を走行していたりと、それこそ枚挙《まいきょ》に遑《いとま》がない。以下では、そうした事例の列挙に代えて、古墳と陸路の関係について、いくつか私見を提示したい。

馬が先か道が先か

韓半島から導入された馬が、古墳中期に各地の牧で生産されるようになった。その結果、従来の沿海ルートにくわえて、原東山道のような内陸路が発達をとげた。新たな交通ルートは有力集団間のネットワークにも変化をひきおこし、馬匹生産などの各種生産を担うようになった東国諸地域と畿内中枢勢力との関係の強化をもたらし、東国における活発な造墓につながった。だいたい、このような理解がなされてきた。

この理解に異論はないが、因果関係に若干の修正案を示したい。先述したように、前期後半に列島各地の大型古墳が激増した。当期の交通や交易に関する特筆すべき現象として、九州北部が重要な役割をになっていた「博多湾貿易」を畿内中枢勢力が解体し〔久住二〇〇七〕、韓半島南部諸地域との交易ルートを直接的に掌握したことがあげられる。当期には、水上ルートにかかわる有力古墳が簇生《そうせい》しただけでなく、陸路を意識した古墳の立地も顕著になる。そうした古墳には、畿内中枢勢力から配布された副葬品が顕著であり、埴輪などもいちはやく受容している。さらにこの時期には、畿内中枢勢力が、九州西南端・高知西南部・和歌山南部など、それまで有力古墳が築かれなかった地域を「ネットワークの拠点に組み入れ」るべく、広域的なルート開拓につとめた〔橋本二〇一〇〕。

したがって、前期後半に水陸ルートにかかわる有力古墳が列島広域で同時多発的に出現する背景には、畿内中枢勢力による交通（交流）ネットワーク構築戦略があったのだろう。馬が導入されて陸路の開発が目指されたというよりも、列島広域をきめ細かくつなぎつつあった陸路をより高速かつ効率的に通交するべく、理想的な移動手段である馬を積極的に受容したのではなかろうか。列島各地における馬匹生産の開始は、陸上交通網の布置《ふち》と連動させた「倭王権のグランドデザイン」の一環だったという魅力的な見解がある〔諫早二〇一二〕が、「グランドデザイン」はすでに前期後半に始動していたのである。

道／古墳がつなぐ

前期前半における畿内中枢勢力と諸地域の有力集団の関係は、おおむね個別的かつ単発的なものであった。「首長権」の継承システムが畿外諸地域で定着はじめた前期中葉頃〔岩本二〇二〇〕を契機として、前期後半以降は定型性の強い畿内中枢由来の古墳が諸地域に面的に滲透してゆく傾向が強まった。当期における有力古墳と水陸両路の連動的拡大は、この傾向を助長した。

先述したように、古墳出現期の畿内を列島の中枢部へと成長させた主因は、当地が列島各地をつなぐネットワークの最大の結節点であったことに求めうる。これと同じメカニズムが、前期後半以降にいっそう大々的に発動したようである。つまり、前期後半以降に列島のほぼ全域までひろがった水陸ネットワークの最大の結節点に位置し、そのコントロールの主導主体を擁する畿内が、さらなる成長をとげることになったのである。

交通の要衝に築かれた有力古墳は、通行者や航行者にとって恰好《かっこう》のランドマークとして機能した。先述したように、畿内の超大型古墳群の造営や各種産業には列島各地の人民が動員された。また文献史学が明らかにしてきたように、諸地域の有力者はしばしば畿内に赴いた。交通路に沿って築かれた古墳を目にしながら畿内中枢部にたどりついたかれらは、超大型古墳群の威容に彼我の力量差を否《いや》が応《おう》にもみせつけられただろう。

前方後円墳をはじめとする有力古墳が、人と物資の行き交う要地にしばしば立地する事実は、そうした古墳の近傍地が、物資や情報を交換する拠点になりえた可能性を暗示する〔水野一九九〇〕。たとえば最近、前方後円墳には「首長連合体に開かれた市《いち》がその地に存在することを明示する機能」があったという仮説が提示されている〔若狭二〇二一a〕。物的証拠がないのが残念だが、奈良盆地の古代の市が「いずれも大王陵クラスの古墳群の所在地と一致」することは示唆に富む〔小林一九九四〕。河内平野の超大型古墳群にしても、かたや古市古墳群であるし、もう一方の百舌鳥古墳群には、旧海岸線から「船尾」をへて、巨墳が割拠する段丘にのぼってすぐの地点に「市」という地名がある（図45の★）。

そもそも造墓には、さまざまな地域の人びとが集まり、多くの資材や物資が集積されたのだから、物資や情報が交換される場になったと考えるほうが自然である。地名として残るほど、後々まで「市」として機能したとすれば、その地に盤踞《ばんきょ》する巨大古墳の被葬者や造墓にまつわる出来事などが伝承された可能性もでてくる。

道／古墳が拒む

交通路は有益な物資や情報が流れる経路であるが、害なす有形無形の存在が侵入する経路でもありえた。交通の要衝の制圧が軍事活動の要《よう》諦《てい》であることは、『孫子《そんし》』を繙《ひもと》くまでもなく古今東西の常識である。有力集団の領有圏の外縁部や境界地点にも、狙いすましたように有力古墳が築かれたが、こうした要地も軍事面で緊要な位置を占める。『紀』には、壬申の乱にさいして箸墓古墳のほとりで起こった戦闘の記事（天武紀）や、朝日郎《あさけのいらつこ》が「伊賀の青墓」で「官軍」と激突した記事（雄略紀）をみいだせる。戦国期に古墳が城郭や陣地に転用されたことを先述したが、要地に築かれる古墳がそうした戦闘施設に転用されるのは、むしろ当然のことといえる。

横穴式石室の導入以前の埋葬施設には、被葬者を防護する密閉志向が強く、さらに埋葬施設や墳丘をとりかこんで武器形の器財埴輪が設置されることもあった〔本書表紙〕。そうした証拠をもって、古墳には不可視の邪魅《じゃみ》をしりぞける機能があったと説かれることが多い。この辟邪《へきじゃ》の機能を敷衍すると、顕示的な古墳を要地に築く行為には、不可視的存在の侵入を防遏《ぼうあつ》する意図もあったのではなかろうか〔笹生二〇一三〕。

ずいぶん時期がくだるが、奈良時代には疫病をもたらす「鬼魅《きみ》」が道伝いに来襲すると信じられていた。その防遏を目的に陸路の要衝で「鬼魅」を接待する道饗祭《みちあえのまつり》が執行され、宝亀《ほうき》元（七七〇）年には「畿内堺」の一〇ヵ所で疫神《えきじん》祭が実施された〔本庄二〇一三等〕。数百年の時間差を捨象して、古墳の辟邪機能と疫神祭祀を関連づけることは許されない。ただ、墳丘を囲繞する埴輪に「寄りくる悪霊」への「御饗《みあえ》」を読みとる説〔水野一九九〇〕もあるので、参考までに言及した。

権力装置としての前方後円墳

ずいぶん長くなってしまったので、ここまでの主張をまとめておこう。第一義的には墓である古墳には、さまざまな政治的・社会的機能があった〔若狭二〇二一a等〕。本章で筆者が抽出した古墳の重要な機能は、①〈差異化の装置〉、②〈同一性保証の装置〉、③〈権力資源の複合媒体〉、としての機能である。

〈差異化の装置〉

古墳内でも古墳間でも多様な「差」が表示された。とりわけ、一古墳内の複数埋葬において、被葬者間の格差・社会的性差・親族関係・年齢差などが表出された。古墳にそなわる人的区分の機能は、当時の流動的な社会関係のなかで歓迎された。前方後円墳が誕生し、列島諸地域に受容されてゆく弥生末期〜古墳前期には、列島外までのびる交流網が形成された。社会の急激な複雑化のなかで、多様な職務や人的区分が生じ、双系的な地位継承とあいまって、有力集団内／間の流動性が増大したであろう。そうした諸集団にとって、新たに創出された前方後円墳を最上位とする古墳は、自集団内の序列や人的区分を明確に表示する〈装置〉として機能しえたため、積極的に受容されたのであろう。

古墳を構成する諸要素は、列島諸地域で醸成された墳墓祭式に起源をもつ。それらを体系的に統合して誕生したのが、奈良盆地東南部に盤踞する初現期の（超）大型前方後円墳群である。諸地域の有力集団にしてみれば、古墳とそこで実践される葬送儀礼は、自集団内や自地域内における理想の序列化や人的区分を表示しうる有効な手段となる。しかも自地域に少なからぬゆかりをもつ以上、積極的に導入するにたる装置とみなされた。かくして古墳は、強制力をともなうことなく諸地域の有力集団に採用されていった。

諸地域の墳墓祭式が畿内中枢に吸収され、多彩な格差を内包する古墳祭式へと統合されたのち、諸地域へと還流してゆくシステムは、以後も継続的に作動した。ところが、そうして波及する古墳祭式には、畿内中枢勢力を最上位とし、畿内の有力集団を上位とする格差が織りこまれていた。諸地域の有力集団にとって古墳の受容とは、畿内中枢勢力を最上位とする序列関係を承認することでもあったわけだ。しかも、そのような受容がかなりの期間にわたって反復された。その結果、畿内中枢勢力を優位とする政治秩序が、徐々に実体化し強化されてゆくことになった。諸地域の有力集団がみずからの利益のために古墳を受容したことが、畿内中枢勢力の強大化をひきおこし、みずからの従属的な立場を強化するという、予期せざる事態をもたらしたのである。

〈同一性保証の装置〉

現在のように樹木に覆われておらず、埴輪が立ちならび葺石が陽光を反射する墳丘は、当時において相当な存在感を誇っただろう。前方後円墳などの有力古墳は、広範囲から視認できる立地をとることが多い。これは有力集団の同一性を「モニュメント」の形式で顕示させる効果をねらったものとみなせる。のみならず、古墳を継続的に造営し首長墓系譜を形成することは、安定性を欠く有力集団の流動性を抑制し、その同一性を物的に補強する効果をもたらしただろう。この機能を、〈同一性保証の装置〉と名づけた。この機能は、鏡の副葬状況からも読みとれる。古墳には長期保有鏡（いわゆる「伝世鏡《でんせい》」）がしばしば副葬される。前著で詳論したように、諸地域の有力集団は鏡の長期保有をつうじて、地位継承の原則が未確立なため流動的にならざるをえない自集団を維持し、その同一性を継続させることを企図していた。

〈同一性保証の装置〉としての機能も、列島の諸集団に古墳を受容させる重要な動機になりえた。ところが、くりかえし述べてきたように、古墳には規模や内容などにおいて、畿内中枢勢力を最上位とする格差が内包されていた。畿内中枢勢力から配布される鏡にも、同様の格差が付帯されていた。受容すればするほど序列が強化され格差が開くメカニズムが、ここでも作動したわけだ。

〈権力資源の複合媒体〉

七～八世紀に律令法による制度的支配システムが整備された。成文法をつうじて権力資源の円滑なコントロールが可能になり、列島全土の支配が実現した。ひるがえって考えると、成文法が未成立の古墳時代社会において、権力資源の効果的なコントロールは困難だったはずだ。そのような状況下では、複数の権力資源のコントロールを複合的に発効させうる媒体が重要な役割をはたしたと予測できる。権力資源論の理論枠に沿って、古墳時代の考古資料を分析すると、（超）大型古墳と鏡がそうした媒体の双璧であったことがわかる。

権力資源の「経済」に関して、造墓に動員された労働者は耕地開発や各種産業などの「基本物資財政」に振り向けることができた。そのことを示唆する発掘事例は、着実に増加している。要地に有力古墳を築くことで、交通ルートのコントロールをはかっていた状況証拠も数多い。古墳には多様な貴重品が副葬されたが、副葬後の諸器物の不足と需要が、畿内中枢勢力による諸器物の入手・製作・広域配布の動機となった。多種多量の貴重品の頻繁な副葬を媒介にして、造墓は「富裕物資財政」のコントロールと密接に結びついていた。

「軍事」に関して、大がかりな造墓に動員させられた集団は、有事には武器をもたせて戦闘集団に変えうる。造墓の基本は人海戦術とはいえ、指揮系統に即した造墓活動は、規律ある軍事活動に転用できただろう。とすれば、巨大古墳を恒常的に造営していた畿内中枢勢力は、潜在的な軍事力を掌握していたことになる。

古墳では多彩な儀礼が執行された。公共的性格をまとわされたモニュメントとして荘厳な墳丘を造成し、埋葬施設や造出などの舞台装置で象徴器物を使用しつつ、公的儀式イヴェントが挙行された。他界観にかかわる「イデオロギー」を可視化する手段として、古墳が存分に活用されていたのである。そうした儀礼なり舞台装置なりは、超大型古墳の造営ごとに創出・統合され、列島諸地域に格差を付帯して波及していった。つまり、造墓をつうじて「イデオロギー」がコントロールされていたことになる。

「領域」に関して、有力古墳は水陸交通の要衝に立地することが多い。とくに注目されるのが、(超)大型古墳がのちの畿内四至の近隣や外港的な要地などを強く志向して築造されたことである。この事実は、さまざまな有力集団が割拠する畿内全域を、畿内中枢勢力がみずからの領有圏として掌握していたことを暗示する。つまり、(超)大型古墳の造営をつうじて「領域」がコントロールされていたと想定できるのである。

「社会関係」に関して、古墳内の複数埋葬をつうじて多彩な人的区分が表示され、累代的な造墓をつうじて集団の同一性の維持・強化が企図された。換言すると古墳には、被葬者世代の「親族関係」を表示する機能と、被葬者世代と現役世代の系譜的連続性や通時的同一性《アイデンティティ》を保証する機能とがあった。造墓は「社会関係」をコントロールする契機になりえたのである。

造墓の権力増幅作用

このように大規模な造墓活動は、多種の権力資源が複合的にコントロールされる契機になった。とくに超大型古墳群の継続的造営は、権力資源を集積し複合的に発効させる程度がいちじるしく、造墓主体である畿内中枢勢力をいっそう強大化させる結果をもたらした。継続的に造営される（超）大型古墳群は、〈権力資源の複合媒体〉となり、造墓主体の権力を増幅する効果を発揮したのである。

かつて森浩一氏は、超大型古墳群における造墓活動をつうじて生じた多様な職務に対処すべく「役所的な職掌」が形成され、「律令政治」へとつながる「政治の機構」の大規模化が実現したという見通しを述べた〔森一九八三〕。本章の検討は、その見通しを理論面と実証面で補強したことになる。

権力資源の複合度において超大型古墳群に比すべくもないが、諸地域における有力古墳（群）の造営も、権力資源のコントロールが発効する契機たりえた。復習がてら説明しておくと、権力資源論とは、特定の有力者が、諸権力の主要な源泉（資源）であるイデオロギー・経済・軍事・政治にたいする他者の利用を制限《コントロール》しつつ、諸資源の利用を操作《コントロール》して権力をにぎり、支配機構を構築してゆく様態と経緯を解き明かす理論枠である。権力資源の利用が制限・操作《コントロール》されるのであれば、多種の権力資源が輻輳《ふくそう》する造墓は、なおのこと強いコントロールの対象となっただろう。事実、畿内中枢勢力が超大型古墳群を継続的かつ安定的にいとなみつづけたのと対照的に、それ以外の諸地域では、大型古墳の次に築かれる古墳は総じて小型化する「非常に強」い「整序」の傾向がみとめられる〔川畑二〇二二〕。

では、畿内中枢勢力による造墓の「整序」はいったいどのようなものであったのか。章をあらためて追究することにしよう。

階層秩序を探る

古墳の階層構成

ランク墳と階層構成

古墳の規模は大小さまざまだが、古墳群から小地域、旧国、列島広域にいたるまで、多様な空間レヴェルで階層構成を示す。大局的にみれば、古墳群内の階層構成は小地域レヴェルの階層構成に影響され、旧国レヴェルの階層構成は汎列島レヴェルの階層構成と連動するなど、入れ子状に階層構成が組みあがっている。注目すべきは、多元的な階層構成をつらぬき、汎列島的に大型古墳の階層構成がみとめられる事実である。

地域固有の階層構成もたしかに存在する。しかし、墳丘規模が増すにつれ固有性が明白に減退する。たとえば、一二〇メートル超墳が累代的に造営されるのは、原則的に超大型古墳群にほぼ限定される。それ以外でこの規模の墳丘が築かれるのは例外的であり、畿内中枢勢力との関係上の画期に顕著である。つまり、一定の墳丘規模を閾値《いきち》としつつ、階層構成原理が畿内中枢勢力との関係に規定されていたわけだ。とすれば、列島レヴェルの古墳の階層構成を分析することで、古墳時代の政治秩序や社会動向にせまることができるだろう。本章では、古墳を規模によりランク分けして、階層構成の実態を復元しつつ、そのような秩序をうみだした背景を明らかにしよう〔下垣二〇一一a・二〇一三a〕。

その場合に注意しなければならないのは、一口に古墳時代といっても四〇〇年近い時間幅があり、上位ランクの墳丘規模が小期ごとに大きく変動したという事実である。ある小期ではトップクラスの墳丘規模も、別の小期だと一〇位以下になってしまうことがざらにある。それゆえ、時期差を捨象して墳丘規模の階層構成を論じるのは無意味である。時代背景を無視して、寛永寺《かんえいじ》五重塔（江戸時代）と浅草凌雲閣《りょううんかく》（明治期）と東京タワー（昭和期）の高さを比較しても意味がないのと同じことである。

そこで、最新の墳丘規模データにもとづき、上位ランク墳（ランク墳）を小期・地域別に配列した（表7）。上位ランク墳は、各小期の上位一〇〜二〇基ほどを抽出し、それらを便宜的に第1〜4ランク墳に区分した。下位になるほどランク間の線引きが恣意的になってしまうし、同時代人がこのようなランク設定をしていたわけでもない。あくまで、ランク墳の共時的・通時的分析をつうじて、古墳時代の有力集団構造や造墓秩序に漸近《ぜんきん》する

時期	西国	近畿 奈良盆地東南部他	奈良盆地北部	奈良盆地西部	古市・百舌鳥古墳群	ほか	東国
中期前葉					ミサンザイ(百舌鳥・363+)		
					仲津山(古市・290)		
				室宮山(238)			
			コナベ(210)	島の山(200)			太田天神山(群馬・210)
				新木山(200)		茶臼山(大阪・200?)	
	男狭穂塚(宮崎・◎176)			倉塚(180)		御墓山(三重・188)	舟塚山(茨城・186)
	女狭穂塚(宮崎・176)						
					大塚山(百舌鳥・168)		
					野中宮山(古市・154)	心合寺山(大阪・157)	白石稲荷山(群馬・155)
					古室山(古市・150)		
中葉					誉田御廟山(古市・425)		
	造山(岡山・350)						
			ウワナベ(270+)				
			市庭(253)				
				川合大塚山(215)	墓山(古市・225)		
					御廟山(百舌鳥・203+)		
						久津川車塚(京都・173)	
後葉					大山(百舌鳥・525+or513)		
	作山(岡山・282)						
						太田茶臼山(大阪・226)	
						西陵(大阪・210)	
			杉山(154)		田出井山(百舌鳥・156)	雲部車塚(兵庫・158)	
	小造山(岡山・146)			掖上鑵子塚(149)			内裏塚(千葉・147)
	横瀬(鹿児島・140)						
末葉					ニサンザイ(百舌鳥・300+)		
	両宮山(岡山・206)		ヒシアゲ(219)		市野山(古市・230)		
					軽里大塚(古市・190)	ニサンザイ(大阪・180)	
				屋敷山(135)		馬塚(三重・142)	
後期前葉					岡ミサンザイ(古市・245)		
							稲荷山(群馬・122)
							摩利支天塚(栃木・121)
		西乗鞍(118)			白髪山(古市・115)		埼玉稲荷山(埼玉・120)
	稲荷山(熊本・110)						井出二子山(群馬・108)
	松本塚(宮崎・104)						薬師塚(群馬・105)
							平塚(群馬・105)
							八幡塚(群馬・102)
中葉						河内大塚(大阪・335)	
						今城塚(大阪・181)	
							断夫山(愛知・151)
							七輿山(群馬・145)
	岩戸山(福岡・138)			狐井城山(140)			大須二子山(愛知・138)
							埼玉二子山(埼玉・132)
		ミサンザイ(130)			高屋築山(古市・122)		天神山(群馬・127)
					野中ボケ山(古市・122)		琵琶塚(栃木・123)
後葉		見瀬丸山(310)					
							吾妻(栃木・128)
	大野窟(熊本・123)						真名板高山(埼玉・127)
末葉		平田梅山(140)					
							三条塚(千葉・122)

＊第1～4ランク墳を時期別・地域別に配列した．墳長と配列は今後の調査・研究により少なからず変動する．
＊山形県南森「古墳」は古墳ではない可能性が高まったが，一応表に残した．
＊括弧内の数字は墳長（㍍）．括弧内の■は前方後方墳，▲は双方中円墳，◎は帆立貝式古墳（ほかはすべて前方後円墳）．
＊後期後葉～末葉の関東と九州には第2・3ランク以下のランク墳が多数あるが紙幅の都合で省略した（図55・56参照）．

表7　ランク墳の推移

	西国	近畿					東国
		奈良盆地東南部他	奈良盆地北部	奈良盆地西部	古市・百舌鳥古墳群	ほか	
早期	那珂八幡(福岡・86?) 泊大塚?(福岡・75+)	箸墓(280) 東田大塚(120) 纒向勝山(115) 纒向石塚(99) 纒向矢塚(93) ホケノ山(86)				五塚原(京都・91)	ランク凡例 第1ランク 第2ランク 第3ランク 第4ランク
前期初頭	浦間茶臼山(岡山・138) 久里双水(佐賀・95) 網浜茶臼山(岡山・92)	西殿塚(230) 黒塚(134) 中山大塚(132) ヒエ塚(127) 馬口山(110)				丁瓢塚(兵庫・104)	
前葉	豊前石塚山(福岡・134)	桜井茶臼山(204) 下池山(■125) 柳本大塚(94)				椿井大塚山(京都・175) 弁天山 A1(大阪・115) 森1(大阪・113) 西求女塚(兵庫・■98) 元稲荷(京都・■94)	
中葉	中山茶臼山(岡山・105)	メスリ山(235) 東殿塚(175or139) 波多子塚(■140) 燈籠山(120) 大和天神山(103)				玉手山3(大阪・100) 弁天山 B1(大阪・100) 万年寺山(大阪・100?) 一本松塚(京都・100?) 寺戸大塚(京都・98)	宝莱山(東京・98)
後葉前半	生目1(宮崎・130)	行燈山(242+) 西山(■185) 石名塚(120±) アンド山(120)		新山(■137)		松岳山(大阪・140+) 安土瓢箪山(滋賀・134) 久米田貝吹山(大阪・130)	中道天神山(山梨・132) 前橋八幡山(群馬・■130) 前橋天神山(群馬・129) 亀ヶ森(福島・129) 大丸山(山梨・120?)
後葉後半	尾上車山(岡山・139) 生目3(宮崎・137)	渋谷向山(300) 櫛山(▲155) 上の山(144)	宝来山(240) 佐紀陵山(207)	築山(220)		摩湯山(大阪・210) 網野銚子山(京都・201) 五色塚(兵庫・194) 蛭子山(京都・145)	中道銚子塚(山梨・169) 雷神山(宮城・168) 南森?(山形・161?) 梵天山(茨城・160) 葦間山(茨城・141)
末葉	金蔵山(岡山・158) 神宮寺山(岡山・155) 唐仁大塚(鹿児島・154)		五社神(267) 石塚山(219)	巣山(220)	津堂城山(古市・210) 乳岡(百舌鳥・155)	神明山(京都・190) 黄金塚2(京都・139)	浅間山(群馬・172) 別所茶臼山(群馬・165) 昼飯大塚(岐阜・150) 六呂瀬山1(福井・143)

ための操作概念であることをご承知いただきたい。とはいえ表からうかがえるように、各小期のランク墳は広域的な階層構成をかなり明瞭に示している。前章までの議論もふまえ、このような階層構成の実態とその政治的・社会的背景を説き明かすことにしよう。

方法上の問題

古墳から有力集団構造を復元しようとする幾多の分析法と同じく、本章の分析法にはさまざまな限界がある。たとえば、小期の年代幅を正確に復元できない限界がある。ただしこの限界については、定点となる実年代を手がかりにしつつ、二〇〜三〇年程度の幅に調整しながら小期を矛盾なく配置することで一応は軽減できる。

これに関連する問題として、最高有力者（「大王」）を頂点とする有力者の在位期間と小期の不整合があげられる。先述したように、出土人骨の死亡年齢から推定すると、主要古墳の被葬者の平均在位年数は確実に二〇年を下まわる。ところが、各小期の年代幅は四半世紀前後であり、これ以上の細分は現状では不可能である。そうなると、同一小期内に複数代の「大王」墓や諸地域の有力者の古墳が同居するケースが、かなり潜在していることになる。人間の死亡年齢の不定性を加味すると、在位期間と小期の齟齬はいっそう無視できない問題になる。以下の検討は、これらの限界を吸収できる精度にとどめておきたい。

おそらくランク墳もふくむ多くの古墳がすでに消滅していることも重大だ。未発見の大

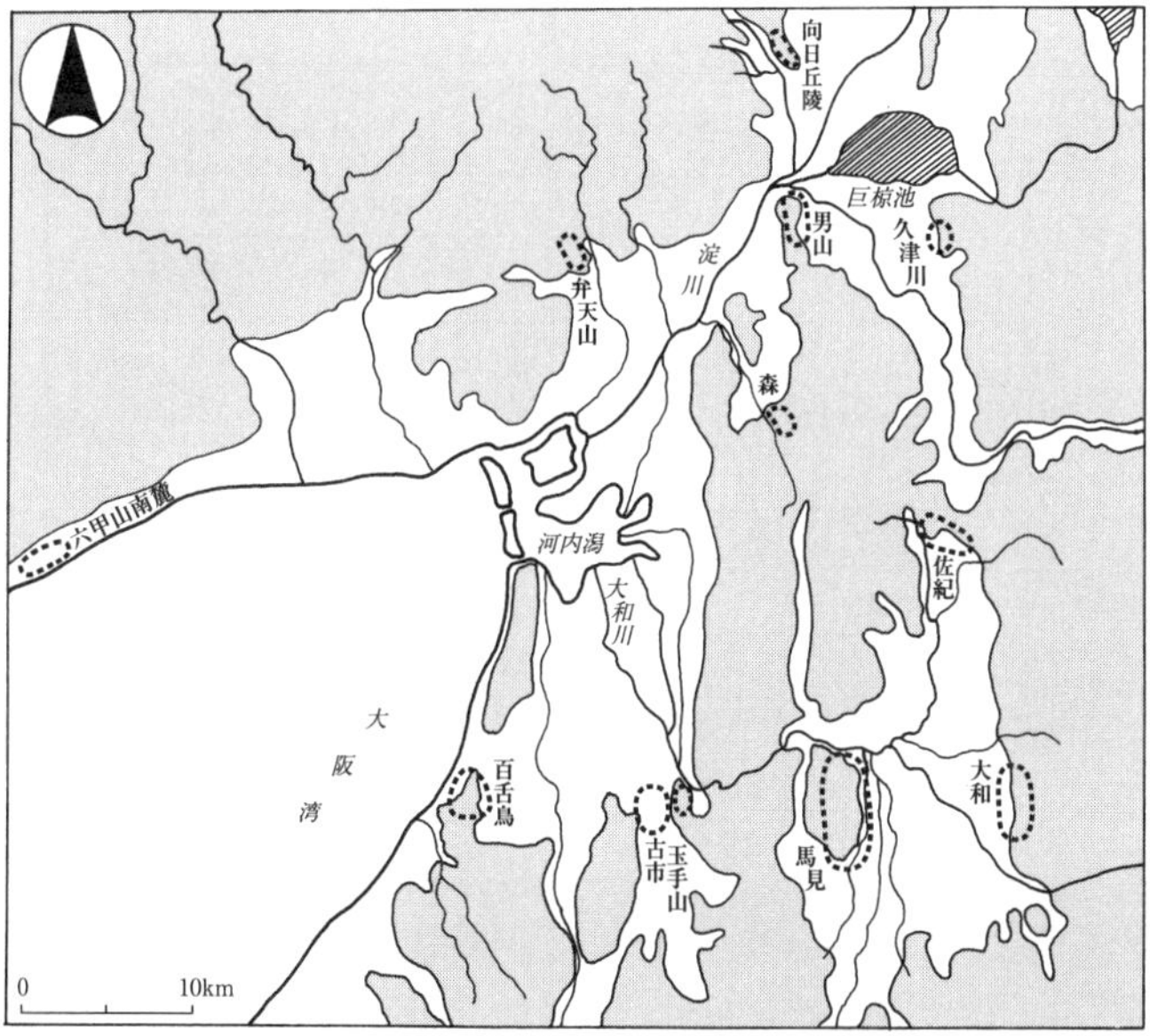

図29　畿内の主要（超）大型古墳群

型古墳もまだあるだろう。石川県秋常山《あきつねやま》一号墳（一四一《メートル》）は一九八四年に発見された。古墳か否か決しがたい山形県南森古墳は、二〇一〇年代に一六〇《メートル》級の大型古墳である蓋然性が浮上した。巨大古墳の形跡とおぼしき地形も近畿に散見する。そうした消滅墳や未発見墳により、復元される階層構成が変わりうる可能性を念頭におく必要がある。中小墳になるほど、そうした古墳は多くなるので、諸地域の階層構成を復元する場合には、いっそう慎重な姿勢が欠かせない。

図30　近畿のランク墳・有力古墳群の推移

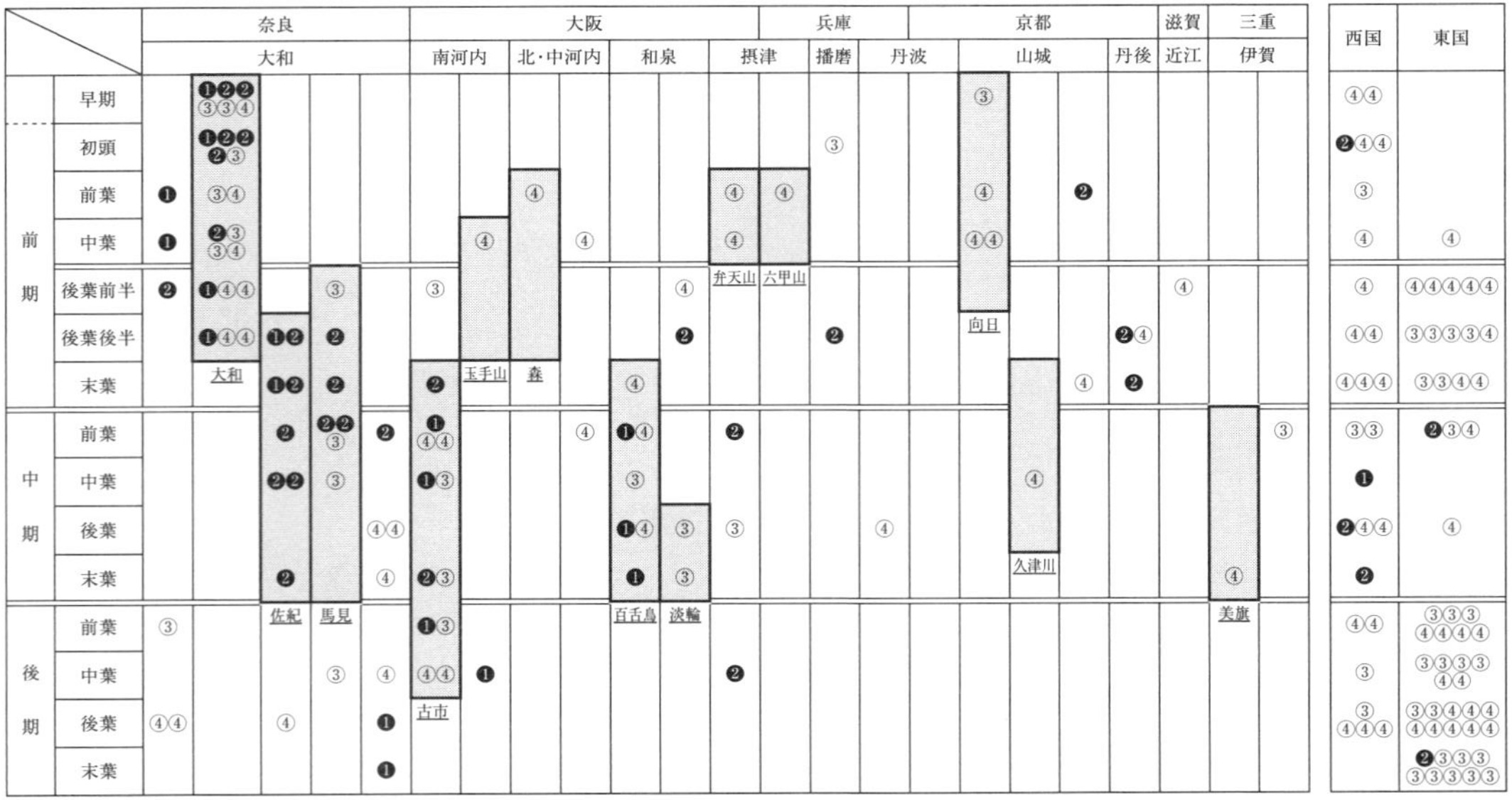

＊丸数字は古墳のランクを示す(❶第1ランク墳，❷第2ランク墳，③第3ランク墳，④第4ランク墳)．設定の基準と内容は拙稿〔下垣2021a〕による．
＊ランク墳をふくむ(超)大型古墳群にたいして，有力古墳の継続期間を枠で囲った．枠外の丸数字は(超)大型古墳群に属さないランク墳．
＊古墳群名は一部，略称を用いた．ランク墳のない旧国は省略した．
＊(超)大型古墳群に属さないランク墳は，その地理的位置を考慮して配置した．たとえば「奈良」の左端欄に配置したのは大和古墳群の近隣に立地するランク墳．

時期比定と墳丘規模も、調査と研究の進展に応じて随時更新し、議論をたえず精密化する必要がある。ただ、筆者が古墳研究にかかわってきたこの四半世紀において、少なからぬ古墳の時期と規模が変更されたが、その結果ますます階層構成が明然としてきている。

選書の版面の都合で階層構成の一覧表（表7）はやや見づらい。複数のランク墳で構成される（超）大型古墳群（図29）の推移もランク墳の相互関係も読みとりにくい。そこでこの表を図式化し、近畿諸地域を中心とするランク墳と（超）大型古墳群の階層構成を一望できるようにした（図30）。図表では東国と西国を一括しているが、版面の大きな別稿〔下垣二〇二一a〕にそれらを複数地域に細分した表を掲載しているので、関心のある方は参照されたい。せっかくの機会なので、各小期におけるランク墳の地理的分布の特色を炙《あぶ》りだすために、小期別の分布図も作成した（図31〜33、36、38、39、41、46〜49、51、52、55、56）。これらの図表を適宜参照しながら、以下の論述をお読みいただきたい。

階層構成の展開

掲示した図表から読みとれるように、ランク墳が各小期に固有の階層構成を形成しつつも、超大型古墳群の第1ランク墳を頂点とする汎列島的な序列がほぼ全小期にわたって貫徹している。超大型古墳群とランク墳の階層構成を俯瞰《ふかん》的にみると、前期前半期（早期〜前期中葉）・前期後半期（前期後葉前半〜末葉）・中期・後期に大分できる。花になぞらえて開花期・斉放《せいほう》期・繚乱《りょうらん》期・凋落《ちょうらく》期とよぶのも雅《みやび》だが、無難に第一期〜第四期としておく。この分期は、和田晴吾氏が古墳（群）の様態から設定したものと整合する〔和田一九九四〕。

ランク墳の諸画期

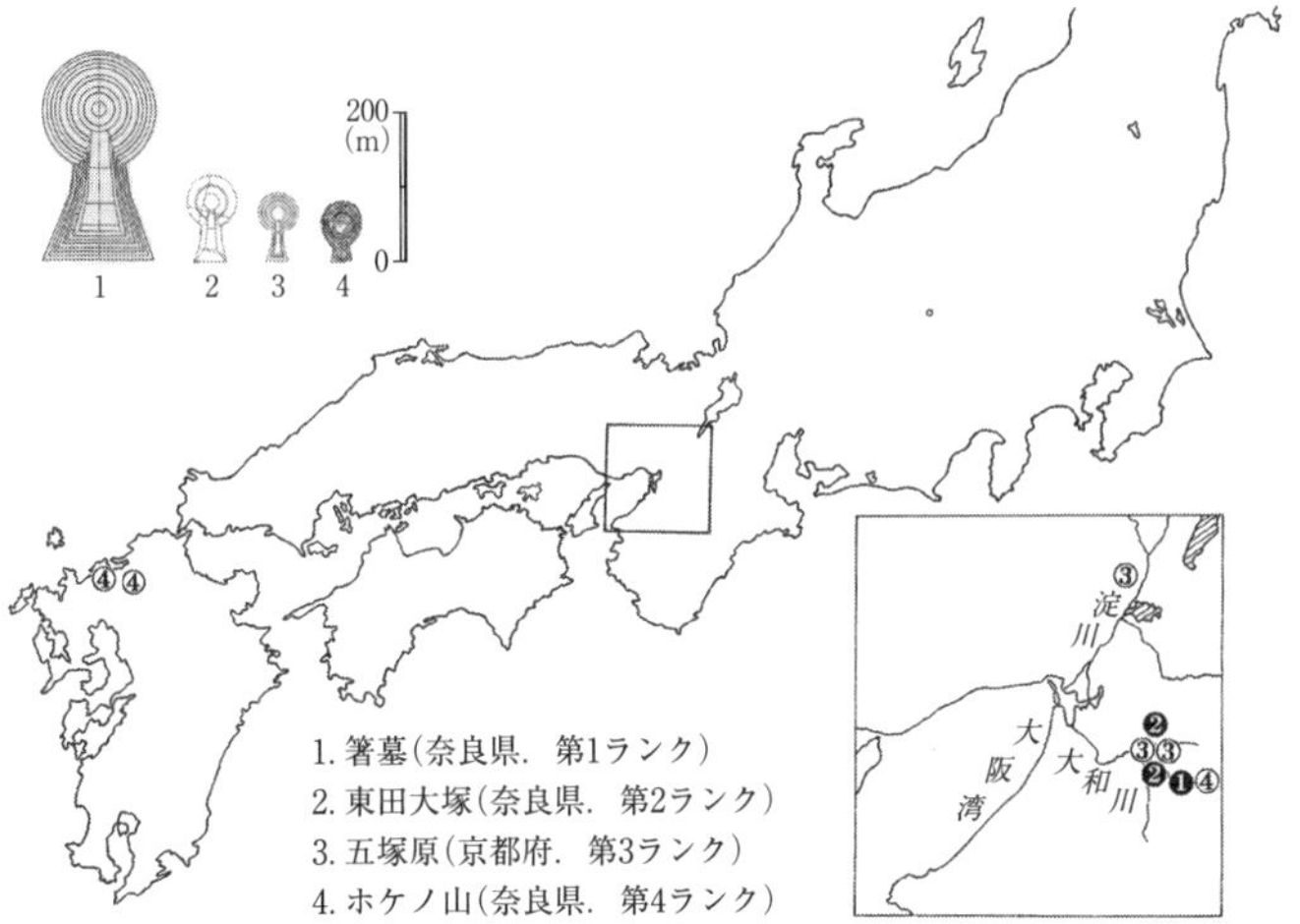

図31　ランク墳の分布（早期≒弥生末期末頃）　＊丸数字はランクを示す

倭人伝の「国」とランク墳

第一期（前期前半期）には、汎西日本レヴェルで結節された広域ネットワークの要として急成長をとげた奈良盆地東南部に、超大型古墳群の大和古墳群が出現する。本古墳群を頂点とする広域的な階層構成が生成し維持されるのが当該期である。『魏書』東夷伝は早期～前期初頭頃の倭国について記すが、すこぶる興味深いことに、当時の主要「国」とランク墳の分布がきれいに対応する（図31・32）。九州北部だと奴国（二万戸）の推定地に福岡県那珂《なか》八幡《はちまん》古墳、末盧国《まつら》（四千戸）の推定地に佐賀県久里《くり》双水《そうずい》古墳、時期比定に疑問もあるが伊都国（千戸？）の推定地に福岡県泊《とまり》大塚

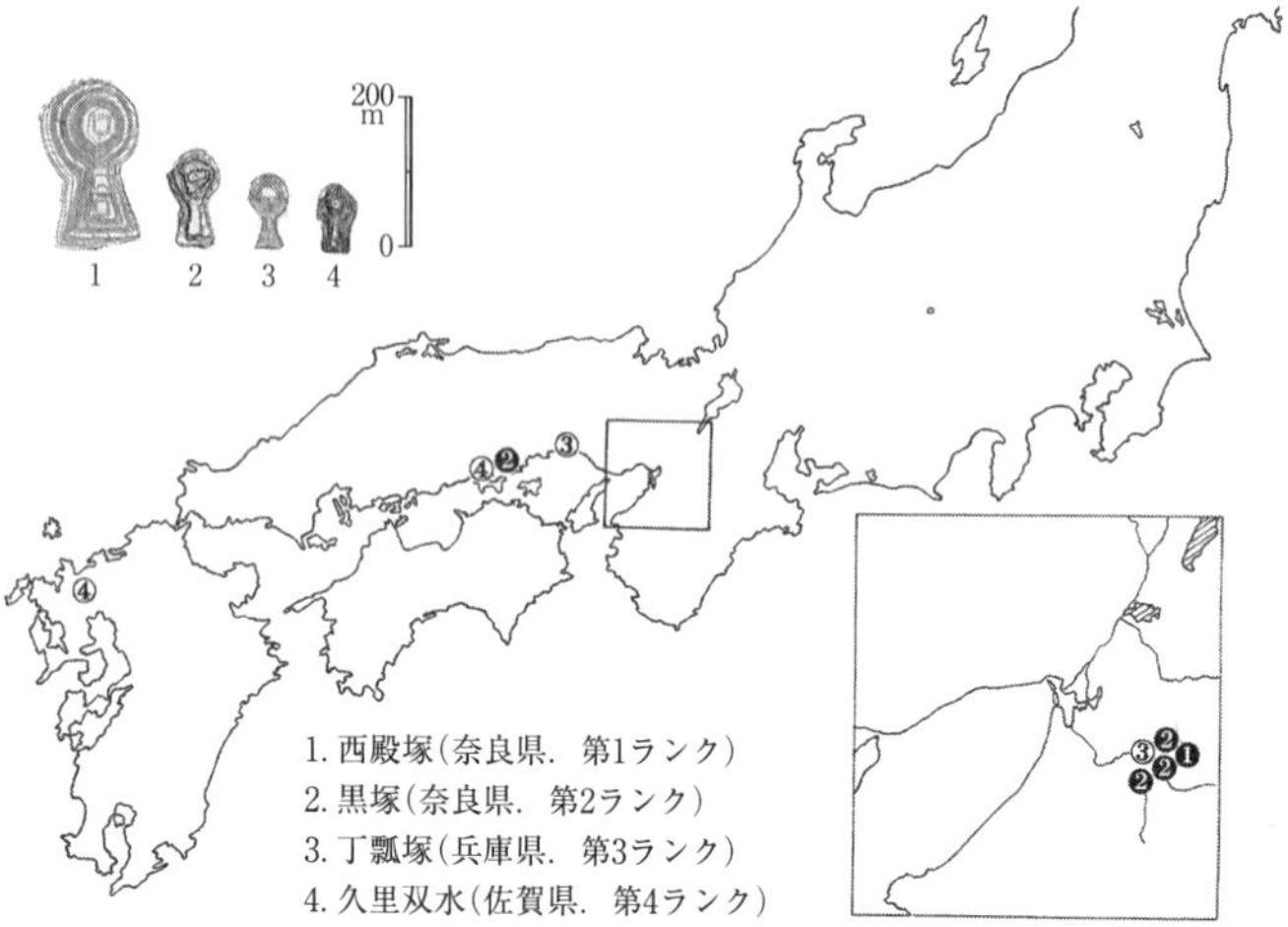

図32　ランク墳の分布（前期初頭）

古墳のように、いずれにも第4ランク墳が所在する。邪馬台国（七万戸）に肉迫する戸数が記載される投馬国《とうま》（五万戸）の候補地である岡山南部には、第2ランク墳と第4ランク墳がみとめられ、その東方に第3ランク墳が分布する。そして、邪馬台国の中枢地の最有力候補である纒向遺跡内に出現した大和古墳群には、第1ランク墳から第4ランク墳まで一〇基あまりが揃い踏みしている。

　出現期の前方後円墳の分布が面的なひろがりをみせず、点的に波及していることも重要である。定型化前方後円墳の登場と三角縁神獣鏡の副葬開始の同軌性が強調されてきた〔近藤一九八三等〕。しかし、最古段階の三角縁神獣鏡（紀年銘鏡など）を副葬する古墳に、大阪府安満宮山古墳（二一メートル）・兵庫県森尾古墳（三五メートル）・島根県神原神社古墳（三〇メートル）・福岡県藤崎六号墳（二二メートル）のような中小規模の方墳が目だつ事実は見逃せない。前方後円墳の波及と三角縁神獣鏡の広域配布は、かならずしも連動していなかったようだ。

第一期の階層構成は、最上位に二〇〇メートル超の超大型古墳がそびえ、一〇〇メートル前後の第4ランク墳まで比較的整然とした秩序を示す。他方、小墳とランク墳の中間層的な古墳は少なく、ランク墳とそれ以下の隔差が顕著だった。この隔差が埋められ、ランク墳から小墳まで隙間のない階層構成が形成されるのは第二期のことである。

前方後円墳出現後の政治変動

古墳前期の政治史的研究は、前方後円墳出現期と前期後半のいわゆる「政権交替」期に関心を集中させてきた。他方、前期前葉〜中葉の検討はおざなりにされてきた。古墳時代の開始が三世紀末〜四世紀初頭とみなされていた一九九〇年代半ばまでの暦年代観であれば、前期前半期の時間幅は数十年にすぎず、この期間の分析に適した考古資料も少なかったので、この等閑視《とうかんし》も仕方なかっただろう。

しかしその後、「政権交替」期の暦年代にさほどの変更がない反面、古墳出現期の暦年代が半世紀ほど溯上した。大幅に延伸した前期前半期に、以前と変わらぬ問題意識で接し

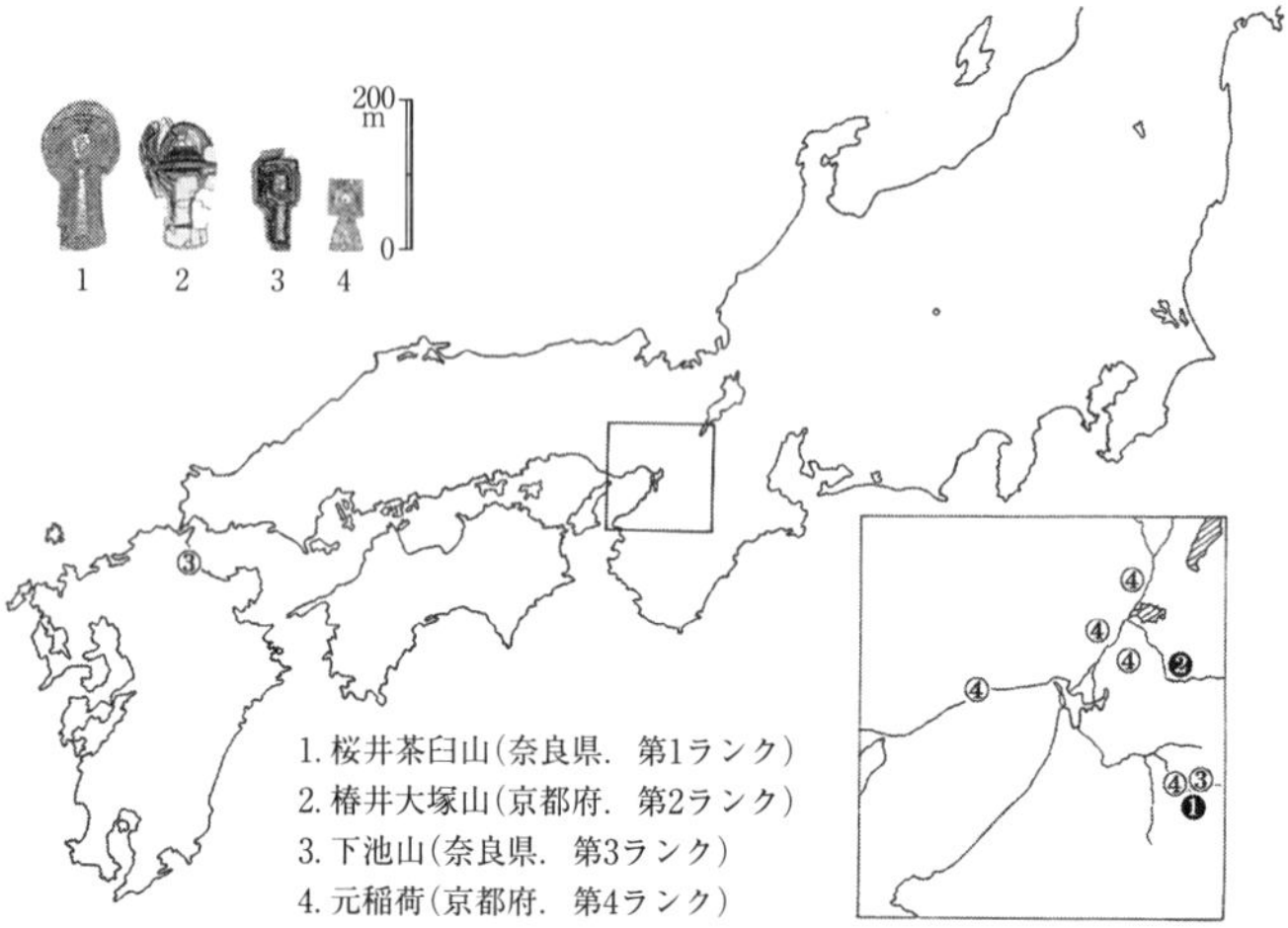

図33　ランク墳の分布（前期前葉）

ていては、前方後円墳が列島広域でどう受容され、その背後でいかなる有力集団関係が展開したのかをとらえそこなうことになる。しかも倭製鏡をはじめ、当該期間の検討に有用な考古資料も増えてきたのだから、この期間を放置することは由々《ゆゆ》しき問題である。

実際、新たな暦年代観と古墳編年、そしてランク墳の展開と主要副葬品の流通状況をふまえて前期前半期の様相を探ってみると、躍動的な政治社会状況が浮かびあがってくる。『魏志』東夷伝の国別戸数と整合する様相を呈していたランク墳は、次期の前期前葉に変動をみせる。近傍ではあるが、大和古墳群外の南方に第1ランク墳の桜井茶臼山古墳が、これ

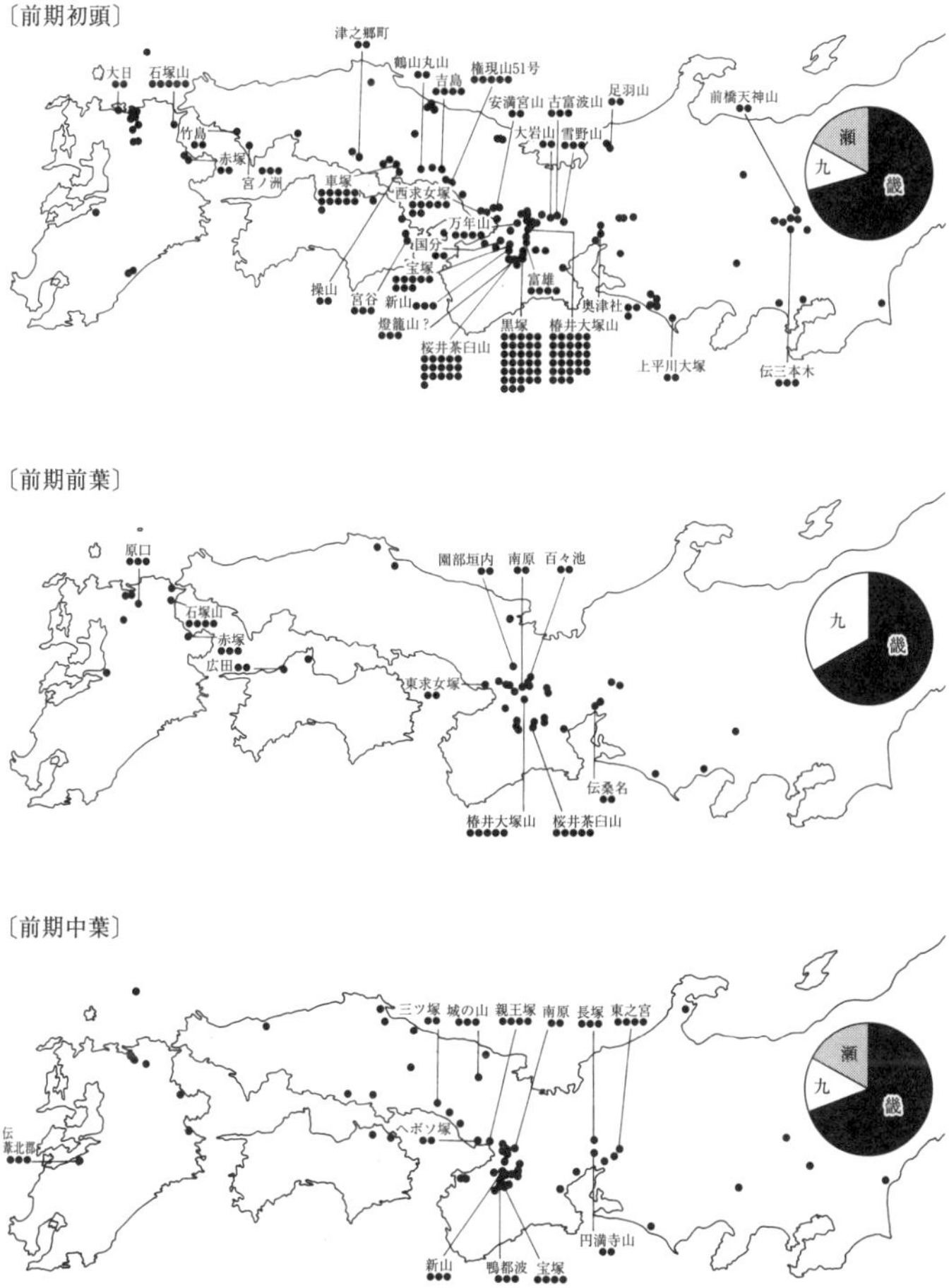

図34　前期前半期の三角縁神獣鏡の分布の変動

＊各図の右端の円グラフは畿内（「畿」・黒塗り），北部九州圏（「九」・白抜き），瀬戸内中・東部（「瀬」・網掛け）の総面数に占めるそれぞれの割合を示す

に比肩する第2ランク墳の椿井大塚山古墳が奈良盆地外に築かれ、大和古墳群の存在感が低下する（図33）。両墳とも畿内から東海へ向かう交通上の起点に立地し、東国を強く意識した立地である。前方後方墳が当期のランク墳にいきなり数基も初出するのは、この墳形が東海にゆかりの深いことと関連があるのかもしれない。

九州北部の活況

興味深い現象はまだある。岡山南部のランク墳が姿を消し、当地を中枢とする瀬戸内中・東部（備後《びんご》～播磨《はりま》）への三角縁神獣鏡の配布も皆無になってしまう。前方後円墳出現の立役者とも評される当該地域〔田中一九九一等〕の低調ぶりとは対照的に、北部九州圏（九州北部＋愛媛・山口）では三角縁神獣鏡の分布が顕著になり（図34中段）、瀬戸内への海上ルートを扼《やく》する周防灘《すおうなだ》沿岸部に第3ランク墳の福岡県豊前《ぶぜん》石塚山古墳があらわれる。どうやら前期前葉に、奈良盆地東南部―岡山南部という前時期の政治的主軸が崩れ、九州北部が岡山南部にとって代わった事態を推定できそうだ。

畿内大型古墳群

ランク墳に関して特筆すべき現象が前期前葉に生じた。畿内において、旧国単位で第四ランクが一基ずつ築かれ、それらすべてが後継墳をつうじて有力な首長墓系譜を形成してゆくのである（北河内・森古墳群、東摂津《せっつ》・弁天山古墳群、西摂津・六甲山南麓古墳群。山城・向日丘陵古墳群は早期に、南河内・玉手山古墳群は前期中葉に始動）（図30）。首長位継承の物証ともいわれる首長墓系譜が、奈良盆地外の畿内諸地域で当期に同時多発的に発芽した事実は、有力集団構造の展開を考えるうえですこぶる重要である。

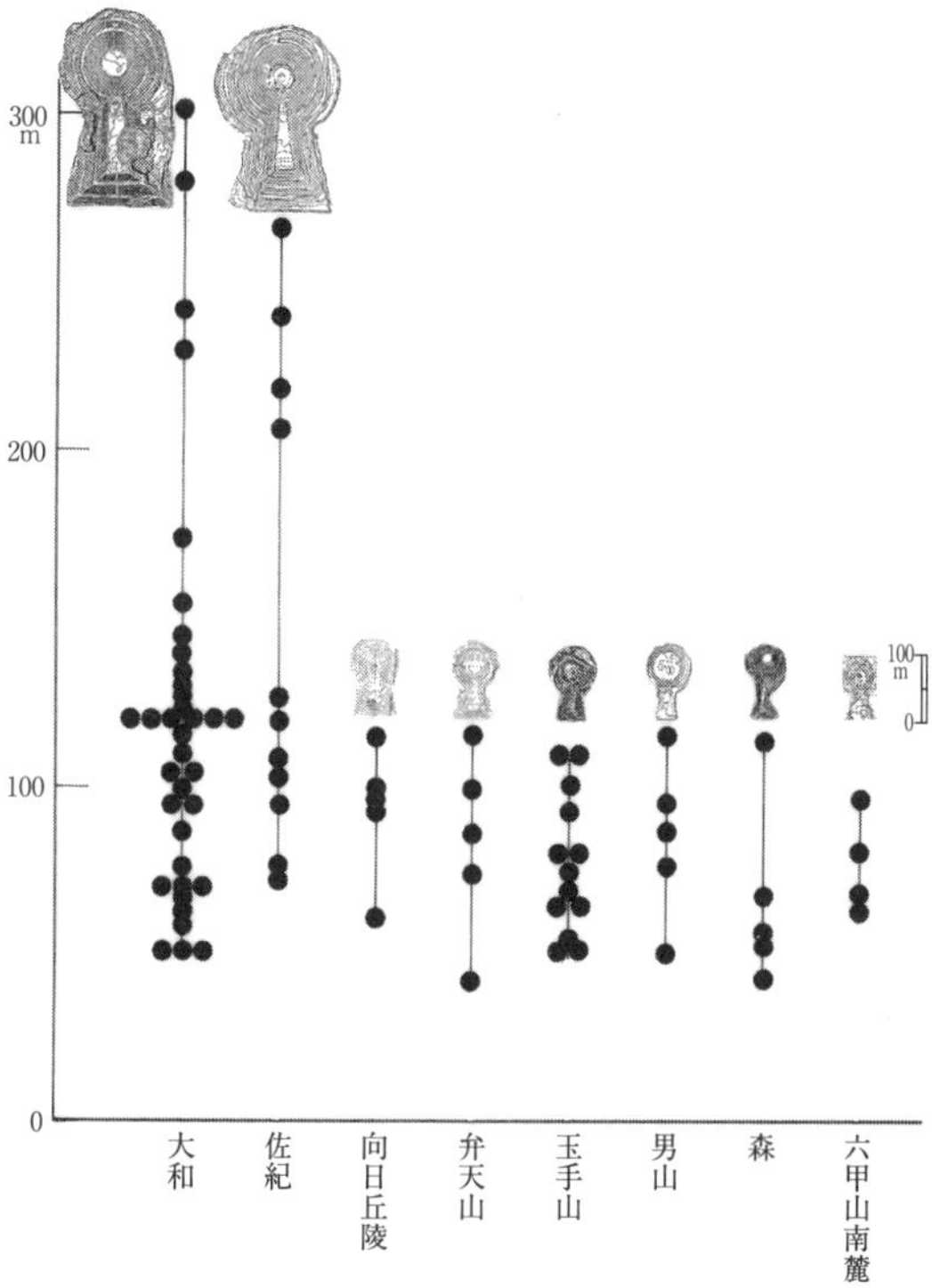

図35　畿内（超）大型古墳群の前方後円（方）墳の墳丘規模（古墳前期）
＊墳丘図は各古墳群の最大規模墳

大和古墳群が大和川の源流付近に造営されたのにたいして、上記の大型古墳群や椿井大塚山古墳が淀川水系に位置する事実も示唆に富む。畿外諸地域との関係に変動が生じた一方、畿内主要地域を対象とする安定的な有力集団関係の構築が企図されたのだろう。副葬品の最重要品目に成長してゆく倭製鏡や各種石製品が当期に生産されはじめ、畿内の有力集団を優遇しながら広域的に配布されたことも、この脈絡に即して理解できる。

これらの大型古墳群は、明らかに交通上の要地に、とくに陸路の要地に位置している。向日丘陵古墳群から少し北へゆくと山陰道への入口がある。森古墳群は、峡崖《かいがけ》道と磐船《いわふね》街道を介して北河内と奈良盆地を結ぶ丘陵上に位置する。山陽道が弁天山古墳群のすぐ南を走り、六甲山南麓古墳群の脇を抜けてゆく。

ここでとりあげた大型古墳群は、たしかに卓越した規模を誇る。しかし、超大型古墳群との隔差は圧倒的だった。ほぼ前期全体をつうじて、その隔差が維持された（図35）。

階層構成の安定化

前期中葉のランク墳の様相は、畿内が前代よりも政治的安定性を増したことを示している（図36）。第1ランク墳（メスリ山古墳）が、近傍とはいえ依然として大和古墳群外に位置するものの、本古墳群に第2～4ランク墳が居並ぶ。前代に第4ランク墳を造営した畿内諸地域の有力集団が、大和古墳群に次ぐ古墳群を形成するなど、古墳群の秩序が安定的に構成されている。

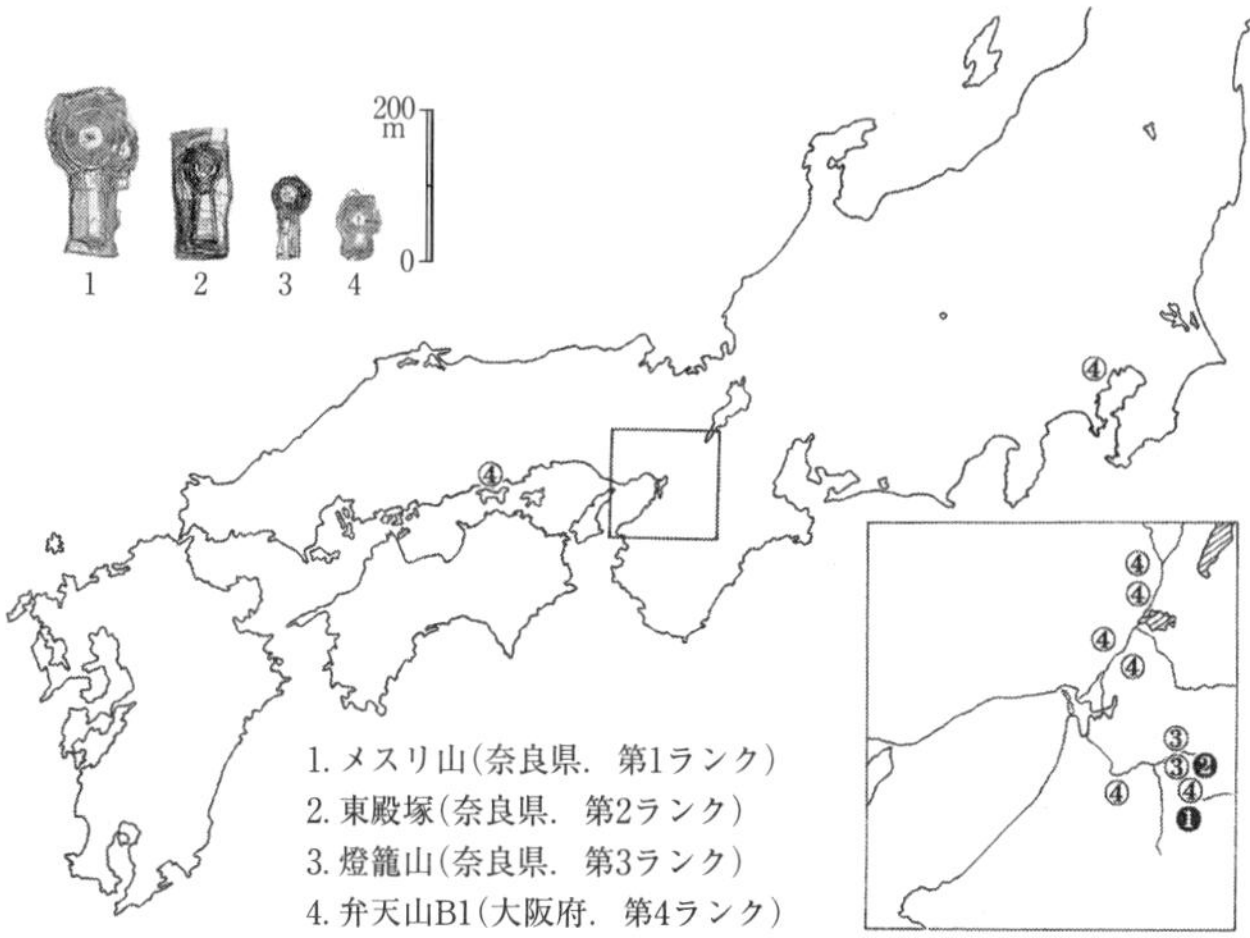

図36　ランク墳の分布（前期中葉）

畿外諸地域では、九州北部からランク墳が消え、三角縁神獣鏡の面数も激減する。その一方で、岡山南部にランク墳が再登場し、瀬戸内中・東部の三角縁神獣鏡の面数が再増加する（図34下段）。当期に倭製鏡などの列島製品の生産が本格化し、畿内を重点配布地域としながら、東海西部と瀬戸内中部を両端とする主要分布域が形成されてゆくことを加味すると、畿内中枢勢力は畿内の有力集団構造を安定化させつつ、東西近傍地域との関係を優先的に構築したのだろう。

つまり第一期には、西日本の広域ネットワークの結節点である奈良盆地において急成長をとげ、ランク墳を陸続と造営した畿内中枢勢力が、広域的な政治変動を経験しながら、畿内諸地域の有力集団との安定的な階層的関係を構築しつつ、東西近傍地域との関係強化を志向するにいたった経緯を復元できよう。

大和古墳群の実像

遅まきながら、第一期をつうじて唯一の超大型古墳群でありつづけた大和古墳群の実像にせまろう。本古墳群は奈良盆地の東南端、秀麗な霊峰《れいほう》の三輪山麓にひろがる列島屈指の巨大古墳群である〔石田編二〇二四〕。纒向遺跡を内部にかかえこみながら、南北約四キロ、東西約一・五キロの範囲に約四〇基の前期前方後円（方）墳がひしめいており（図37）、その半数以上がランク墳である。

南側の纒向小群（①～⑥）、北側の萱生《かよう》（大和）小群（⑦～⑭）、中央の柳本小群（㉑～㉗）に細分して把握するのが一般的である。筆者は箸墓古墳を起点にして、のちの「上ツ道」に沿うように線状に分布する約一〇基を「線状小群」（⑮～⑳）ととらえて、ほかの小群と区別している〔下垣二〇一二〕。本古墳群の南端から四キロほど南に位置するメスリ山古墳（前期中葉）と、北端から二キロほど北に位置する第2ランク墳の西山古墳（後葉前半）は、どちらも線状小群の南北の延長上に位置する。おそらく、初代の王陵級古墳である箸墓古墳を起点とする陸路にあわせて、計画的に造墓の選地がなされた結果だろう。したがって、メスリ山古墳とその近傍の桜井茶臼山古墳、西山古墳などは広義の大和古墳群にふくめてよい。

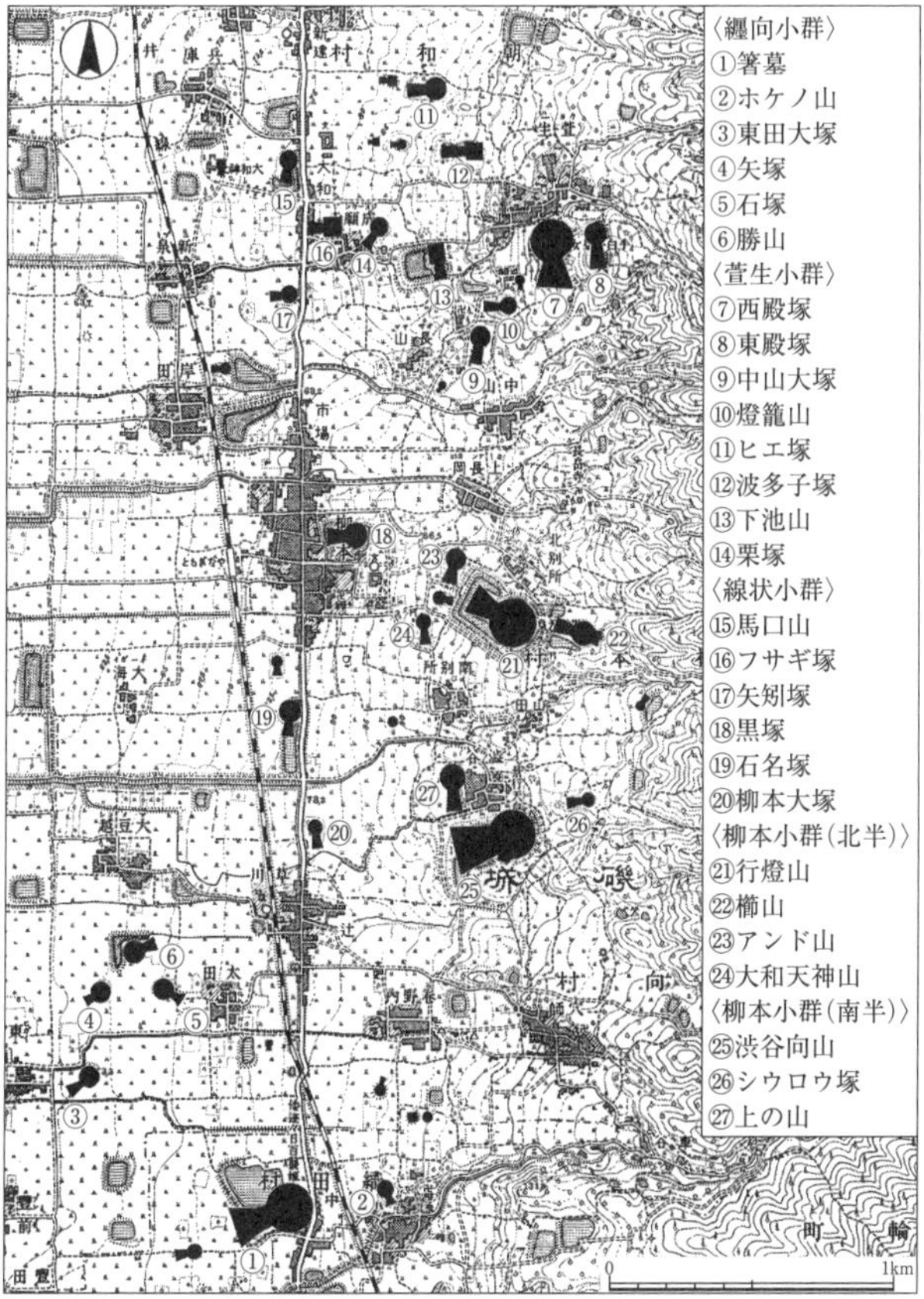

図37　大和古墳群（奈良県）　S＝1/40,000　＊前期古墳のみ図示

大和古墳群の構成原理

本古墳群の構成諸古墳は雑然と散らばっているようにみえるが、線状小群を他小群から分離して各小群の推移を小期別に整理すると、その構成原理を理解できる。まず早期に纒向小群の第1（箸墓古墳）～4ランク墳が短期的に造営される。本小群の終焉前後に萱生小群の造営が始動し、前期初頭には萱生小群に第1（西殿塚《にしとのづか》古墳）・2ランク墳が、線状小群に第2・3ランク墳が登場する。前葉～中葉の第1ランク墳は数キロほど南方に移る（桜井茶臼山古墳・メスリ山古墳）が、依然としてこの二小群から第2～4ランク墳が輩出する。この二小群のランク墳造営がほぼ停止するのと入れ替わるように、後葉前半に柳本小群北半で第1ランク墳（行燈山古墳）と第4ランク墳が、後葉後半には柳本小群南半でも第1ランク墳（渋谷向山《しぶたにむかいやま》古墳）と第4ランク墳が造営される。その後は散発的に中小墳が築かれるだけになり、超大型古墳群としての役割を終える。

このように、第1ランク墳を核としながら比較的短期間に造営された前方後円墳群（＝小群）の複数次におよぶ累積体が本古墳群だ、ということになる。

造営主体をめぐって

黎明期の倭王権中枢部に本古墳群を築き葬られたのは、どのような集団だったのか。この難問をめぐって、多くの説がとなえられてきた。それらは、（A）〈奈良盆地東南部の有力諸集団〉説、（B）〈奈良盆地各地に基盤をおく有力諸集団〉説、（C）〈前二者＋畿内諸地域の有力諸集団〉説、（D）〈畿外諸地域の有力諸集団〉説、に大別できる。どの説も、単一集団の墓所ではなく、複数の有力集団の共同墓域と考える点で共通する。どの説が妥当だろうか。

まず（D）説は、列島広域の有力諸集団が三輪山麓の地を共同墓域にさだめ、小群をそれぞれの墓域として同時併行的に造墓したとみる。人気のある説で、各地の研究者が幾度となく提説してきた。だがその主張をみとめると、本古墳群の構成基数ではまるで足りなくなる。小群の時期的な重複が少ないという上記の分析結果とも齟齬する。そのうえ、列島各地の有力墳の隆替は各種器物の配布状況と連動しており、畿内中枢勢力によるコントロールの介在がうかがえる。こうした考古学的状況を無視しなければ成立しない説なので、棄却《ききやく》してよい。

（C）説についても、本古墳群でランク墳が活発に造営されるのと併行して、前期前葉以降に畿内の要地で足並みをそろえるようにランク墳が築かれ、しかも第4ランク墳まででほぼ頭打ちになるなど、墳丘規模に関する強いコントロールがみとめられる（図36）ので、これまた成立しがたい。この頭打ち現象については後述する。

残るは（A）説と（B）説である。前期後葉に本古墳群の前方後円墳が柳本小群に収斂し造営基数を減らすのと逆相関するように、奈良盆地の西部と北部で（超）大型前方後円墳が増加する現象は、（B）説に整合的である。この現象を別の角度から検証してみよう。

先述したように、前期〜後期前葉頃までの三〇《メートル》超墳の主要埋葬施設から出土した人骨の平均死亡年齢は三〇代後半である。そうした埋葬施設の初葬者は一〇代半ばが最若年なので、その平均在位年数は、「首長」位が終身在位であったとしても最大で二〇年ほどにしかならない。数値を確定できないため恣意性を排除できないが、在位年数一〇〜二〇年を一代として、大和古墳群の各小期における前方後円（方）墳の造営基数と照合すると、一代あたり早期後半が二〜四基程度、前期初頭〜中葉（三小期）が四〜八基程度、後葉（二小期）が一〜二基程度になる。つまり、奈良盆地各地で（超）大型古墳が造営されはじめる前期後葉に、大和古墳群の一代あたりの造営基数が急減していることがわかる。

これを（A）説で解釈すれば、奈良盆地東南部勢力が前期後葉に凋落したことになるが、最上位墳（行燈山古墳・渋谷向山古墳）を継続して造営しているので無理がある。やはり（B）説〔広瀬二〇〇三等〕が穏当であり、奈良盆地各地に基盤をもつ有力集団が、前期後葉にその本貫地に（超）大型古墳を造営するにいたったと推断してよいだろう。

階層構成の広域実現—第二期—

第二期（前期後半期）には、ランク墳の分布が東西遠域にまでいちじるしく拡大する。また、列島各地において有力古墳の造営基数が激増し、地域レヴェルの階層序列が形成される（表10・11）。巨大前方後

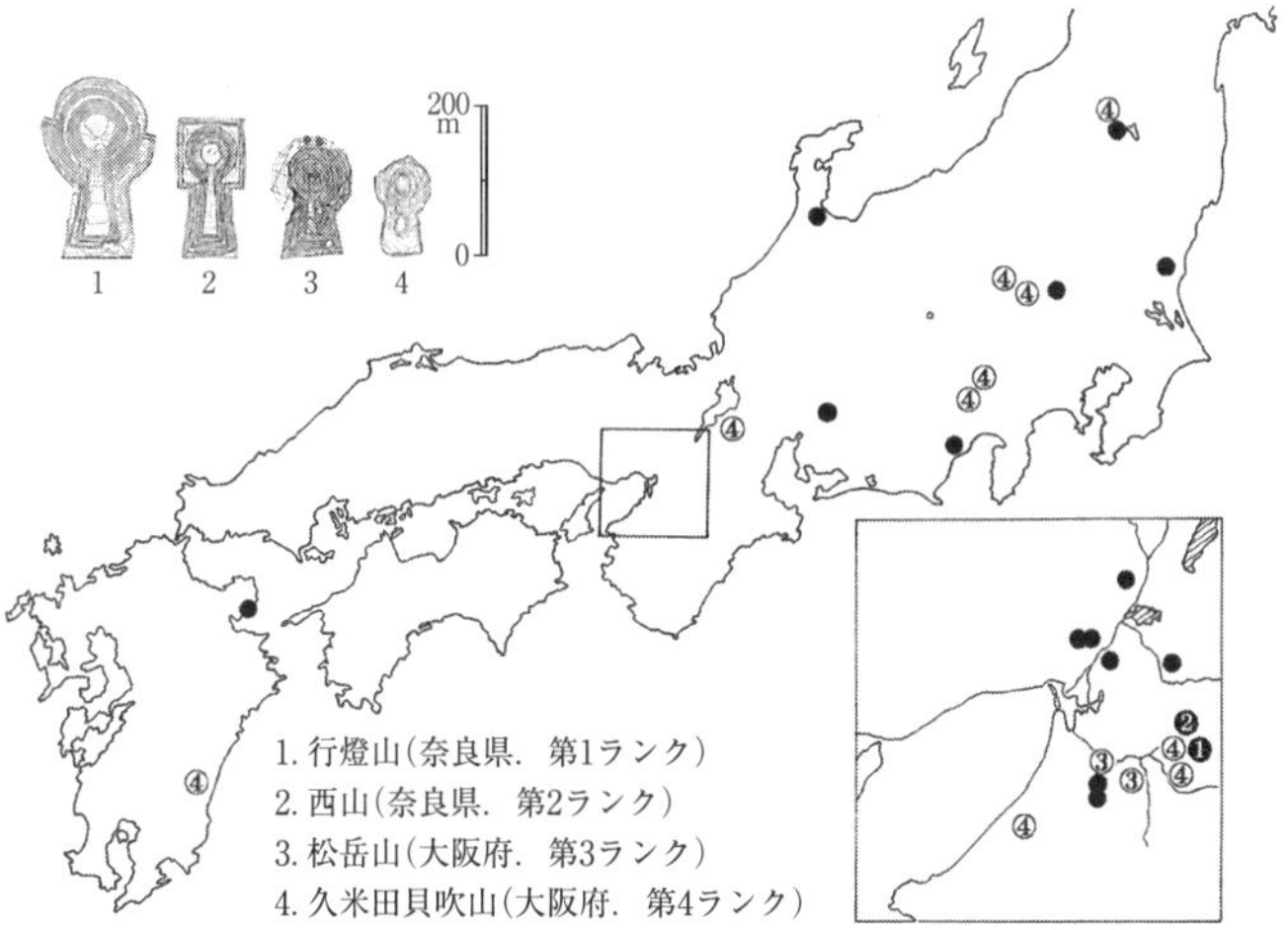

図38　ランク墳の分布（前期後葉前半）　＊●はランク外の100メートル超墳

円墳を頂点とする秩序が東北南部から九州最南端まで滲透し、各地で大型古墳から小規模墳にいたる各種墳形の造墓がかつてない活況を呈した当該期は、古墳の最盛期と評してよいかもしれない。

　前期後葉前半はかなり重大な画期である。副葬品目が多様化し、古墳の激増に応じて生産量も増大し、列島の津々浦々にまで流通域をひろげた。ランク墳に関しても、注目すべき現象が数多く生じた。第一期には奈良盆地東南部を中枢にしつつ西国にも展開していたランク墳が、当期から雪崩《なだれ》をうったように東国に波及しはじめる（図38）。畿内中枢に関しても、前期初頭から三小期ぶり、およそ半世紀ぶりに大和古墳群に第1ランク墳（行燈山古墳）が帰還する現象が注目される。畿内では大和川流域がランク墳を独占し、淀川流域の最大規模墳はランク外の一〇〇メートル超墳が横並びになる。

選地の戦略性

当期のランク墳は、その選地に強い意図を感じさせる。第2・第3ランクの各一基が前方後方墳であり、前者の西山古墳は箸墓古墳を起点に北にのびる線状小群の延長線上にある。馬見古墳群のランク墳の嚆矢である後者の新山古墳は、箸墓古墳から五度の誤差内の西方に位置する。第3ランク墳のもう一基である大阪府松岳山《まつおかやま》古墳は、大和川が生駒山系南端を貫流して河内平野に抜けでる目前の丘陵上に陣どっている。

第4ランク墳の分布はいっそう興味深い。畿内の南縁と東縁付近、九州南部と東国諸地域に一三〇メートル前後の大型古墳が築かれる。畿内東縁付近に位置する第4ランク墳の滋賀県安土瓢箪山《あづちひょうたんやま》古墳（図15）は、織田信長が天下布武《てんかふぶ》の拠点にした水陸の要衝にあり、安土城からわずか二キロ弱の尾根上に位置する。前代までならばランク墳に相当する大型古墳が、畿内の奈良盆地外や東国の要地に数多く築かれていることも注目される。これらの大型古墳には前方後方墳が散見し、大局的にみると当期には、「前方後円墳体制」における前方後円墳＞前方後方墳＞円墳＞方墳という墳丘序列システムが成立している。むしろ、当期にようやく「前方後円墳体制」的なシステムがととのった、というべきであろう。

第4ランク墳とランク外の一〇〇メートル超墳が近接して分布することも注意を惹く。この現象はこれ以後にも各地で頻見する。同時期に複数の有力者が併存していた可能性もあるが、小期の実年代幅が有力者の在位期間を上回ることや、しばしば次小期にランク墳が継続することを勘案して、累代的な有力墳と判断すべきかもしれない。

前期後葉の画期性

前期後葉前半には前方部墳頂（埋葬位置a）や後円部墳頂（埋葬位置A・B）に「男」性的性格が薄い埋葬施設が設置され、「男」性的性格が濃い埋葬施設と対をなす事例が、列島広域にわたって顕著になる。その波及は、粘土槨や埴輪など、当期における畿内由来の葬制の広域波及と軌を一にしている。したがって、古墳における「ヒメ・ヒコ」風の対《つい》関係の顕現化は、各地固有の統治方式のあらわれではなく、畿内中枢勢力の主導下で広域波及をとげた人的編成原理の反映であろう。

規格的な墳丘や外表施設や埋葬施設を擁する有力古墳には、高度な造営技術や指揮系統、労働編成力が不可欠である。民衆の自発的かつ離合自由な労働で達成される生温《ぬる》い事業ではありえない。列島の東西遠域に同等のランク墳が同時多発的に出現する背後に、巨大古墳の築造システムを確立していた畿内中枢勢力の関与があったことは疑えない。実際、当期から畿外諸地域に埴輪生産が波及するなどの動向がみとめられる〔廣瀬二〇一五〕。

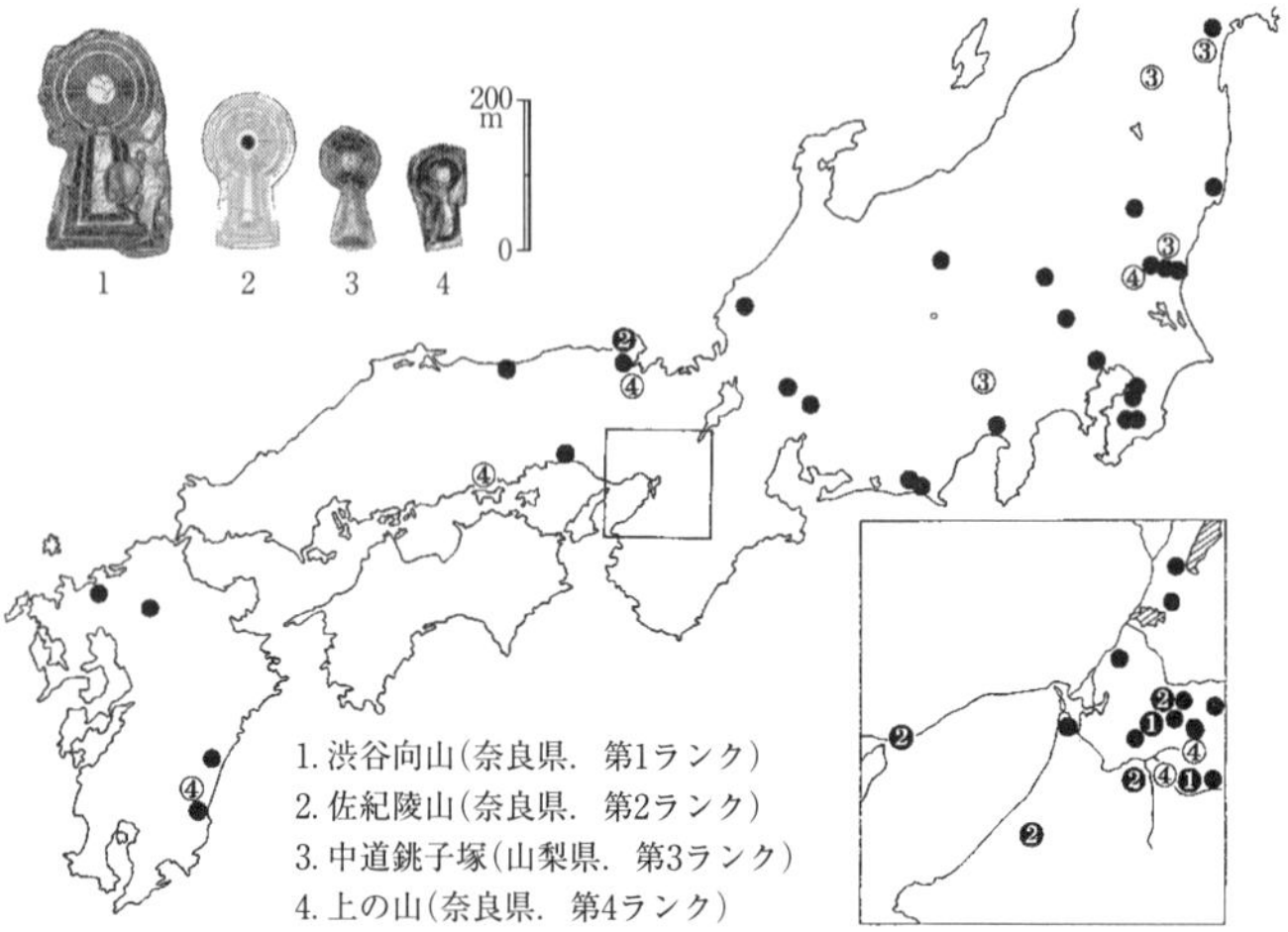

図39　ランク墳の分布（前期後葉後半）

第1ランク墳の遊動

後葉前半に端を発する変動が、その方向性をいっそう明瞭にするのが後葉後半である。とくに東国の躍進ぶりが目を惹く。当期には第1ランク墳が二基あり（宝来山《ほうらいさん》古墳・渋谷向山古墳）、あえて前後関係を推断すれば宝来山古墳が先行する。（超）大型古墳の基数と墳丘総体積が前後の小期にくらべ不自然に多く（図26・39）、前後二期に細分できる可能性もある。ともあれ、宝来山古墳が先行するとすれば、後葉前半に約半世紀ぶりに大和古墳群へと回帰した第1ランク墳（行燈山古墳）が、今度は北方の佐紀古墳群へ転出した（宝来山古墳）のち、まもなく大和古墳群に帰還し（渋谷向山古墳）、前期末葉にはまたもや佐紀の地に舞いもどる（五社神《ごさし》古墳）という、目まぐるしい動きを復元できる。第1ランク墳の造営地が、古墳前期をつうじて固定していなかったことが明白である。

（超）大型古墳の戦略的配置

当期のランク墳の様相をみると、各ランクが規模を一段ずつ加増していることに気づく。つまり、後葉前半の第一・第二・第三・第四ランクに相当する墳長が、当期だとそれぞれ第二・第三・第四・ランク外に相当し、最上位には破格の三〇〇㍍級墳（渋谷向山古墳）がそびえる。畿内縁辺部に二〇〇㍍前後、東国の複数地域に一六〇㍍前後の巨墳が同時多発的に造営されることも、同様の加増現象であろう。

当期に突如あらわれる一六〇㍍級という規模は、それまで存在しなかった「一二〇歩規格」であり〔柴原二〇二〇〕、東国での同時多発造営の背後に「ヤマト政権の戦略的な意図」を読みとることができよう〔甘粕一九七五〕。この墳長が、歴代の第1ランク墳（箸墓古墳・西殿塚古墳?・行燈山古墳・渋谷向山古墳）が継承してきた後円部径にほぼ等しい事実は、なにやら暗示的である。

当期以降のランク墳が、しばしば大規模な円墳を付帯させることも面白い。当期の第2・3ランク墳に限定しても、奈良県佐紀《さき》陵《みささぎ》山《やま》古墳とマエ塚古墳（前者が前方後円墳、後者が付帯円墳。以下同)、同県築山《つきやま》古墳とコンピラ山古墳、兵庫県五色塚《ごしきづか》古墳と小壺古墳、京都府網野銚子山古墳と小銚子《こちょうし》古墳、山梨県中道銚子塚古墳と丸山塚古墳、宮城県雷神山古墳と小塚古墳、といった多くの事例が該当する。主墳―付帯円墳の被葬者間関係の表示までも意図した造営企画ごと、広域に波及したのだろう。この発展型がのちの主墳―陪《ばい》冢《ちょう》かもしれない。具体的な被葬者間関係を知りたいところだが、埋葬施設の情報が少ないのが残念である。これらの付帯円墳には、主墳の後円部径か全長の半分程度のものが散見する。第1ランク墳の行燈山古墳(二四二メートル)に隣接するアンド山古墳(一二〇メートル)、渋谷向山古墳(三〇〇メートル)に隣接する上の山古墳(一四四メートル)が、どちらも主墳の半分の墳長であることと関連する現象だろうか。三キロほど離れているが、暗越《くらがりごえ》奈良街道を介して結ばれる宝来山古墳(二四〇メートル)と富雄丸山古墳(一一七メートル)の関係も、造営が同時期であるだけに暗示的である。

当期のランク墳は、前代にもまして陸海路の要衝を選地する。とくに海浜部の要地への強い志向がうかがえる(図39)。後葉後半~末葉の畿内を巨視的にみると、旧国の境界付近や古道などの要衝近辺に九〇メートル前後~第4ランク墳、畿内/外の境界付近に二〇〇メートル前後の第2ランク墳という、二段構えのランク墳の分布状況を看取できる。

列島広域のランク墳の分布を俯瞰すると、超大型古墳群に第1ランク墳が、畿内四至の近傍や近畿の外港的地点に第2ランク墳が、畿外の要地に第3・4ランク墳が築かれている。この背景に、交通ルートおよび要地の掌握をつうじた倭国の「グランドデザイン化」の始動を読みとってよいかもしれない。

五割増し現象

　第二期の畿内のランク墳に関して、もうひとつ興味深い現象がある。要地にランク墳が唐突に出現する場合、墳丘規模をおよそ五割増しにした後続の超大型古墳がしばしば近傍に築かれる現象である。具体例をあげると、松岳山古墳（一四〇メートル・後葉前半）と津堂城山古墳（二一〇メートル・末葉）は約五キロの間隔で増大率一・五〇（二一〇÷一四〇）、大阪府久米田貝吹山古墳（一三〇メートル・後葉前半）と摩湯山《まゆやま》古墳（二一〇メートル・後葉後半）が約二キロで一・六二、新山古墳（一三七メートル・後葉前半）と築山古墳（二二〇メートル・後葉後半）が約一キロで一・六一、三重県石山古墳（一二〇メートル・末葉）と御墓山《みはかやま》古墳（一八八メートル・中期前葉）が約一〇キロで一・五七、京都府蛭子山《えびすやま》古墳（一四五メートル・後葉後半）と網野銚子山古墳（二〇一メートル・後葉後半）は、距離が空くが約二〇キロで一・三九となる。

　第二期の畿内にランク墳が簇出する現象にたいして、多数の勢力の自律的擡頭を考える見解が少なくない。しかし、ここまで指摘してきた整然とした階層構成や戦略的な選地にくわえ、一律性の強い五割増し現象をも勘案すると、自律性よりも畿内中枢勢力による他律性こそが、当該期の墳丘規模の背景にあったとみるべきであろう。

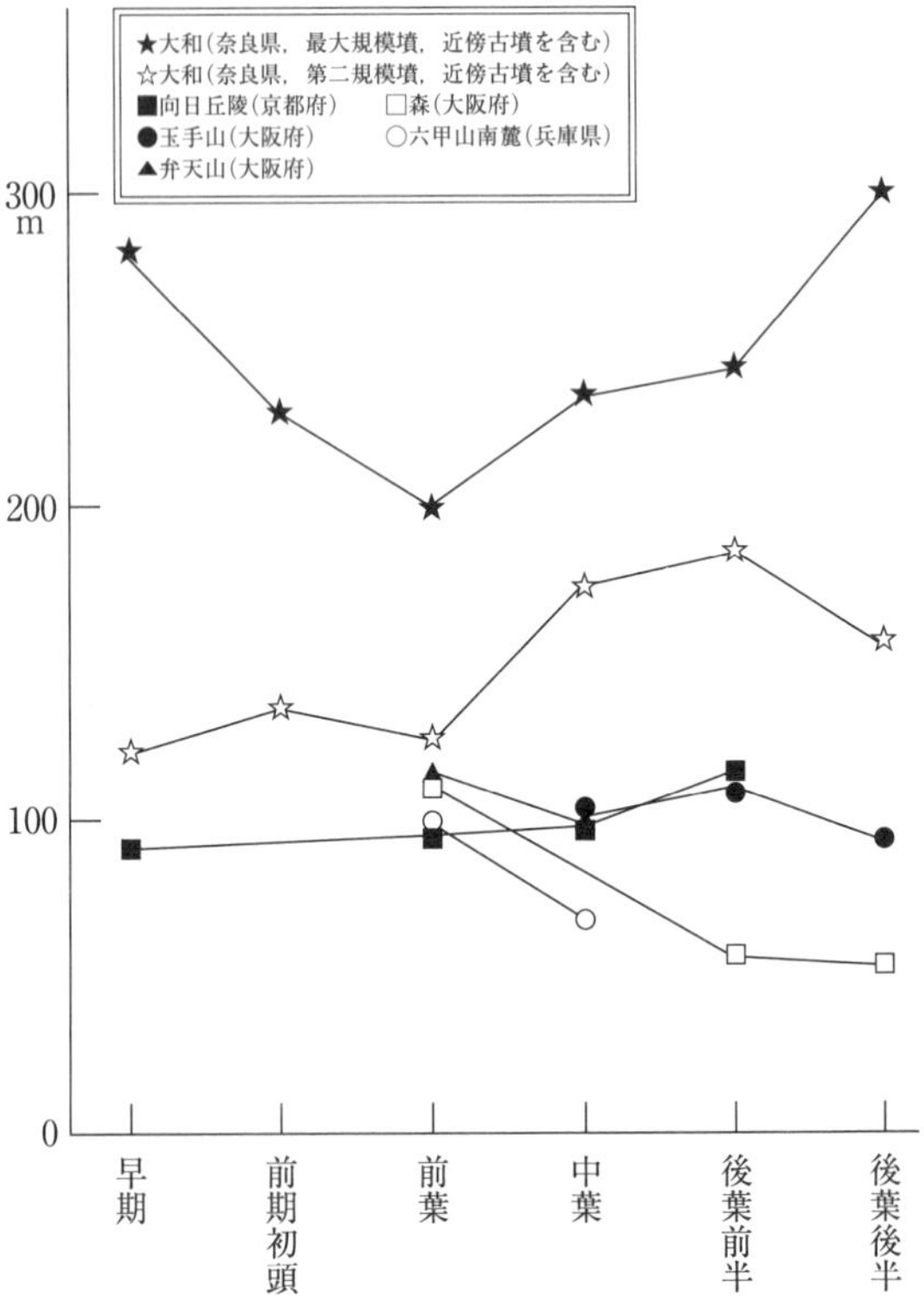

図40　畿内（超）大型古墳群の最大規模前方後円（方）墳の推移（古墳前期）

畿内大型古墳群の整序

前期前葉から第4ランク墳を造営しつづけた畿内大型古墳群が、第二期にその地位を下落させる。ただし、墳丘規模を縮小させたわけではなく、第一期と変わらない規模の前方後円墳を築きつづけていた。これらの大型古

表8　畿内主要地域（奈良盆地外）の上位規模墳の頭打ち現象（古墳前期）

	北河内	中・南河内	西山城	東摂津
前期前葉	森1（113）		元稲荷（94）	弁天山A1（115）
中葉	万年寺山（100?）	玉手山3（100）	一本松塚（100?） 寺戸大塚（98）	弁天山B1（100）
後葉前半	禁野車塚（110?）	松岳山（140） 玉手山7（110） 玉手山1（110）	妙見山（115）	紫金山（110） 茨木将軍山（107）
後葉後半	牧野車塚（108）	花岡山（105）		

数字は墳長（メートル）.

墳群は、ほぼ前期をつうじて、超大型古墳群の最上位規模墳はもとより第二規模墳も下まわる一定規模（九〇メートル級〜一一〇メートル級）の前方後円墳を継続的に造営し、両者間の階層秩序が維持された（図40）。この秩序は長期的な構造性を有していたのである。

その一方で、前期後葉になると前代の第4ランク墳に匹敵する、あるいはそれを上まわる規模の前方後円墳が、畿内（および畿外）各地に出現する。それらはしばしば、畿内大型古墳群の近隣に築かれた。玉手山古墳群の北東一キロあまりに第3ランク墳の松岳山古墳が、弁天山古墳群の西方五キロに紫金山《しきんざん》古墳（一一〇メートル・後葉前半）と茨木将軍山古墳（一〇七メートル・後葉前半）が、森古墳群の北西約五キロに禁野《きんや》車塚古墳（一一〇メートル？・後葉前半）と牧野車塚古墳（一〇八メートル・後葉後半）が、向日丘陵古墳群の北方至近の地、山陰道への入口部に天皇の杜《もり》古墳（八三メートル・末葉）が登場する。

畿内大型古墳群の造営地域における上位規模墳を抽出してみると、その規模はどの小期においても横並びを呈しており、しかも前期前葉から後葉後半まで、墳丘規模の上限がほぼ固定されている（表8・図35）。この頭打ち現象の背景に、畿内中枢勢力による整序を想定するのが妥当だろう。

前代から墳丘規模をほとんど増大させなかった畿内大型古墳群は、同等規模ないしそれ以上の有力古墳が近隣に簇生するなかで、その序列上の位置を低下させることとなった。面白いことに、第二期の畿内大型古墳群の副葬品に関して、畿内中枢勢力が配布した大・中型倭製鏡や三角縁神獣鏡などの高級器物が貧弱であるのと対照的に、その近傍の大型古墳のみならず中小古墳にすら、それらの器物がしばしば潤沢におさめられている。どうやら畿内中枢勢力は、第4ランク墳を築きつづけていた旧来の大型古墳群の勢力にたいして、周辺の有力集団を優遇することにより、間接的な圧力をかけたらしい〔下垣二〇一二〕。このような整序戦略が功を奏したのか、畿内大型古墳群は徐々に凋落していった。

政権交替はあったのか

前期末葉（図41）には、東国の一〇〇メートル超墳が急減し、西国の海浜部にランク墳と一〇〇メートル超墳がかなり顕著になるが、大局的には前期後葉後半と共通する。古市古墳群と百舌鳥古墳群の勃興期であることを重視して、当期を「中期初頭」とよぶことが多い。当期を前後する時期に、佐紀古墳群と馬見古墳群で

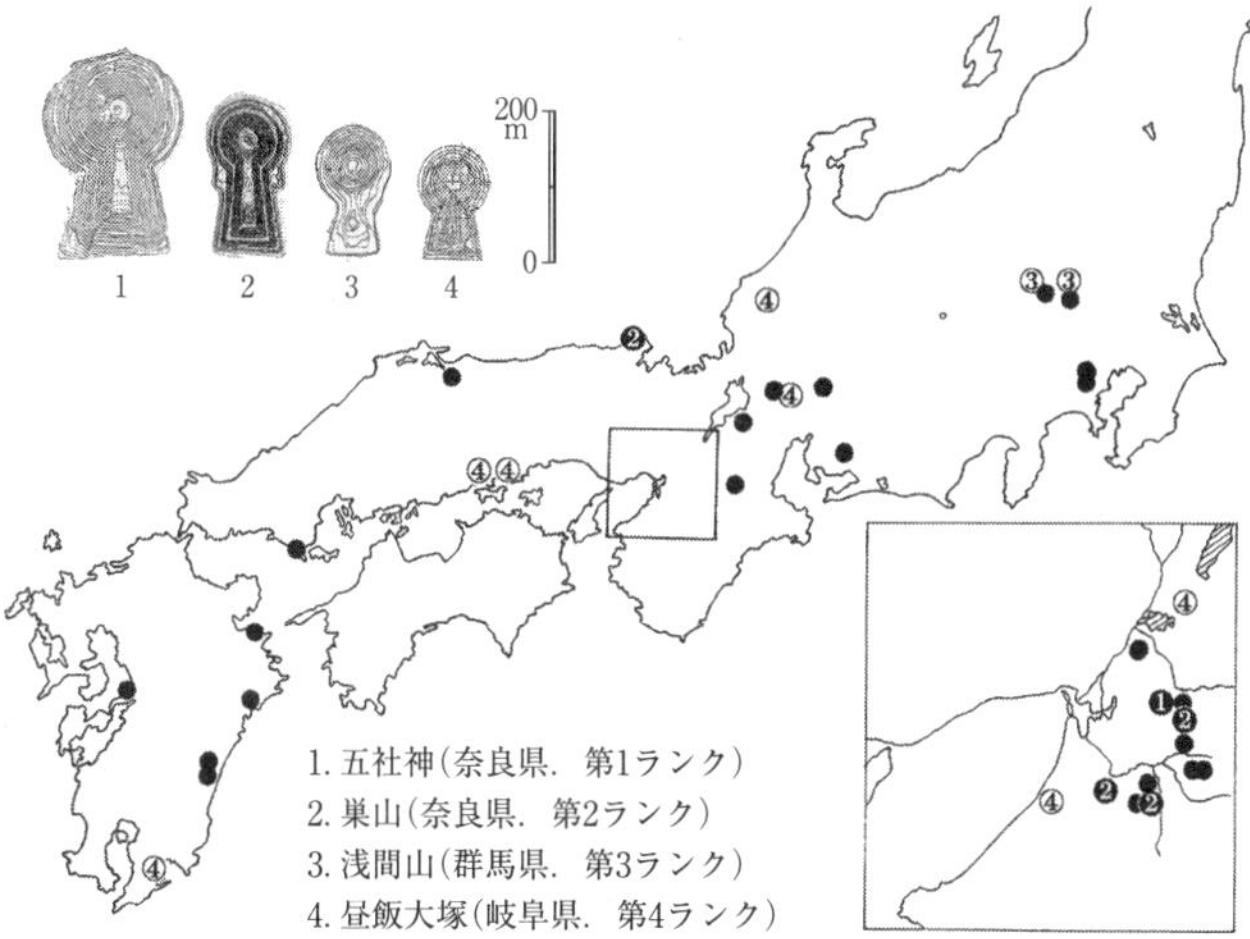

図41　ランク墳の分布（前期末葉）

も超大型古墳が多出したり、畿内大型古墳群が有力古墳の造営を停止するなど各地の首長墓系譜に変動が生じたり、前方後方墳がランク墳はおろか有力古墳からも姿を消し、そのうえ副葬品目が様相を変えてゆくなど、重大な現象が数多くみとめられる。これらの現象は、第二期から第三期にかけて畿内中枢勢力と連携勢力が刷新されたとみる「政権交替」論〔田中二〇〇一・福永二〇〇五等〕の主要な論拠とされてきた。

「政権交替」論は一九九〇年代以降の古墳時代研究に重要な視点をもたらし、政治史的な分析を深化させることに大きな役割をはたしてきた。ただ筆者は、多くの理由をあげて「政権交替」論に否定的な立場をとってきた〔下垣二〇一一等〕。

「政権交替」論で重視される前期後葉後半〜末葉における古墳の階層構成には、大和古墳群が首座を占めていた後葉前半との明確な連続性がみとめられる。他方で、古市古墳群の嚆矢である津堂城山古墳と百舌鳥古墳群の濫觴《らんしょう》である乳岡古墳が末葉に出現したことが、しばしば重要視されてきた。しかし、それは当期以降に両古墳群が急激な成長をとげたことを知る研究者の後知恵的な評価であり、この時点では第1ランク墳の後塵《こうじん》を拝する「その他大勢」的な有力古墳にすぎない。そもそも、後葉後半と末葉のランク墳の状況には強い共通性があり、「政権交替」が説くような大変動は読みとれない。

本書のように長期的な観点からランク墳の動態を通覧すると、第二期の変動は、前期前葉に始動し後葉前半に本格化する、畿内中枢勢力主導の階層構成の形成戦略という文脈で理解できる。さらにいえば、前期後葉以降に広範な地域にわたって生じた古墳の様態の変動は、畿内中枢勢力の主導による、自身をふくむ有力集団関係の構造改革策の結果であったと考えられる〔下垣二〇一一〕。この変動を「政権交替」の反映ととらえてきた既往の諸説は、複数の小期の階層構成を識別できないまま、時期のことなるランク墳をとりまぜて評価したために、第二期を混乱期のように誤認してしまったのだと評してよい。

そのように考えると、第1ランク墳を継続的に造営した大和古墳群におけるランク墳の唐突な消失と踵《きびす》を接して佐紀古墳群に、つづいて古市・百舌鳥古墳群に第1ランク墳が移動する現象は、「政権交替」説よりも畿内中枢勢力の「墓域移動」説に親和的である。

第二期には、佐紀古墳群と馬見古墳群という超大型古墳群が登場する。古市古墳群・百舌鳥古墳群・大和古墳群にくらべ一般の認知度は低いが、第二期と第三期の王権構造を読み解く鍵をにぎる重要な古墳群である。

佐紀古墳群と馬見古墳群

佐紀古墳群は奈良盆地の北縁に所在する。平城山《ならやま》から南に張りだす低丘陵上に、八基の二〇〇㍍《メートル》超墳をはじめとする前方後円墳・円墳・方墳が東西にひろがる（図42）。伏せた盾がならんでいるかのような外観から、佐紀盾列《たたなみ》古墳群ともよばれる。南半は平城京の造営時に削平され、大型古墳をふくむ複数基が消滅した。

西南に離れて孤立する宝来山古墳と周囲の小墳を別にすると、前期後葉後半〜末葉を中心に西群が、中期前葉〜末葉を中心に東群が形成された。前期後葉後半および末葉には第1ランク墳と第2ランク墳が併存するが、中期になると各小期に一基前後の第2ランク墳が継続して築かれた。ところが、第3・4ランク墳は存在しない。構成古墳のランクのかたよりは、本古墳群の各小期の被葬者が畿内中枢勢力内で占めた恒常的地位を暗示しているかにみえて興味深い。このことについては次章であらためて論じる。

馬見古墳群は奈良盆地の西縁、生駒山系の東側に位置する。南北につらなる馬見丘陵の

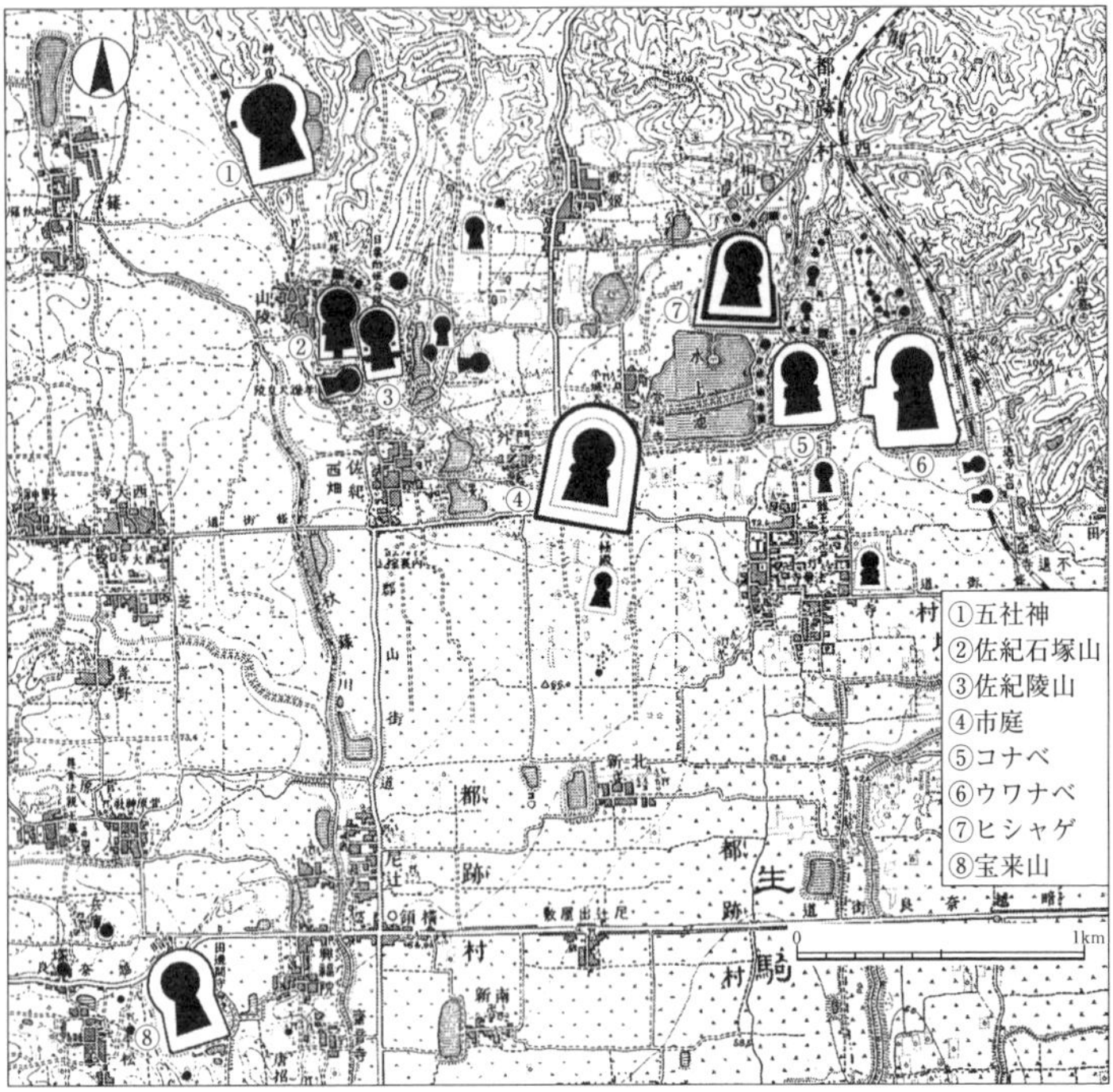

図42　佐紀古墳群（奈良県）　S＝1/40,000

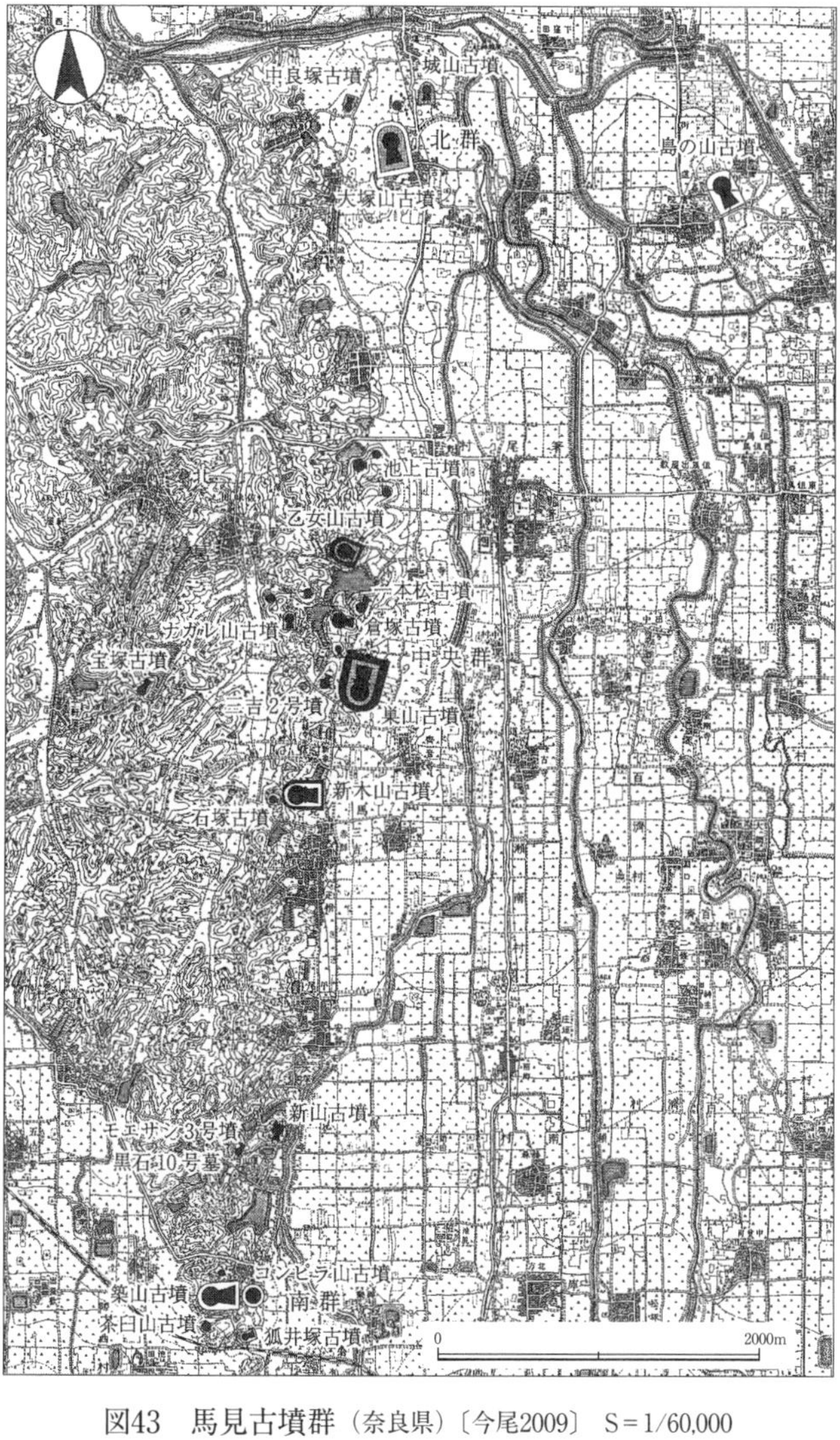

図43　馬見古墳群（奈良県）〔今尾2009〕 S＝1/60,000

東斜面などに、五基の二〇〇メートル《メートル》超墳を筆頭に多数の前方後円（方）墳・帆立貝式古墳・円墳・方墳が、北群・中群・南群にわかれて分布する（図43）。ランク墳などの動向を基準に各群の推移を復元すると、前期後葉に南群が勃興し、前期末葉〜中期前葉になると中群が隆盛するが、それ以後は中期末葉まで北群が優勢でありつづける。

ランク墳に関する本古墳群の大きな特徴は、一度も第1ランク墳を築いていないことである。前期後葉後半〜中期前葉の各小期に一〜二基の第2ランク墳と〇〜一基の第3ランク墳を造営しつづけたのち、退潮していった。多くの文献史学者と考古学者が、本古墳群の巨大古墳を、中期に「大王」一族とさかんに姻戚《いんせき》関係を結んだ葛城《かずらき》氏に関連づけてきた。しかし、ランク墳を時間軸上に位置づけてみると、本古墳群はわりと早くに衰微していることがわかる（図30）。

古市古墳群と百舌鳥古墳群　佐紀古墳群と馬見古墳群に一歩遅れて出現するのが、古市古墳群と百舌鳥古墳群である。古市古墳群では前期末葉から、百舌鳥古墳群では中期前葉から超大型古墳が築かれはじめ、中期には双璧的な巨大古墳群へと成長をとげた。

古市古墳群は、大和川が河内平野に抜けた手前に横たわる、広大な段丘の中・低位にいとなまれた（図44）。誉田御廟山古墳など六基の二〇〇メートル《メートル》超墳をはじめ、前方後円墳・帆立貝式古墳・円墳・方墳が所狭しとひしめく。現在、一三〇基の存在が確認されているが、近現代の開発により多くが破壊され、地上に墳丘をとどめるものは五〇基に満たない。

本古墳群を載せる段丘は東西にわかれて北方に張りだし、中間の氾濫原《はんらんげん》を見下ろすようにランク墳が分布する。前期末葉に第2ランク墳の津堂城山古墳が西群の北端に登場するのを皮切りに、中期中葉〜後葉には東群に、中期中葉〜後期中葉には西群にランク墳が造られた。両群とも、当初は北側〜中央を選地し、時期がくだるにつれ南側に移動する。

図44　古市古墳群（大阪府）〔白石2000〕 S＝1/60,000

百舌鳥古墳群は大阪湾を西に見下ろす中位段丘面上にひろがる（図45）。大山古墳など四基の二〇〇《メートル》超墳をはじめ、多数の前方後円墳・帆立貝式古墳・円墳・方墳が密集する。現存するのは四〇数基だが、かつては少なくとも一一〇基ほどが存

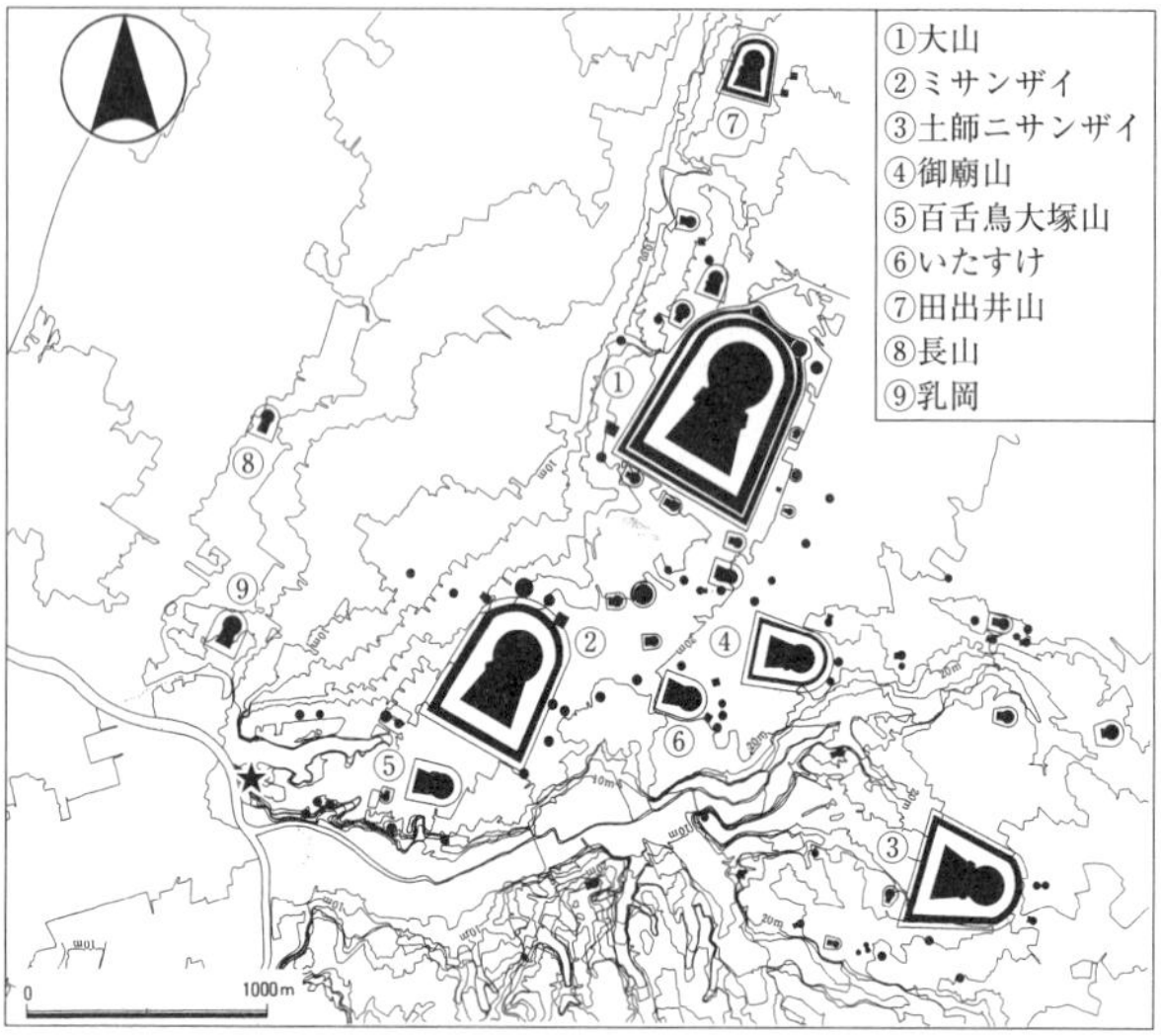

図45　百舌鳥古墳群（大阪府）〔十河2003〕 S＝1/60,000

在していた。

本古墳群の階層構成と推移は、以下のように要約できる〔十河二〇〇八〕。前期末葉に、段丘西縁の海浜部にランク墳が出現する。中期前葉には、その東方の百舌鳥川を南に見下ろす段丘南縁付近に第1ランク墳と第4ランク墳が築かれる。中葉にはさらに東側に、後葉には北側にランク墳などが造営される。そして末葉に、百舌鳥川をはさんで南側の段丘面に第1ランク墳が築かれたのを最後に、ランク墳の造営を停止し終焉する。

大和古墳群が唯一の超大型古墳群として聳立《しょうりつ》する第一期から、これを補完し併立する佐紀古墳群と馬見古墳群が擡頭する第二期をへて、時代は四大古墳群（古市・百舌鳥・佐紀・馬見）が超大型古墳を陸続と築く第三期（古墳中期）に突入する。四大古墳群に（超）大型古墳が蝟集《いしゅう》する威容《いよう》を目にすると、各古墳群の造営集団が競覇《きょうは》的に造墓に奔走《ほんそう》したかに思えてくる。しかし、ランク墳の構成を小期別にみると、わりと明確な秩序をみてとれる（表9）。

第三期―四大古墳群の時代―

第三期の第1ランク墳は、岡山南部の一基（造山古墳）を例外として、古市古墳群と百舌鳥古墳群が寡占する。他方、佐紀古墳群のランク墳はつねに第2ランク墳であり、馬見古墳群のランク墳は時期を追って下落する。興味深いことに、第1ランク墳が輩出した古市古墳群と百舌鳥古墳群では、第三期に第2ランク墳が一基しかなく、第4ランクが顕著である。そして、この中間ランク（第2・3ランク）を佐紀古墳群と馬見古墳群、さらには各地の拠点的な有力古墳が埋めているのである（表9・図30）。

四大古墳群の相互秩序

この相互関係を具体的に述べよう。中期前葉において、古市古墳群では第1ランク墳（仲津山《なかつやま》古墳）と第4ランク墳（野中宮山古墳・古室山《こむろやま》古墳）が、百舌鳥古墳群でも第1ランク墳（上石津《かみいしづ》ミサンザイ古墳）と第4ランク墳（百舌鳥大塚山古墳）がみとめられる。両古墳群とも、第1ランク墳が第4ランク墳のほぼ

表9　超大型古墳群のランク墳の構成

	前期後半（第二期）			中期（第三期）			
	後葉前半	後葉後半	末葉	前葉	中葉	後葉	末葉
大和	❶　④④	❶　④④					
佐紀		❶❷	❶❷	❷	❷❷		❷
馬見	③	❷	❷	❷❷③	③		
古市			❷	❶　④④	❶　③		❷③
百舌鳥			④	❶　④	③	❶　④	❶

＊丸数字は古墳のランクを示す（❶第1ランク墳，❷第2ランク墳，③第3ランク墳，④第4ランク墳）.

二倍の規模である。その中間に、佐紀古墳群の一基（コナベ古墳）と馬見古墳群の三基（島の山古墳・新木山《にきやま》古墳・倉塚古墳）がきれいにおさまる。同じ状況は中期中葉にも確認できる。古市古墳群の第1ランク墳（誉田御廟山古墳）は第3ランク墳（墓山古墳）のほぼ二倍大であり、中間を佐紀古墳群の第2ランク墳（ウワナベ古墳・市庭《いちにわ》古墳）が埋めている。

このように四大古墳群のランク墳には、相互の補完関係がみとめられる。ただし、第1ランク墳（古市・百舌鳥）＞第2ランク墳（佐紀・馬見）＞第3ランク墳（古市・百舌鳥・馬見）＞第4ランク墳（古市・百舌鳥）のごとく、古市・百舌鳥古墳群を上位、佐紀・馬見古墳群を下位とする序列が明白である。この補完的秩序には、相互配慮的というよりも強制的な性格がうかがえる。その性格が露呈するのが中期後葉であり、百舌鳥古墳群において前代未聞の五〇〇メートル超の大山古墳が築かれるのと裏腹に、残る三古墳群にはランク墳が皆無になる。四〇〇メートル超の誉田御廟山古墳が古市古墳群に造営された中期中葉にも、百舌鳥古墳群と馬見古墳群におけるランク墳の造営が抑制されている。以上から明らかなように、第三期の「大王」墳は古市古墳群と百舌鳥古墳群に固定されている。したがって、四大古墳群を形成した「有力首長」のなかから「輪番的に大王が推戴された」という解釈〔広瀬二〇〇三〕は、事実にそぐわない。

なお、超大型古墳群に同時期の第1ランク墳と第4ランク墳が併存し、欠落する第2・3ランク墳を別の超大型古墳群や拠点的な（超）大型古墳が補塡《ほてん》する階層構成は、前期後葉にも確認できる（表9）。第三期の階層構成は第二期を継承しており、両期の連続性が看取できる。古墳の様態や階層構成の点からみれば、古墳前期と中期で分期するより、前期前半と後半で分期し、前期後半と中期を一体的にとらえるほうが実態に即している。

最上位墳の突出へ

第三期の全体的な傾向は、各ランクの規模が漸増しつつ、最上位墳（第1ランク墳）が突出してゆく流れといえる（表7）。中期前葉〜末葉の第1ランク墳〜ランク外（一二〇メートル超）の規模をみると、前葉（三〇〇メートル前後〜・二〇〇メートル超・一八〇メートル前後・一六〇メートル前後・〜一四〇メートル）、中葉（四〇〇メートル前後・二五〇メートル超・二〇〇メートル超・一七〇メートル・〜一五〇メートル）、後葉（五〇〇メートル超・二八〇メートル・二〇〇メートル超・一五〇メートル前後・一二〇メートル超）、末葉（三〇〇メートル超・二〇〇メートル超・一九〇メートル前後・一一〇メートル前後）となる。

図46　ランク墳の分布（中期前葉）

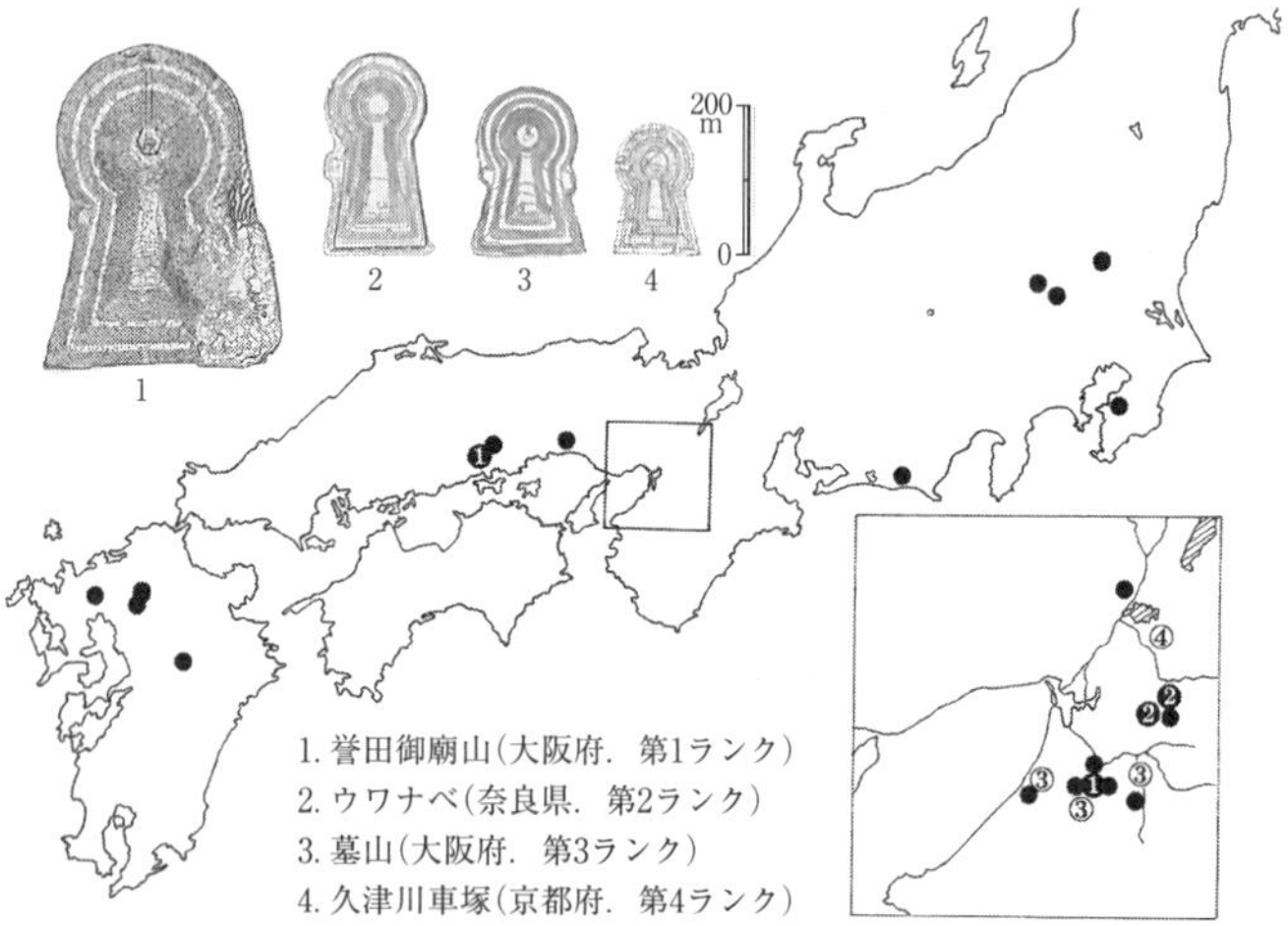

図47　ランク墳の分布（中期中葉）

細かくみると、第1ランク墳が卓越化してゆく一方、第2ランク以下が基数を減じてゆきながら、各ランクの規模の等質化が進行していったことがわかる。中期前葉には、第1～第3ランク墳が多数築かれ、第4ランク墳以下も規模が分散していた（図46）。当期は畿内中枢部の大和川水系にランク墳が密集する反面、淀川水系のランク墳および一〇〇《メートル》超墳が消え、畿内の外周をひろくとりまいて多数の一〇〇《メートル》超墳が拠点的に築かれている。畿内中枢勢力を核とする有力集団構造にかなり重大な変化が生じたことが察せられる。

中葉になると第2・3ランク墳が大幅に基数を減らし、ランク外は一四〇《メートル》台と一二〇《メートル》台に二分される（図47）。前代とうって変わって畿内外周部の一〇〇《メートル》超墳がほぼ消え去る。九州中・南部のランク墳および一〇〇《メートル》超墳が姿を消し、九州北部に一〇〇《メートル》超墳が集中するなどの変化が起きる。

後葉には大山古墳が冠絶《かんぜつ》し、第2・3ランクは一～二基に整理され、第四ランクは一五〇《メートル》前後が各地で横並びになる。墳丘規模の整序が強力に断行されたようだ（図48）。畿内の外縁部にランク墳が目だっていたり、第二期から前代までランク墳や一〇〇《メートル》超墳を築きつづけた関東内陸部からそうした有力墳が消えることも、整序策の一端であろう。

末葉には第1ランク墳の規模が下落するが、第二～ランク外もすべて規模を減じ、基数も各ランク二～三基になるなど、較差は縮むがより整然とした階層構成になる（図49）。

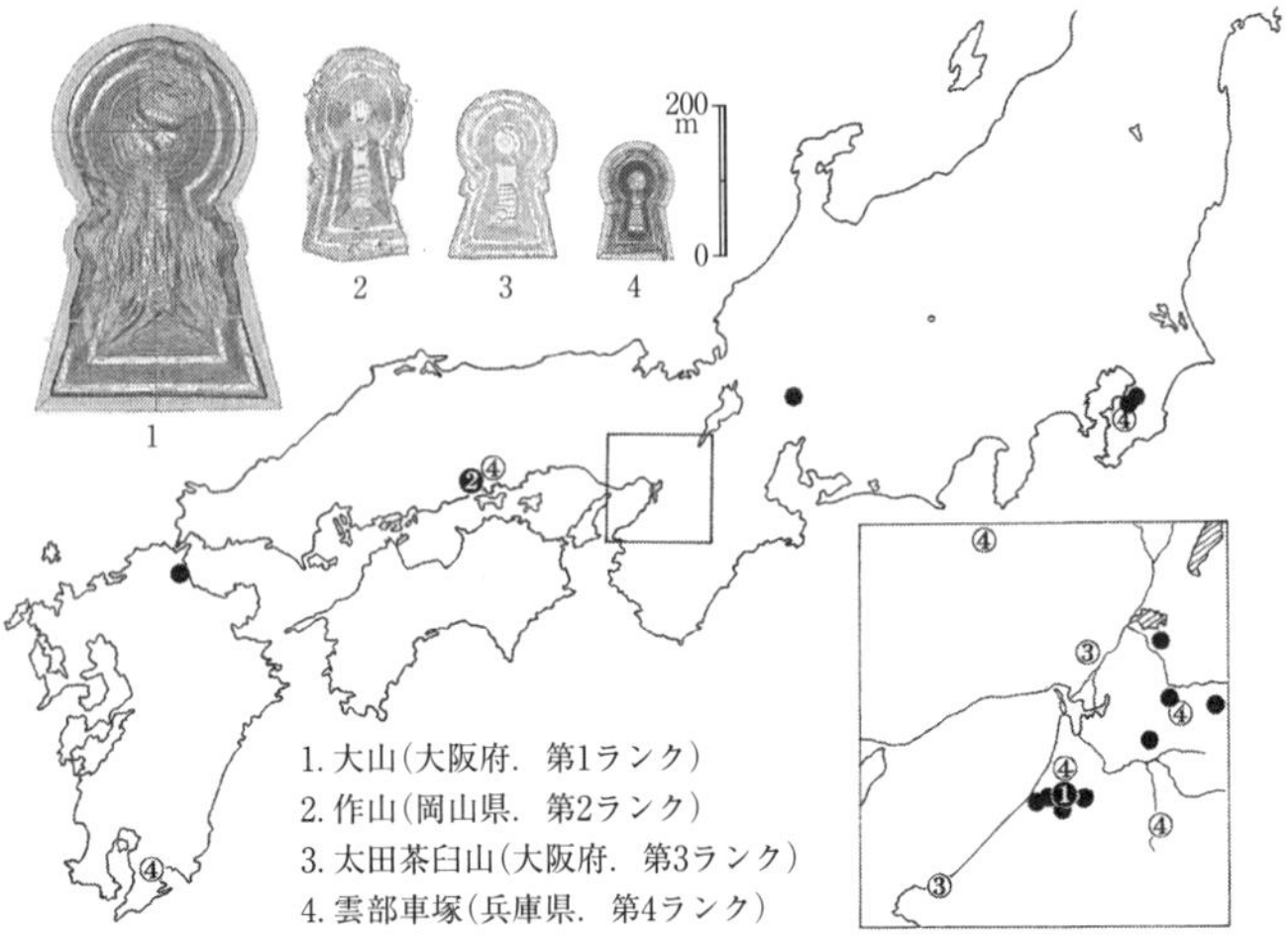

図48　ランク墳の分布（中期後葉）

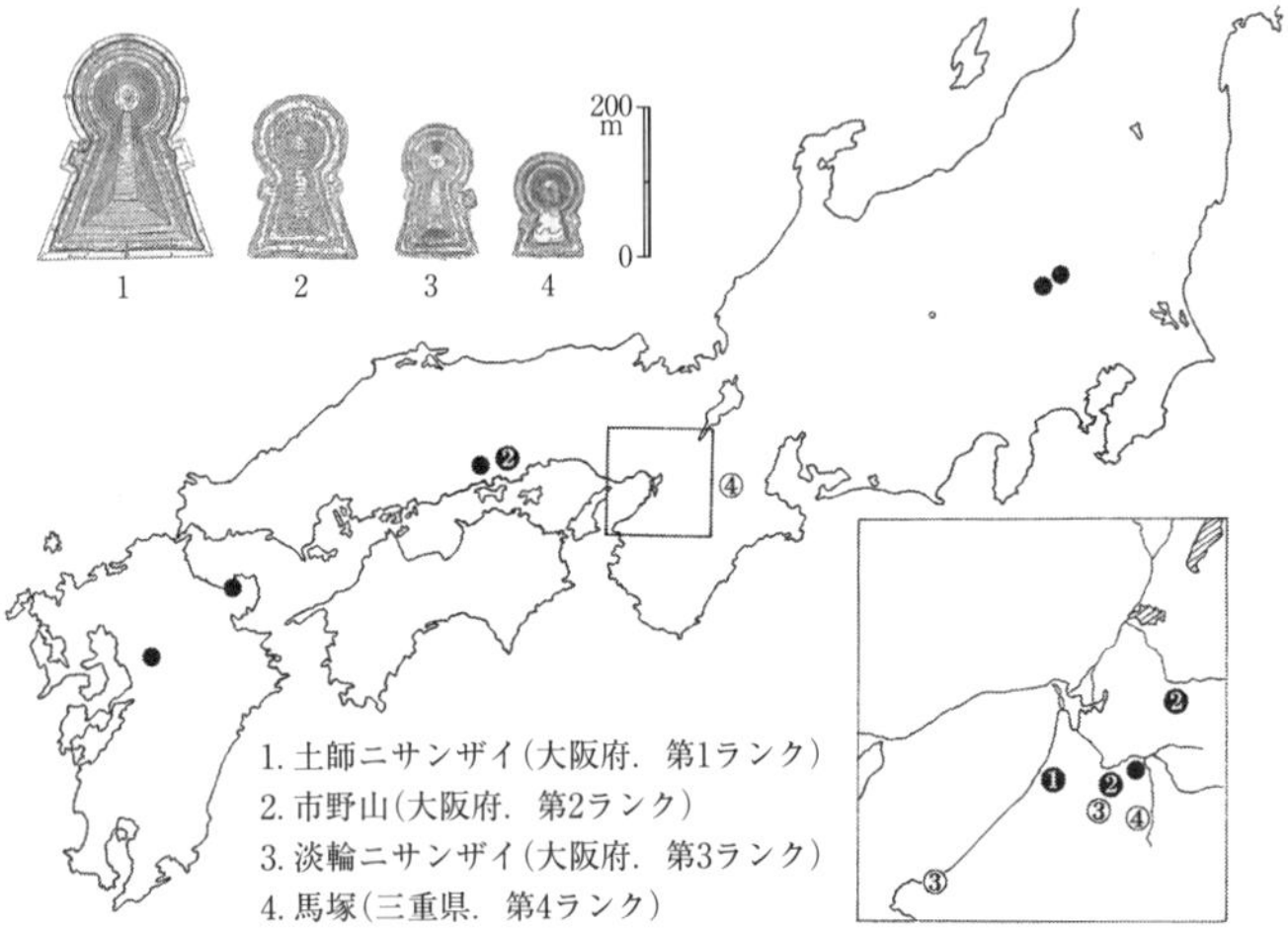

図49　ランク墳の分布（中期末葉）

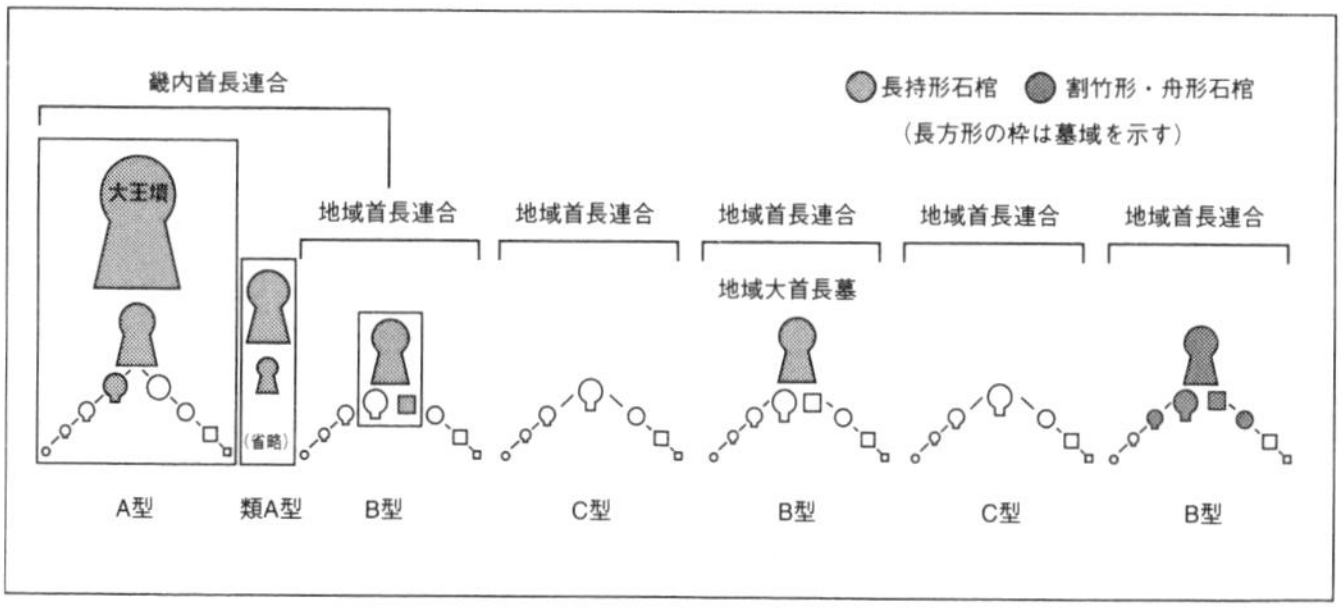

図50　中期古墳の階層秩序〔和田1998〕

そして後述するように、後期前葉の墳丘規模の整序はひときわ明瞭となる。

このように第三期に、墳丘規模を基準とする古墳の階層構成が列島のほぼ全域を覆いつつ、第1ランク墳が突出度を高める方向へと整序されてゆく動向は、当該期に「大王墳の墓域」の秩序が階梯的にグレードダウンしながら列島各地の古墳群に普及したこと〔和田一九九四〕（図50）と密接に連動している。次節で論じるように、列島各地で最大規模墳のみが突出し、他勢力の墳丘規模が抑制されるのも同軌の現象である。このような造墓策をつうじて、畿内中枢勢力を頂点とする階層構成が列島広域に滲透していったのである。

第四期—超大型古墳群の終焉—

継続的に造営された超大型古墳群は、各種権力資源の複合媒体として機能した。その結果、造営主体である畿内中枢勢力が強勢化し、列島広域の階層構成が形成された。他方で古墳後期（第四期）になると、各地に各種産業を扶植し、その果実を中央に吸いあげる仕組みが構築されていった。また文献史学が明らかにしてきたように、支配にかかわる諸制度が列島外から導入され、身分制的なシステムが整備されてゆく。そうなると、巨大な古墳（群）を築く政治的な効果性は低減するだろう。

事実、後期にはランク墳の造営原理が大きな転換をとげた。中期末葉を最後に、超大型古墳群である百舌鳥・佐紀・馬見古墳群だけでなく、そのグレードダウン版である大阪府淡輪《たんのわ》古墳群・京都府久津川古墳群・三重県美旗《みはた》古墳群もランク墳および一〇〇メートル《メートル》超墳の造営を停止した（図30）。しばらくして、古市古墳群も同じ道をたどった。

そのことは、ランク墳の墳丘総体積の減少に直結した。中期前葉～後葉に極大化したランク墳の墳丘総体積は、中期末葉に急落し、後期前葉には第一期（前期前半期）の水準まで落ちこむ（図24～26）。この低落の背景に、『記』『紀』が語る政治的混乱を想定するのも一案である。ところが、このあと述べるように、ランク墳の階層構成は当期にいっそう整序された。後期前葉は倭王武の南宋への遣使期にあたり〔加藤二〇二二〕、百済の王都陥落（四七五年）もあいまって、外来の文物および制度の流入に拍車《はくしゃ》がかかった時期である。考古資料からは証明できないが、この時期には韓半島での軍事行動が活発化した。

考古資料と文献史学の研究成果から判断すれば、当期におけるランク墳の総体積の急落現象は、恒常的な造墓活動をつうじて醸成された広域的な人員動員力および編成力を、軍事や開発に振り向けた結果ではなかろうか。このように解釈すると、当期に第1ランク墳とそれ以下の隔差が大幅に開き、ランク墳の基数が減少し、しかもランク外の一〇〇メートル超墳が消滅する背景に、造墓人員が効率的に配分された状況を想定できるかもしれない。

畿内と関東

第四期のランク墳の階層構成は、古墳群を構成しない第1ランク墳が圧倒的に突出し、第2ランク以下との隔差をひろげてゆく。この趨勢《すうせい》は、第三期の整序志向をいっそう推し進めたものである。とくに畿内では、ランク外の下層に小円墳の古式群集墳が設定されるなど、上位の整序を首尾よく進めた畿内中枢勢力が下位までも階層構成に包含する造墓策を断行したことがうかがえる。

他方、東国とりわけ関東における造墓が最盛期をむかえ、第3・4ランク墳が続々と造営された。この躍進ぶりを関東の潑剌《はつらつ》たる独自性の発露《はつろ》と解するよりも、やはり畿内中枢勢力に開発重点地域として重要視された脈絡で理解すべきだろう。分布状況の不自然なかたよりも、この理解を裏づけてくれる。第三期に国家機構が成立した畿内〔下垣二〇一八〕では、巨大古墳は「大王」の超越性を誇示するモニュメントと化し、それ以外の大型古墳は基本的に不要化してゆく一方で、開発と社会の階層化が志向された関東などでは、むしろ大型古墳造営の社会的要請が高まったのだろう。

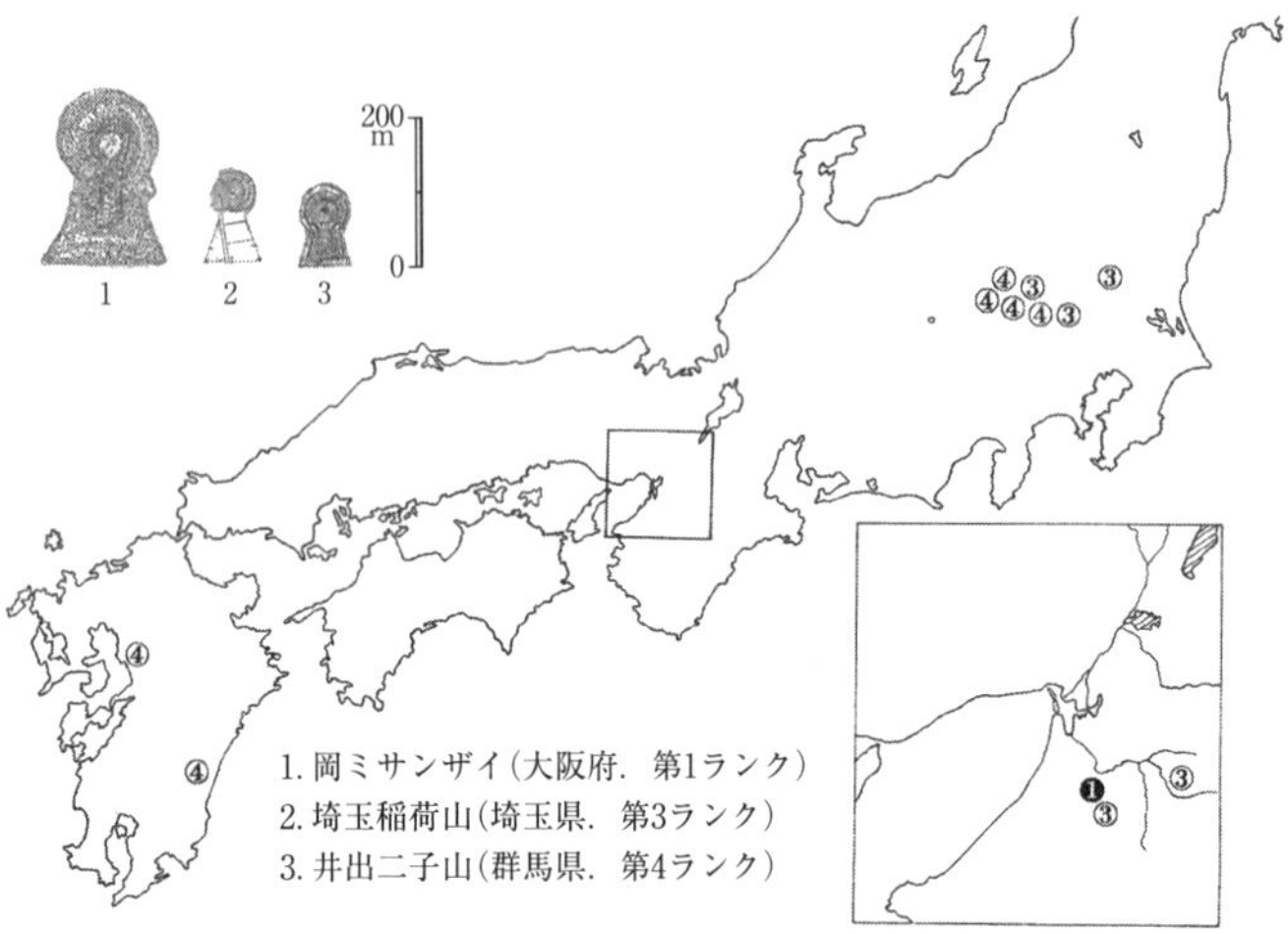

図51　ランク墳の分布(後期前葉)

埼玉稲荷山古墳の時代

埼玉稲荷山古墳から出土した一振りの鉄剣に、「乎獲居《ヲワケ》」が「獲加多支鹵《ワカタケル》」(雄略)の統治を補佐したこと(「左治天下」)が記されていた(図23)。この銘文は古代史学界の関心をおおいに惹いてきた。同時にまた、たかだか一〇〇《メートル》あまりの東国の古墳の被葬者が、これほどの政治的地位に就きえたのか疑問視されてきた。そのため古代史研究では、「乎獲居」を中央豪族とみる見解のほうがむしろ優勢であった。

しかし、本墳が築かれた後期前葉の階層構成に目を向けると、真の雄略陵と推定される大阪府岡ミサンザイ古墳(二四五《メートル》)の規模が頭《ず》抜けており、規模を半減して次位に居並ぶ一二〇メートル前後の五古墳の一基が埼玉稲荷山古墳である（図51・表7）。ランク墳からみるかぎり、「左治天下」は誇称《こしょう》ではなかったようだ。とすれば、同ランクのほかの数基も「左治天下」者の墳墓の候補になる。同じく「獲□□□鹵」銘を有する鉄刀が出土した熊本県江田船山古墳（六二メートル・後期前葉）から菊池川を五キロあまりくだった地点に、第4ランク墳の稲荷山古墳（一一〇メートル?・後期前葉?）が存在するのは示唆的である。ただ、第1ランク墳と次位の墳丘差は顕著であり、当期と後期後葉は第2ランクを欠番とした。

今城塚古墳とランク墳

後期中葉は継体朝頃の政治変動期として注目されてきた。当期の第1ランク墳である大阪府河内大塚山古墳（三三五メートル）は安閑の未完陵（十河二〇一二）とも欽明《きんめい》の未完陵（高橋二〇二三）とも推測されるが、実態はよくわからない。当期の実質的な最上位墳は、継体の真陵と考えられる今城塚古墳（一八一メートル）である。

当期は、一貫して大和川水系のみに築かれていた「大王」墳がはじめて淀川水系に出現したり（今城塚古墳）、九州北部に前期前葉以来およそ二世紀半ぶりにランク墳が姿をみせたり（福岡県岩戸山古墳）、愛知県熱田台地に二基の第3ランク墳が唐突に登場する（断《だん》夫山《ぶさん》古墳・大須二子山古墳）など、興味深い現象が数多くみとめられる（図52）。岩戸山古

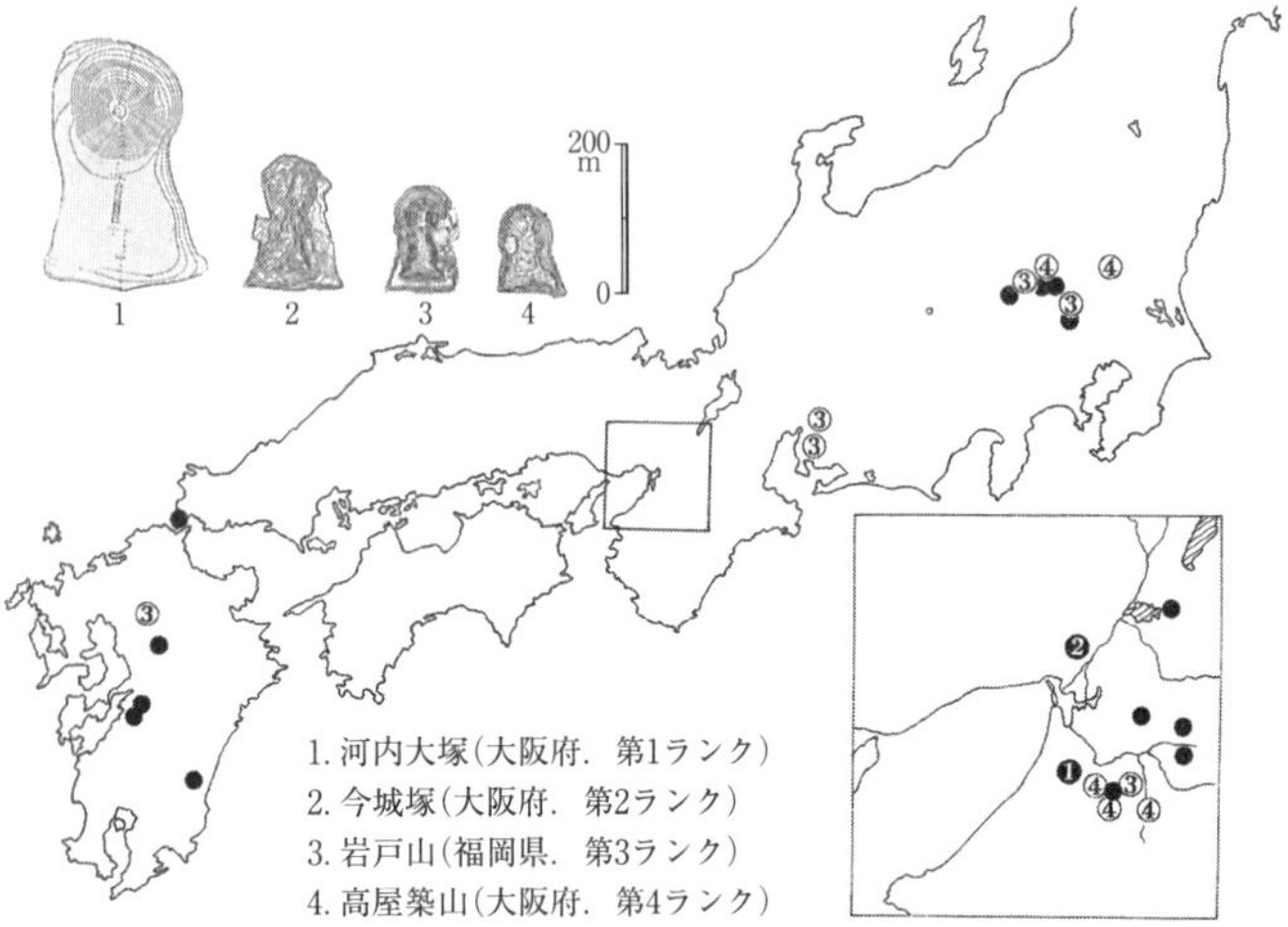

図52　ランク墳の分布（後期中葉）

墳は継体勢力と交戦した磐井の墓に比定され、熱田台地の二基は継体に娘を嫁《か》し安閑・宣化《せんか》の外祖父となった尾張氏に関連づけられることが多い。このように、当期頃から『記』『紀』の記載内容を手がかりに前方後円墳の動向を具体的に説明できるようになる。そのため考古学者である筆者の関心は、この時期あたりからにわかに遠のく。

韓半島西南部の前方後円墳

前方後円墳はしばしば日本固有の墳形と称される。しかし、そのような評価は厳密には正しくない。韓半島西南部の栄山江流域に十数基の「前方後円墳」（前方後円形古墳）が築かれたからである〔朴二〇〇七・高田二〇一九等〕

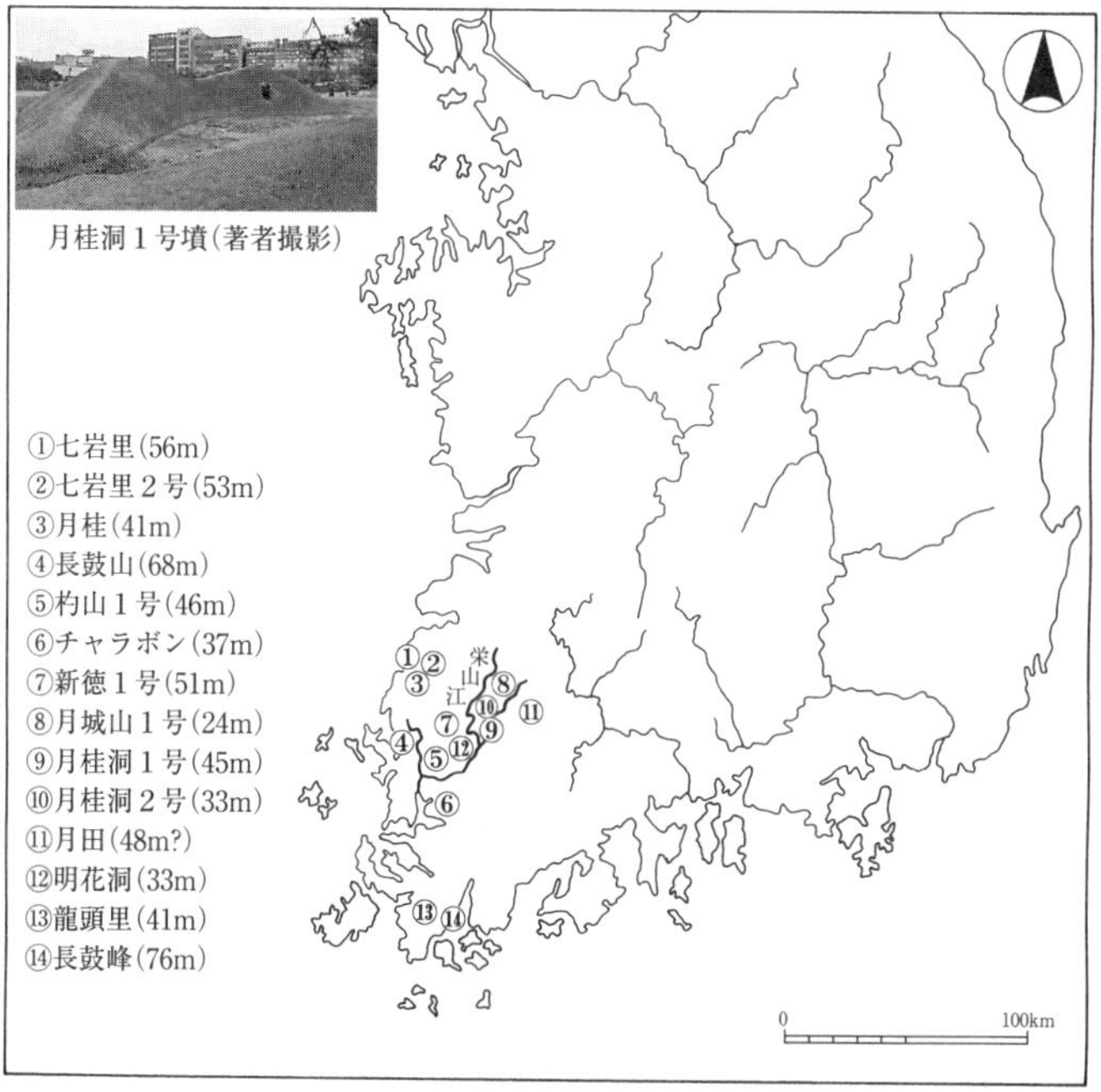

図53　栄山江流域の前方後円墳

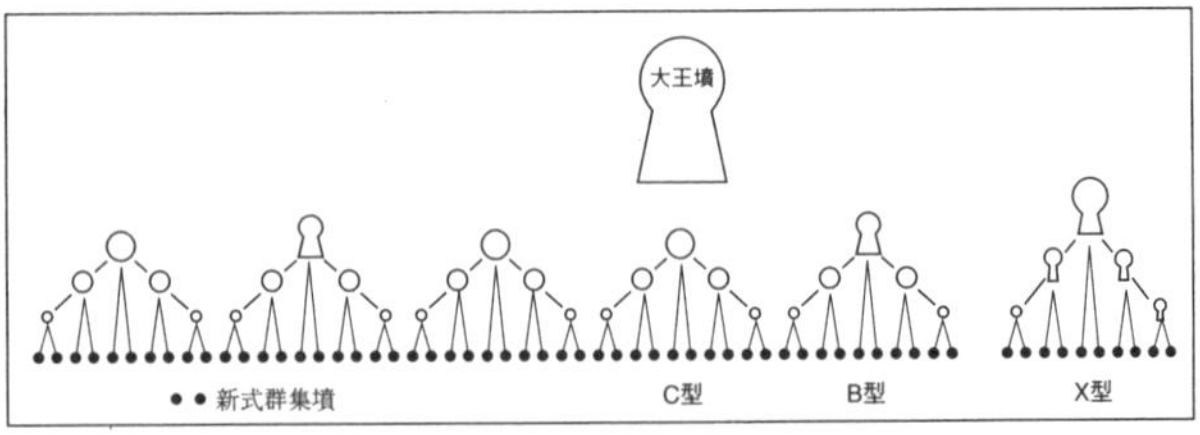

図54　後期古墳の階層秩序〔和田1998〕

（図53）。その造営背景や被葬者像について、微に入り細を穿った甲論乙駁《こうろんおつばく》の状況がつづいており、筆者には諸説の当否を判定しがたい。ただ、これらの「前方後円墳」が築造された期間は後期前葉～中葉という短期間であり、当該期間に九州北部系の埋葬施設が当地に伝わり〔朴二〇〇七〕、同時期におそらく九州北部の諸勢力を介して銅鏡が韓半島に流入したこと〔下垣二〇二二a〕などから、九州北部勢力の関与が想定できる。その造営主体は特定できないものの、畿内中枢勢力を介在させない九州北部勢力の活動が、栄山江流域における「前方後円墳」の出現につながったものと考えられる。

前方後円墳の終焉

後期中葉頃に、統一的な小円墳群である新式群集墳が畿内と周辺地域にあらわれ、大王墳を頂点とする整然とした墳墓秩序が形成される（図54）。新式群集墳はまもなく列島全域に爆発的に波及してゆくが、その背景に官人的秩序の整備を読みとりうる〔和田二〇〇四〕。当期頃から、国内的には複合的生産拠点と軍事拠点の性格を併有

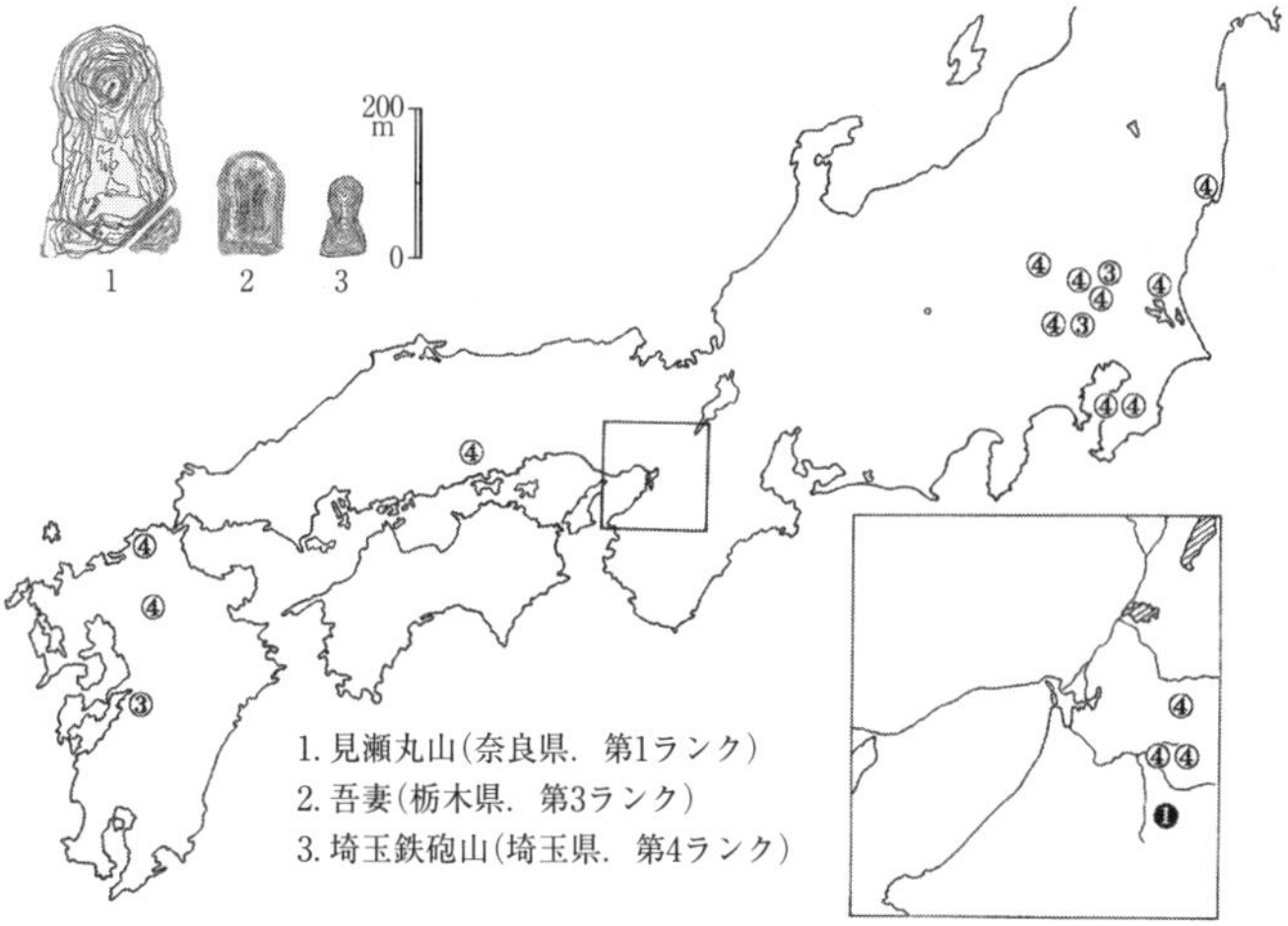

図55　ランク墳の分布（後期後葉）

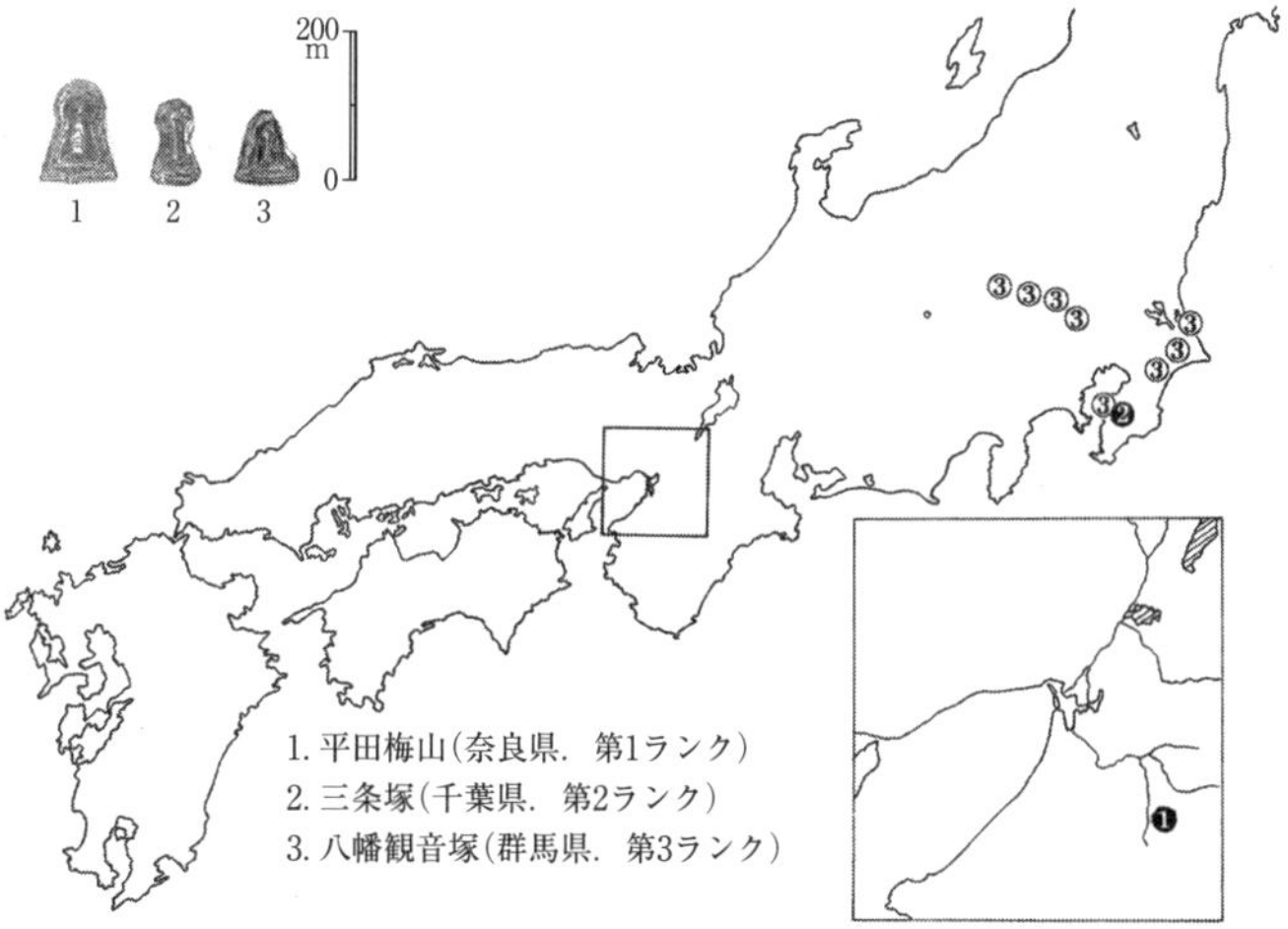

図56　ランク墳の分布（後期末葉）

するミヤケが列島各地に設置され、対外的には韓半島での軍事活動が大規模化するなど、多人数を動員する事業が複合的に活性化する。恒常的な大規模造墓をつうじて育まれてきた動員力と組織編成力が、軍事・土木事業・各種産業へと振り向けられていったのだろう。

かくして、第三期まであればランク外に相当する一二〇《メートル》未満の前方後円墳が関東（および九州）で頻造される（図55・56）のを例外として、墳丘規模により列島諸集団の階層構成を表示する方式は消滅していった。

列島各地の階層構成

階層秩序は一元か多元か

前章では、古墳を利用して諸地域の有力集団を序列づけようとする畿内中枢勢力の戦略と、自地域や自集団を序列づけようとする諸集団の思惑とが織りなす政治力学が、前者を優位とする状況を形成していったメカニズムを論じた。そして本章では、畿内中枢勢力を頂点とする列島広域の階層秩序の形成プロセスを追尾し、前者による墳丘規模の序列のコントロールが介在したことを具体的に示した。

このように本書を振り返ると、古墳時代の初現期から畿内中枢勢力が列島全域の一元支配を実現していたかに思えてくるかもしれない。しかし、当の筆者はそう考えていない。前章で明らかにしたのは、古墳（前方後円墳）という装置の受容をつうじた畿内中枢勢力と諸地域勢力との序列関係の形成論理であり、本章で究明したのは、畿内中枢勢力を頂点とする汎列島的な上位ランク墳の階層秩序の実態および形成プロセスである。畿内中枢勢力が時を追って諸地域への介入度を強めたのはたしかである。しかし、各地の上位集団を主要な射程にしてきた本書の分析では、諸地域のどのていど下位のレヴェルにまで介入があったのか、介入の実態は一元支配だったのか否かなどを判断できない。

　そこで本節では、地域レヴェルの階層構成に焦点をあて、この論点を検討する。ただ、墳丘規模が下がるほど時期を確定しがたくなるし、また湮滅墳や未発見墳の潜在率が高まるため、小期別の階層構成の復元が困難になる。以下では、有力古墳の指標となる三〇《メートル》超墳のみを検討の俎上に載せる。列島各地を網羅的に分析するのが理想だが、紙幅が許さないし、筆者にそこまでの能力がない。そもそも、小期別の階層構成を復元できるほど編年が整備され、古墳の内容が判然としている地域が少ない。したがって、かつて検討した京都南部（山城）と淀川左岸域のみをあつかう。

京都南部の階層構成

京都南部は首長墓系譜論の問題意識と分析視角が数多く編みだされ、多数の大学と地方自治体による発掘調査をつうじて、古墳の動態研究がもっとも深められてきた地域である。それゆえ有力古墳の階層構成の精確な復元が期待できる。

小地域別の階層構成を小期単位で復元すると表10のようになる。版面を考慮して、墳形と墳長のみを表示し、古墳名は省略した。表の記号は●前方後円墳、■前方後方墳、◎帆立貝式古墳、○円墳、□方墳である。つまり黒塗りの記号が格の高い墳形である。

第一期（前期前半期）は大型古墳かそれに準ずる前方後円（方）墳しかない。それ以下の古墳は、弥生墳丘墓の系譜をひく小墳である。ごく限定された有力者のみが、卓越した規模の前方後円（方）墳を築いていた。継続的に有力古墳を造営したのは向日丘陵古墳群のみであり、それ以外は一～二の小地域が前方後円（方）墳を散発的に築いた。

第二期（前期後半期）になると、多数の小地域でにわかに有力古墳が出現し、ほぼ全小地域で築かれるようになる。後葉前半に前方後方墳が顕著であることは、列島のランク墳の趨勢と合致する。後葉後半に前方後円墳＞前方後方墳＞円墳＞方墳の「前方後円墳体制」的階梯が現出している。逆にいえば、「前方後円墳体制」の雛壇《ひなだん》状模式図（図9）は、京都南部では前期後葉（後半）にしかみとめられないわけだ。この事態は列島広域に目を転じても変わらない。この墳形別の階梯システムが、ごく限定された時期のみに成立しえたことがうかがえる。そして、先述した前期後葉の画期性がこの点でも浮き彫りになる。

前期末葉には帆立貝式古墳が登場する反面、方形原理の前方後方墳と方墳が消え、前方後円墳＞帆立貝式古墳＞円墳の階梯ができあがる。表10を一瞥《いちべつ》すればわかるように、後葉

時期		北山城	西山城			東山城		南山城			
		嵯峨野	山田 樫原	向日	長岡 大山崎	宇治	伏見 深草	八幡	大住 田辺	城陽 青谷	相楽
後期	前葉	●75～ ●65	●48 ●41		◎39 ●33	○30					
	中葉	●71 ●60 ○30	●80 ●55～ ●40～	●46 ◎30	●46 ●39 ●30	●112 ●35				●50 ●45 ●45 ●40 ●30 ■30	
	後葉	○55 ○44 ○40 ○30								●34 ○30	
	末葉	●75? ○38 ○30			●80?						

＊京都南部の30メートル超墳を時期別・地域別に配列した.

＊各小期の古墳を規模順に配列した.

＊版面の都合により古墳名を省略した.

＊●＝前方後円墳，■＝前方後方墳，○＝円墳，□＝方墳，◎＝帆立貝式古墳．数字は墳長（メートル）.

表10　京都南部の有力古墳の階層構成

時期		北山城	西山城			東山城		南山城			
		嵯峨野	山田 樫原	向日	長岡 大山崎	宇治	伏見 深草	八幡	大住 田辺	城陽 青谷	相楽
	早期			●91							
	初頭										
	前葉			■94 ●60						■82	●175
	中葉		●100?	●98							
	後葉 前半			●115		○35	●70	■50	●90 ■71 ■66	■34	●110
前期	後葉 後半		○～50	○40	■62 ●58	○47	●100 ○50	□45	■42	●55 □40 ●35	●51 ○～50 ○30
	末葉		●83	○65	●74 ◎54 ◎36 ◎30	○44	●139	●115 ●94 ●88 ◎76～	●81 ●57	●90? ●87 ○56 ○30	○40 ○30
	前葉				●128 ○30～	●40	●40			●65 ◎58 ○40 ○35	●40 ●40 □30
中期	中葉					○42	○30		○60	●173 ◎80 □64	○50 ○30
	後葉								○38 □36	●114 □70? ○38 □37 □32	◎42
	末葉		●50			□36				●50?	

後半から中期いっぱいにかけて、複数地域をまたいで格の高い墳形（黒塗り記号）が上位、格の低い墳形（白抜き記号）が下位というように、きれいに区分されている。

第三期（中期）にはいると階層構成が単純化する。中期前葉に旧勢力が衰退し、代わって長岡の恵解山《えげのやま》古墳（一二八メートル）が突出する背景に、河内平野に勃興した新たな「大王権力」が、「それまで奈良盆地東南部の政治勢力と結んでいた向日グループの首長を排除して長岡グループにテコ入れした」結果とみる「政権交替」論的解釈がある〔都出一九八八〕。しかし、古市古墳群との強い関係が推定できる男山古墳群が当期に衰微することや、前期後半に勢威をふるった八幡・伏見・樫原《かたぎはら》・向日が当期から一様にしばらく有力古墳を築かなくなり、当の長岡でも次期に有力古墳が消滅する現象などを考慮すれば、最上位のみを突出させつつ、旧来の有力小地域の墳丘規模を規制する、畿内中枢勢力による造墓策の介在を推定するのが穏当である。

この造墓策の完成形が中期中葉の様態である。前方後円墳は突出した規模の一基（久津川車塚古墳）のみで、本墳を頂点とする久津川古墳群が上位墳を寡占し、ほかの小地域は円墳一基の造営にとどまる。この階層構成は中期後葉にも継続するが、末葉に消滅する。

第四期（後期）の前半には上位の前方後円墳と群集する小円墳群とが隔絶し、中間が淘《とう》汰《た》されてしまう。後期前葉には、列島各地で有力古墳群の多くが衰亡し、新興の有力古墳群が登場する。その政治的反動なのか、後期中葉にはふたたび変動が生じた。

列島規模の脈動の波は京都南部を直撃した。後期前葉には、第三期に有力古墳を築いたほとんどの小地域で有力古墳の造営が停止する。その一方で、有力古墳がそれまで皆無であった嵯峨《さが》野《の》などで続々と前方後円墳が築かれはじめる。ところが中葉には、多くの小地域で複数の前方後円墳が造られ、円墳や方墳は三〇メートル前後になってようやく姿をみせ、上位の前方後円墳と一〇〜二〇メートル前後の新式群集墳の小円墳群とに階層が分断される。そして後葉には前方後円墳自体が姿を消してゆく。こうして、墳丘の形状差と規模差により集団秩序を表示する方式は、列島の大多数の地域と軌を一にして、京都南部でも終焉した。

淀川左岸域の階層構成

五大超大型古墳群を独占する大和川水系とは対照的に、淀川水系には巨墳がとぼしい。それゆえ、両水系に展開した有力集団構造の相違が強調されてきた〔白石一九九九等〕。その淀川水系にも地域差がある。たとえば、弁天山古墳群や太田茶臼山古墳や今城塚古墳といった名だたる古墳（群）が分布し、古墳の自律性が比較的高い淀川右岸域にたいして、左岸域は古墳中期に「王権」の「直轄地」的な開発領域になったと評価されることが多い。その評価は古墳の階層構成にどう反映されているのだろうか。淀川左岸域は北河内に相当するが、比較対象として中河内もふくめて検討する。

淀川左岸域の有力古墳の階層構成を小期単位で復元すると表11のようになる。第一期の北河内は、特定の小地域に一～二基の前方後円（方）墳が築かれ、中小の有力古墳を欠く。中河内には、三〇メートルをわずかにこえる前方後方墳が例外的に存在する。

第二期の北河内は、有力古墳を築く小地域が増え、中小古墳も築かれる。中河内も同様である。これらは陸路と水運をつなぐルート沿いに目だつ。面白いのは、継続して有力古墳を造営するのは森古墳群にほぼ限定され、他地域と同様に前期前葉から後葉後半まで、一一〇メートル前後で頭打ちになっていることである（表8）。京都南部とちがい、ほぼ前方後円（方）墳で有力古墳が占められ、多彩な墳形の階層が構成されていない点も注意される。

第三期の北河内には有力古墳が皆無になる。中河内にしても、中期前葉に第4ランク墳の心合寺山《しおんじやま》古墳（一五七メートル）を筆頭とする数基の前方後円墳が築かれたのち、有力古墳が消えてしまう。ただし、二〇メートル以下の小方墳が数多く造営された。多くの研究者が注目してきたように、北・中河内における前方後円墳の消滅と小墳の増加現象は、各種の手工業生産遺跡の盛行と同調している。車塚古墳群の近傍にある森遺跡は、大規模鍛冶専業集落であり、蔀屋《しとみや》北遺跡やその近隣の讃良《ささら》郡条里《ぐんじょうり》遺跡は複合的な工房群を擁し、馬匹生産の集落としても名高い（中久保二〇一七・諫早編二〇二三）。北・中河内の有力古墳が東高野街道を介して南方の古市古墳群につながることも考慮すると、以上の展開の背景に畿内中

表11　淀川左岸域の有力古墳の階層構成

時期		北河内 穂谷川	北河内 天野川中下流	北河内 天野川上流	北河内 讃良川	北河内 寝屋川	北河内 淀川低地	中河内 生駒西麓中部	中河内 高安山麓北方	中河内 高安山麓南方他
	早期									■33
	初頭									
前期	前葉			●113 ■67						
前期	中葉		●100							■34
前期	後葉前半		●110	●55	●87				●55?	
前期	後葉後半	●108	●50?	■51 ●42					●105? ●70 ○30	
前期	末葉			■65						○34
中期	前葉							●40	●157	●43 ○30
中期	中葉									
中期	後葉									
中期	末葉									
後期	前葉		○40	●85	●70 ●40 ●37 ◎35 ●30	○35		●40	●30 ○30	●62
後期	中葉		●40				◎30		▽50	●60
後期	後葉		○30				○30		▽40 □30	○30
後期	末葉								▽30	○30

＊北河内と中河内の墳長30メートル超墳を時期別・地域別に配列した.
＊各小期の古墳を規模順に配列した.
＊版面の都合により古墳名を省略した.
＊●＝前方後円墳，■＝前方後方墳，○＝円墳，□＝方墳，◎＝帆立貝式古墳，▽＝双円墳．数字は墳長（メートル）．

枢勢力によるコントロールを読みとるべきである。

第三期の停滞ぶりを一掃するかのように、第四期の後期前葉に多数の有力古墳があらわれる。当期最大の前方後円墳（車塚六号墳、八五メートル）の造営は近傍の森遺跡の盛期と連動し、讃良地域の複数の前方後円墳は、蔀屋北遺跡から見上げる山麓部に立地する。畿内中枢勢力の統制下にあったこれらの手工業生産遺跡と密接に関係しながら有力古墳が唐突に復活するのは、当期の淀川左岸域の前方後円墳がこの二遺跡の近辺にしかないこととかかわっている。中河内でも前方後円墳が復活する。後期前葉～中葉の最大規模墳である郡《こおり》川《がわ》西塚古墳（六二メートル）と郡川東塚古墳（六〇メートル）の近隣に、鍛冶集落の郡川遺跡がひろがっていることなどから、北河内と軌を一にする造墓背景を推定してよい。

しかし、北・中河内では後期中葉を最後に前方後円墳の造営がふたたび停止し、おおむね三〇メートル程度の円墳か双円墳《そうえんぷん》が上限規模になる。そして、数十～数百基からなる群集墳が各地で造営されてゆくなか、当地域の古墳時代は終幕をむかえた。

階層構成の共通性と地域性　畿内の中枢部に近い二地域をとりあげ、階層構成のあり方と推移を瞥見《べっけん》した。列島全域に同様の分析を適用しないまま検討を進めるのは危ういが、諸研究を参考にすることで、旧国の全体もしくは半分程度の地域レヴェルにおける、列島広域の階層構成の共通性と地域性をおおまかに抽出することはできる。

第一期は、複数の小地域を包含する特定地域において、少数の前方後円（方）墳が突出し、それ以下との懸隔が大きい。相当に限定された集団のみが有力古墳を築いていたわけだ。三〇メートル未満の小墳は多いが、弥生墳丘墓や方形周溝墓の流れをひく方墳が顕著である。ただし、瀬戸内中〜東部や九州北部のように、前方後円（方）墳の「築造頻度」が高い地域もあるように、前方後円（方）墳の「格」には地域差があった〔大久保二〇〇四等〕。

第二期には多くの小地域が前方後円（方）墳を築くようになり、それらを包括する地域レヴェルで複数階梯を網羅する階層構成が形成される。「前方後円墳体制」的な墳形秩序が一時的に構成される地域が散見するが、まもなく前方後方墳が消失し、それと入れ替わるように帆立貝式古墳が登場する。当期は畿内中枢勢力による列島広域への政治的影響力が強まる時期である。ただ、ランク墳へのコントロールは顕著であるが、各地の階層構成には依然として個性や自律性がみとめられ、コントロールは各地の下位層まで滲透していない。在地秩序を温存させつつ各地の上位層を政治的に包摂することで、列島広域の階層序列を形成しようとする政治戦略を読みとりうる〔和田一九九四〕。

第二期に簇出した前方後円墳は、第三期には淘汰されるかのように激減する。限定された墓域に（大型）前方後円墳を核とする各種墳形が階層構成をなす古墳群が各地にある。

この種の階層構成は、超大型古墳群の階層構成を格落ちさせたものであり、均質性が高い〔和田一九九四〕。京都南部や兵庫南西部（播磨）や岡山南部はその典型である。前方後円墳が築かれなくなる地域（北河内）やごく少数基の造営に抑制される地域もある。いずれにせよ、畿内中枢勢力が各地の造墓と階層構成に容喙《ようかい》している状況を確認できる。

当期に前方後円墳の築造が規制された地域は少なくない。滋賀や兵庫南西部のように、畿内中枢勢力の都合で特定地域の造墓地と造墓集団を逐一選別したかのような現象も指摘されている〔丸山一九七七・岸本二〇一三〕。とはいえ、各地における造墓活動にはまだ自律性がみとめられ〔柴原二〇二一等〕、畿内中枢勢力を介さない集団間交流も活発だった。畿内中枢勢力が古墳の階層構成をつうじて実現できていた序列化は、各地の上位層まであり、地域内部まで直截的なコントロールはおよんでいないと判断したい〔草原二〇二四等〕。文献史学の研究成果に関連づけるならば、「在地首長制」的な間接地域支配〔石母田一九七一〕が、古墳の様態から窺知《きち》できる当期の実態であろう。

この間接性の克服が、第四期に目指された。第1ランク墳の超絶化と下位の前方後円墳の平準化とが同時に進められ、新式群集墳の広域波及をつうじて有力家長層なども政治的に包括する体制の構築がはかられた〔和田二〇〇四〕（図54）。しかし一方で、氏姓制や国造制などの制度支配が列島広域に滲透してゆくにつれ、墳形と墳丘規模を基準にした序列化の政治的効果が薄れていった。

関東に数多くの前方後円墳が築かれ、ランク墳も激増したように、列島広域の上位墳を一律にコントロールしようとする畿内中枢勢力の造墓戦略は後景にしりぞいた。当期の古墳の様相は、旧国レヴェルの地域圏として認識できる。各地の自律性が強まったかにみえる現象だが、在地首長制をつうじた各地の領域支配が滲透していった結果、列島レヴェルの「領域区分」が実現したことの反映とみてよい〔川畑二〇二二〕。こうなるとますます、古墳をつうじた政治的序列化は労多くして益少ないものになってゆく。そうであれば、前方後円墳がまもなく列島各地で消滅するのは、在地勢力の主体的な判断ではなく、畿内中枢勢力の造墓政策によるものと考えるのが妥当である。

被葬者は誰か

巨大古墳の被葬者

ここまでお読みになった読者は、古墳名ばかりが飛びかい、被葬者の個人名が一向にでてこないことに違和感をおぼえるか、不満を感じたかもしれない。『記』『紀』があれだけ雄弁に過去を語っているのに、本書がそれを古墳に関連づけないことを不審に思ったかもしれない。

峻別派VS総合派

それには理由がある。白石太一郎氏によると、文献史料にたいする考古学者のスタンスは二派にわかれるという。「遺跡・遺物を資料とする考古学と、文献史料を資料とする文献史学はまったく方法を異にする学問であり、両方の方法を混用することは許されない」とする「峻別派」と、両者の総合を歓迎する「総合派」との二派である〔白石二〇〇四〕。史料批判の訓練をうけておらず、『記』『紀』を白文で読めもしない考古学者が、その記載内容を考古資料に安易に結びつけたり、あるいは発掘調査に参加したことも実測したこともない文献史学者が、考古資料を挿絵のように利用する研究を目にするにつけ、筆者は「峻別派」でありたいとの念《おも》いを強くする。

『記』『紀』と古墳

『記』『紀』にくわしい方は、前章で追尾したランク墳の展開過程に文献史料との接点を感じとったかもしれない。本章で示す推定暦年代（表12）を加味すれば、さらに強く感じるだろう。大型古墳の前期後葉前半における広域波及に崇神期の「四道将軍」との、後葉後半の広域波及と分布状況に景行期ないし日本武尊《やまとたけるのみこと》伝承との、末葉の西国の海浜部における有力墳の簇生に神功《じんぐう》期の半島派兵との関連性を察知するかもしれない〔和田一九九五・荊木二〇一九・若狭二〇二一a等〕。前期後葉前半に普及する「男」「女」の併葬は、「崇神・垂仁」期の「支配形態の中心が姫彦制」だという推測〔吉井一九六七〕と響きあうかもしれない。各地の有力古墳の造営状況に国造・県主《あがたぬし》の設置を推定する旧来の分析〔斎藤一九六六等〕は、前章の検討と合流しうるかもしれない。

しかし、長年にわたって深められてきた『記』『紀』の史料批判の成果を軽んじて、考古資料と文献史料の繋合《けいごう》に逸《はや》るのは無謀である。具体的な手順とデータを提示し、両者の接点がどのような性質のものなのかを検討する作業を抜きにして、両者の総合を高唱したところで、研究に混乱をもたらし、学問の信頼性を失墜させるのが関の山である。

とはいえ大化前代の、とくに五世紀以前に関する文献史研究の停滞を打開するためには、火中の栗を拾わざるをえない。以下では、別稿〔下垣二〇二三b〕に依拠しながら、史資料をふまえて巨大古墳の被葬者を考察する。筆者は高校生の頃に『記』『紀』を通読しており、考古学者にしては文献を嗜《たしな》んでいるほうである。しかし、カーブを投げられるサッカー選手のようなもので、所詮《しょせん》は素人である。文献史研究者からの返球を期待したい。

採るべき手順

天皇や皇族の陵墓地は『記』『紀』および『延喜式《えんぎしき》』に明記されている。しかし、それらの記載内容には潤色や造作がいちじるしく、信憑性に強い疑問がもたれてきた。考古学からアプローチしようにも、古墳からは墓誌が出土しないし、そもそも陵墓は調査どころか立ち入りすらできない。

かつては、『記』『紀』の陵墓記載を信頼し、少なくとも一部の陵墓の被葬者は確実だという前提で、古墳の暦年代が決められていた。しかしその後、古墳の編年研究が進んだ結果、「古墳時代に属する天皇陵のうちで宮内庁の指定通りだと積極的に承認できるのは一つもな」いとの見解〔森一九七四〕が示され、程度の差はあれ多くの古墳時代研究者がこの見方に賛同した。『記』『紀』の陵墓記載を鵜呑みにする論考〔小野山一九七五等〕は異端となり、正当な非難の対象となった〔森一九八一・川西一九八八〕。

ところが近年、陵墓をはじめとする巨大古墳の被葬者への言及がにわかに増えてきた。古墳の編年研究が時期区分と暦年代の面で躍進したことや、『紀』の信憑性の再評価などが、その背景にあるのだろう。しかし、ごく一部の論考をのぞくと、点（特定古墳）と点（特定記事）を直結する〈つまみ食い〉的な手法に終始し、総じて手順が雑である。複数の点（古墳）と点（記事）を体系的に照合する手法こそが、被葬者の比定に必須である。

『帝紀』への着目

その手がかりになりうるのが『帝紀《ていき》』（帝皇日継《ていおうひつぎ》）である。『帝紀』は現存しないが、その内容や成立経緯に関する復元的研究が深められてきた〔遠藤二〇一五・関根二〇二〇等〕。「天皇騰極《とうぎょく》の次第」「皇子皇女の御系譜」「主要なる御事蹟」を核とする内容が、『記』の「歴代御記」に継承されたとみる〔武田一九四四〕点で、諸説は見解をほぼ同じくする。そこで以下では、『記』から復元される『帝紀』の内容、すなわち①先王との続柄《つづきがら》、②大王（天皇）の名、③治世年数、④后妃・皇子女およびその事蹟、⑤治世中の主要事蹟、⑥享年・歿年月日・陵墓地の各項目〔武田一九四四〕が、巨大古墳の考古学的様相とどのていど整合するかを検討する。

この観点から重要な先駆的検討をなしとげたのが白石氏である。氏は「帝陵級の大型前方後円墳」の所在地の変遷が『帝紀』の記載陵墓の変遷状況と大筋で一致することを明らかにし、「崇神から仲哀《ちゅうあい》・神功までの『帝紀』の記載は、天皇の名や続柄については改変をうけている可能性が大きいが、少なくとも陵墓に関する伝承の信憑性はきわめて高い」と提言した〔白石一九六九〕。すこぶる興味深い検討であったが、当時はまだ埴輪編年も未構築であり、個別古墳レヴェルの照合が十分にできなかった。そして上述のように、記載陵墓への不信感が考古学界で高まったため、後継の研究がつづかなかった。

史資料の整合

現在の古墳編年は、白石氏の提言時とは比較にならないほど深まっており、理化学的な絶対年代のデータも蓄積されている。それらに依拠しつつ、天皇陵古墳を古墳編年に即して配列すると、『記』『紀』の歴代順と古墳の相対順序がじつに整然と対応する（表12）。ここで強調したいのは、点（特定古墳）と点（特定陵墓記事）の対応にとどまらず、前者の点群の系列と後者の点群の系列とが、おおむね矛盾なく対応することである。約二〇の点群からなる二系列が順序正しく整合する事実は重大である。

しばしば実在の初代大王とみなされ、その画期性が重要視されてきた崇神〔吉村一九九八等〕から整合しはじめる一方、それ以前がまるで対応しないことも注目に値する。現崇神陵古墳（行燈山古墳）が築かれた前期後葉前半は、大型古墳の造営と波及における重大な画期である。この符合には意味がありそうだ。他方、本墳以前の超大型古墳（箸墓古墳・西殿塚古墳・桜井茶臼山古墳・メスリ山古墳）は、邪馬台国や「初期ヤマト政権」との

表12　大王の歿年と治定古墳の年代

A.D.	時期	段階	大和他	佐紀	古市	百舌鳥	他	復元歿年
		早期	箸墓(⑦娘)					
	前期	初頭	西殿塚(㉖妃)					
		前葉	桜井茶臼山					
		中葉	メスリ山					
300		後葉前半						⑦娘．百襲姫
			行燈山(⑩)					⑩崇神(312)
								⑪妃．日葉酢媛
		後葉後半		**佐紀陵山(⑪妃)**				⑪垂仁(333)
			渋谷向山(⑫)	**宝来山(⑪)**				
								⑫景行(355)
		末葉		**佐紀石塚山(⑬)**				⑬成務(361)，⑭仲哀(368)
					津堂城山			
				五社神(⑭妃)				⑭妃．神功
400	中期	前葉			**仲津山(⑮妃)**	ミサンザイ(⑰)		
								⑮応神(400)
		中葉			**誉田御廟山(⑮)**			⑮妃．仲津媛
				ウワナベ				⑯妃．磐之媛
		後葉				**大山(⑯)**	太田茶臼山(㉖)	⑯仁徳(433)，⑰履中(438)
						田出井山(⑱)		⑱反正(443)
						ニサンザイ		
		末葉		ヒシアゲ(⑯妃)	**市野山(⑲)**			⑲允恭(460)，⑳安康(463)
500	後期	前葉			岡ミサンザイ(⑭)			㉑雄略(496)
					白髪山(㉒)			㉒清寧(500)，㉓顕宗(502)
		中葉			**ボケ山(㉔)**		狐井城山	㉔仁賢(510)，㉕武烈(517)
					高屋築山(㉗)		**今城塚(㉖？)**	㉖妃．手白香
							河内大塚山	㉖継体(534)，㉗安閑(535)
		後葉					**ミサンザイ(㉘)**	㉘宣化(539)
							見瀬丸山(㊵㊶)	
		末葉						㉙欽明(571)
							平田梅山(㉙)	㉚敏達(585)，㉛用明(587)
600								㉜崇峻(592)

〔凡例〕

＊各時期の主要王陵級古墳を抽出した．

＊丸数字は『記』『紀』の歴代．

＊復元歿年は笠井倭人説〔笠井1953〕による．

＊『記』『紀』の歿年代と整合する治定古墳を太線で囲った．

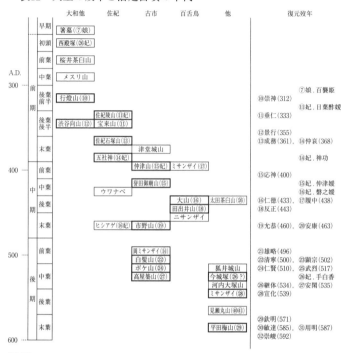

関係で注目が集まる古墳だが、『記』『紀』に関連づけられない。これまた意味深である。

崇神陵以降は基本的に整合するが、齟齬する天皇陵古墳も若干ある。この齟齬については、『帝紀』に依拠して律令国家が陵墓を治定したさいに、あるいは幕末明治期に『延喜式』の記載から陵墓を特定したさいに、誤認が生じた可能性〔北二〇一七〕を考慮する必要がある。後世の誤認を想定しつつ齟齬例を再吟味すると、そのほとんどにおいて、時期的に整合する巨大古墳が近在していることがわかる。

よく知られる事例が、継体陵に治定される太田茶臼山古墳であり、継体の真陵はその東方一キロ半の今城塚古墳とみるのが定説である。古市古墳群（図44）内の岡ミサンザイ古墳（仲哀陵）は、仲哀の歿年より一世紀以上も新しい。ところが、『記』において陵墓地とされる「恵賀《えが》の長江」が大和川だとすると〔直木二〇〇五〕、本墳は大和川とほぼ無関係の位置に立地する。むしろ本墳の真北に築かれた津堂城山古墳こそが、旧大和川の流路にほど近く、年代的な矛盾もない。そのように変更した場合、後期前葉の第1ランク墳である岡ミサンザイ古墳の被葬者はどうなるだろうか。現在、「多治比《たじひ》の高鸇《たかわし》」（『記』）に築かれた雄略陵として、島泉丸山古墳が治定されている。だが本墳は、中規模の円墳であり、不自然きわまりない。むしろ高鷲《たかわし》の地に隣接し、本墳から一キロ半ほど離れた岡ミサンザイ古墳が最有力候補となる。百舌鳥古墳群（図45）に目を向けると、上石津ミサンザイ古墳（履中陵）が履中の歿年と食い違うが、東方二キロに位置するニサンザイ古墳を履中の真陵と解すれば、時期的な齟齬はほぼ解消する。このほか、武烈陵は古墳ですらないが、南方約三キロの地に時期的に整合する狐井《きつい》城山古墳が築かれている。

以上のように、崇神以後の歴代大王の順序は、考古学から復元される⑥（陵墓地）の編年順序と高度な整合性を示している。不整合例は、律令期以後の（再）治定時に近隣の古墳と取り違えた結果ではなかろうか。

治世年数にせまれるか

次に③（治世年数）をとりあげる。ここでは笠井倭人氏の論文〔笠井一九五三〕を援用する。笠井氏は『紀』の歴代天皇の年紀に空白年次が多いことに着目し、有記事年次の総和が真の治世年数であることを論証し、国外文献との接点も加味して崇神以降の紀年を再構成した。表12には、理化学年代や紀年銘資料なども勘案した考古学的な推定暦年代（左端）と笠井氏による歴代天皇の復元歿年（右側）を盛りこんだ。

考古学的な年代比定は多くの仮定に依存するため、特定古墳の造営時期を年単位で決定することはほぼ不可能である。笠井氏の論証にたいしても批判があるし〔鎌田二〇〇四〕、当人も当該論文を単行本に収録するさいに、成務以前の分析を削除している〔笠井二〇〇〇〕。隣接する代の大王の復元治世年数がしばしば近似するなど、不自然な点も散見する。

笠井氏の仮定が正しいとしても、伝承してゆくなかで年次の脱漏や増減が生じることは当然ありうる。したがって、軽率に議論を展開することはためらわれるが、歴代大王の歿年と治定古墳の推定暦年代が高度に整合する事実は看過できない。

なお、有記事年次数と治世年数に有意な連関をみる笠井氏の仮定に関して、領域国家期からハンムラビ時代にいたる古代メソポタミアにおいて、「王の功業によって年を示す」「年名」が使用されていた事実〔前田二〇一七・告井二〇一四〕は、『帝紀』編纂以前における上記③⑤の伝承形態を推定するうえで興味深い示唆をあたえてくれる。

治世年数と墳丘規模

面白いというか不思議というか、復元された歴代大王の治世年数と陵墓の墳丘規模には正の相関関係がみとめられる。上記のように、齟齬する一部の治定古墳を整合する近隣の（超）大型古墳に変更したうえで、崇神から欽明までの一八人の大王にたいして、その治世年数と陵墓の墳長に順位をつけてみた。なお、候補となる陵墓を比定できない安康《あんこう》（治世三年）と顕宗《けんぞう》（治世二年）は検討対象から除外している。表に明らかなように、治世年数（☆）と墳長（★）の順位がかなり近接している（表13）。

そこで両者の散布図を作成し、相関係数を算出したところ、〇・七六九という数値が弾きだされた（図57）。これは一般に「かなり強い相関」とされる数値である。要するに、在位年数が長いほど陵墓も大きくなる〔水野一九九〇〕、というわけだ。

これは奇妙な相関である。超大型古墳には数年以上、大山古墳や誉田御廟山古墳のクラスになれば少なくとも一〇年以上の造営期間を要するので、歿後の造墓開始は現実的でない。世界に目を向ければ、メソポタミアのジッグラトや中南米のピラミッドの増築、ガンダーラのストゥーパの増広《ぞうこう》のように、長年月にわたってモニュメントを拡張する事例がある。アンコール王朝では、統治年数が長期にわたる王のみが寺院などの巨大モニュメントを建造できたという〔石澤二〇〇九〕。しかし、在位期間の延伸に応じて規模を拡大するような工法は、前方後円墳では確認されていない。

じつはこの現象は、本書で開陳した私見からすれば、とりたてて奇妙でも不思議でもない。私見では、（超）大型古墳の切れ目ない併行造営は、複数の権力資源の円滑なコントロールにつながる。実際、畿内の超大型古墳群では複数の（超）大型古墳がつねに併行して築造されていた。とすると、在位が一定の年数に達するごとに、より大きな陵墓の造営に切り替え、旧墓は王族などの関係者に割りあてていた、との仮説を提示できるかもしれない。とはいえ以上の考察は、復元された治世年数案に立脚し、しかも一部の陵墓を変更しているので、あくまで仮説の域をでない。後考を待ちたい。

墳長★ 治世☆	崇神	垂仁	景行	成務	仲哀	応神	仁徳	履中	反正	允恭	雄略	清寧	仁賢	武烈	継体	安閑	宣化	欽明
1位							☆★				☆							
2位						★												
3位						☆												☆★
4位								★										
5位			☆★															
6位		☆									★							
7位	★									☆					☆			
8位		★																
9位	☆									★								
10位				★									☆					
11位					☆★									☆				
12位															★			
13位				☆					★									
14位								☆	☆					★				
15位																	★	
16位												☆	★			★	☆	
17位																		
18位												★				☆		

＊下線をほどこした大王の陵墓は，齟齬する治定古墳を整合する近在古墳に変更した．
＊候補になる陵墓を比定できない安康と顕宗を除外した．

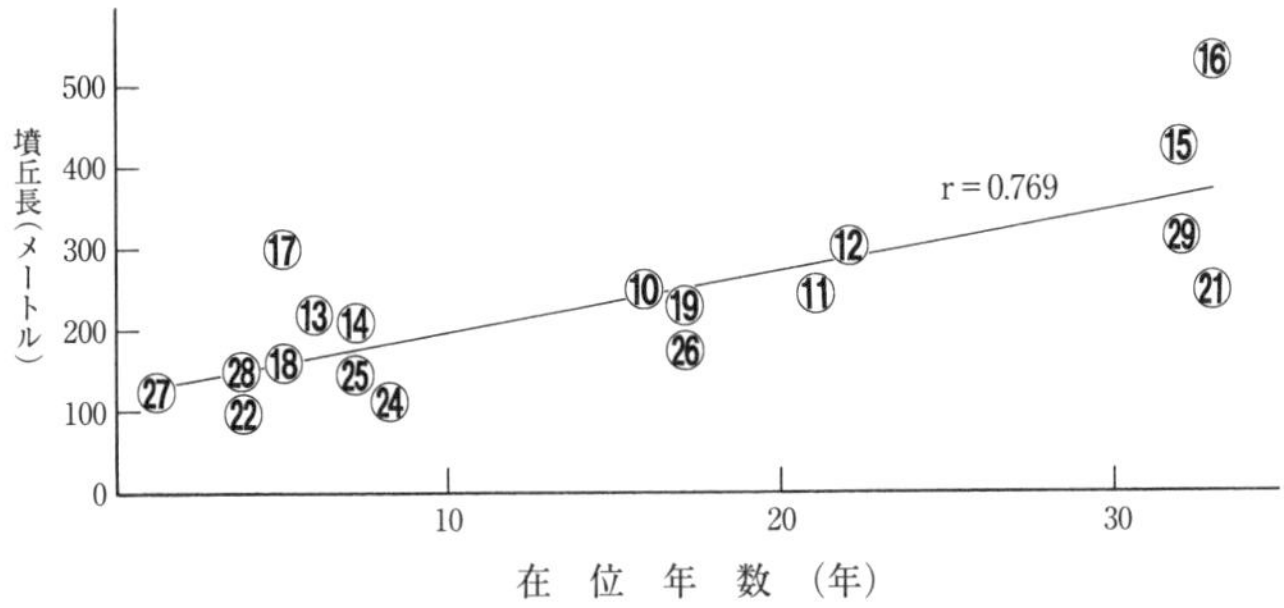

図57　大王の治世年数と陵墓の規模の相関

＊丸数字は『記』『紀』の歴代

表13　大王の治世年数と陵墓の規模

復元歿年代	治世(年)	順位	墳長(m)	順位
⑩崇神(312)	16	9	242	7
⑪垂仁(333)	21	6	240	8
⑫景行(355)	22	5	300	5
⑬成務(361)	6	13	219	10
⑭仲哀(368)	7	11	210	11
⑮応神(400)	32	3	425	2
⑯仁徳(433)	33	1	525	1
⑰履中(438)	5	14	300	4
⑱反正(443)	5	14	156	13
⑲允恭(460)	17	7	230	9
㉑雄略(496)	33	1	245	6
㉒清寧(500)	4	16	115	18
㉔仁賢(510)	8	10	122	16
㉕武烈(517)	7	11	140	14
㉖継体(534)	17	7	181	12
㉗安閑(535)	1	18	122	16
㉘宣化(539)	4	16	130	15
㉙欽明(571)	32	3	310	3

＊丸数字は『記』『紀』の歴代.
＊治世年数は笠井倭人説による〔笠井1953〕.

被葬者は記憶されたか

ここまでの検討をふまえると、前期後葉前半から歴代大王の騰極次第（日《ひ》嗣《つぎ》）・陵墓地（⑥）・治世年数（③）が記憶（ないし記録）され、伝承されはじめた蓋然性が高いことになる。ただしその背後に、高度な記憶（記録）システムを想定する必要はない。たとえば「▽の児△、治天下○年、御陵は□にあり」といった単純な内容で歴代大王の情報が伝承されていても、上記のような整合性が生じうるからだ。なお、大王の歿年月日（⑥）について、干支の採用は雄略朝前後にくだる〔鎌田二〇〇八〕ので、伝承されてきた歴代の治世年数にもとづき、干支をあてがって決めたのだろう。

「装置としての前方後円墳」の章で展開した議論を適用すると、有力古墳と被葬者に関する情報を保持することは、重要な社会的営為であった。少なくとも古墳後期以前には、有力集団の安定的継続にも「首長」位の継承システムにも制度的な保証がなかった。そうした状況下において、古墳の（継続的）造営は、有力集団の同一性とその結節軸たる「首長」位の継承とを保証し、（歴代）「首長」の情報を後代に伝える機能をはたしていた。したがって、上記のような整合性は、むしろ当然のこととすらいえる。

大王名はわからない

ただし、古墳からわかることは決して多くない。治定古墳の文献情報に関して考古学が検証できるのは、日嗣の順序と陵墓地と治世年数に限定される。これらの情報が古墳とともに記憶（記録）され、『記』『紀』の原史料に編入された可能性を提言したい。他方、先王との続柄（①）・大王名（②）・主要事蹟（⑤）・享年と歿年月日（⑥）について、考古学的な手がかりはほとんどない。それらは文献史学が追究すべき事柄であり、とくに潤色や造作が濃厚な①と⑤に考古学者がふみこむのは軽率かつ危うい。

后妃の陵墓

天皇陵古墳のほかにも（超）巨大古墳は数多い（表3）。しかし遺憾ながら、有効な史資料が少ないため、文献記事と墳墓の系列を体系的に照合する分析法をとれない。ただデータ数は少ないが、垂仁妃・仲哀妃・応神妃・仁徳妃の陵墓は、仁徳妃（磐之媛命《いわのひめ》。仁徳在位中に死歿）をのぞいて整合している。なお、磐之媛陵に治定される奈良県ヒシアゲ古墳（二一九メートル《メー トル》・中期末葉）の近傍に、時期的に整合するウワナベ古墳（二七〇メートル《メー トル》〜・中期中葉）が所在し（図42）、その規模が大山古墳のほぼ半分であることは暗示的である。

分析の精度が格段に下がるが、ランク墳の被葬者像にせまってみよう（表7・図30）。前期後半以降の第1ランク墳は、そのほとんどが『記』の記載と整合する天皇陵古墳か治定時に取り違えられた可能性のある巨大古墳である。第2ランク以下の天皇陵古墳もあるが、それらはたいてい治世年数の短い大王がつづく小期に属する。

そうした古墳をのぞいたランク墳の被葬者の候補になりうるのは、后妃・皇子女・王族・外戚《がいせき》・権臣《けんしん》、そして諸地域の破格の有力者などだろう。もちろん、これらの身分は重複しうる。なお注意すべきは、巨大古墳であることを根拠にして王族や后妃の陵墓が治定されている可能性を排除できないことだ。その場合、律令期や幕末明治期の為政者らの評価を再現する茶番になりかねない。それゆえ以下の考察は、あくまで試論である。

第2ランク墳で注意を惹くのが佐紀古墳群である。前期後葉後半に宝来山古墳、末葉に五社神古墳という第1ランク墳が築かれたほか、第2ランク墳が継続的に造営される。『紀』には磐之媛命（履中・反正《はんぜい》・允恭《いんぎょう》母）が「乃羅山《なら》」に葬られ、『記』には比婆須比売《ひばすひめ》命（垂仁妃、景行母）を「狭木《さき》の寺間」に、息長帯日売《おきながたらしひめ》命（仲哀妃、応神母）を「狭城《さき》の楯列」に埋葬したとある。この三名はすべて国母であり、そのような陵墓が集中する本古墳群の性格を暗示する。

佐紀古墳群はしばしば丸邇《わに》（和珥《わに》）氏や息長《おきなが》氏に関連づけられる。しかし、舒明《じょめい》朝の修史事業において両氏が『帝紀』にくわえた系譜的操作〔笹川二〇一六〕を考慮すると、そのような見方にはしたがえない。前期後半以降における畿内の古墳の動向と息長氏を関連づける叙述性豊かな見解〔塚口一九九三等〕が、『椿井文書』騒動の余波で潰《つい》えたことは記憶に新しい〔馬部二〇一九〕。

后妃と外戚

前期後葉後半～末葉の京都北部に、二基の第2ランク墳（網野銚子山古墳・神明山古墳）と一基の第4ランク墳（蛭子山古墳）が唐突にあらわれる。この時期にほぼ対応する垂仁期に、同地の美知能宇斯《みちのうし》の娘たちが宮中に召されている。前期後葉から中期にかけて陸続とランク墳が造営された馬見古墳群は、いわゆる葛城氏にかかわる墓域とみなされるが、同氏から多数の后妃が輩出した。中期前葉に二基の第3ランク墳（男狭穂《おさほ》塚古墳・女狭穂《めさほ》塚古墳）を築いた宮崎、中期中葉から末葉にかけて計四基の第1～第4ランク墳（造山古墳・作山古墳・両宮山古墳・小造山《こつくりやま》古墳）がみとめられる岡山南部に、在地豪族が大王に后妃を納《い》れた『記』『紀』伝承がある〔高橋二〇一一〕。宮崎の場合には応神妃と仁徳妃、岡山南部の場合には応神妃と雄略妃、そして仁徳が召しよせた黒《くろ》日売《ひめ》がふくまれ、すべてランク墳の時期と整合する。

これらのランク墳については、后妃の陵墓である可能性にくわえて、外戚集団の墳墓である可能性も想定できる。たとえば、忍坂大中津比売命《おしさかおほなかつひめ》（允恭妃、安康・雄略母）の兄であり、継体（袁本杼命《をほど》）の曾祖父である意富本杼王《おほほど》の墳墓として、太田茶臼山古墳が候補になりうる。本墳は市野山古墳（允恭陵）と時期的に近く、真の継体陵と考えられる今城塚古墳に近在するなど、それなりの状況証拠がある。上記の検討で被葬者が空白になった上石津ミサンザイ古墳（履中陵）を、応神に三人の后妃を納れた品陀真若王《ほむだまわか》の墳墓とみる説もだされている〔高橋二〇一七〕。同じく空白になったヒシアゲ古墳の被葬者については、時期（市野山古墳と同時期）と規模（太田茶臼山古墳と同規模）と佐紀古墳群の性格にかんがみて、忍坂大中津比売命を想定するのも一案である。

このように、大王の后妃と外戚集団の墳墓がランク墳に対応する事例は少なくない。ただし、断片的な文献史料に頼った状況証拠的な試案であり、強く主張する気はない。

王族派遣はあったのか

皇位を継がなかった皇子女もランク墳の被葬者の候補になる。実際、『記』『紀』の「皇子の伝承」が「古墳群の動向の大枠とかなり整合する」との見解もある〔高橋二〇一二〕。しかし、大王と后妃にくらべて文献上の手がかりがあまりに少ない。そこで、別の視点から検討をこころみたい。

一部の文献史学者は、皇子や王族の地方派遣（下向）や分封、その結果としての地方への埋葬を主張してきた〔山尾一九七〇b・原二〇〇二・若井二〇一〇・遠藤二〇二〇等〕。他方で考古学者は、各地に唐突に出現する有力古墳の埋葬施設には在地性が強いなどの理由で、「派遣」説を棄却してきた〔北條一九九〇等〕。とはいえ、「派遣」先に根づいた王族であれば、その埋葬施設に派遣先の様相が濃くなるだろう。逆に、皇子女が母后の出身地で扶育《ふいく》され、「中央」での活躍後に本貫地に帰葬された場合には、活躍の場は「中央」であるのに埋葬施設は扶育地の様相を呈することになる。このように、王族派遣説の当否は、埋葬施設の在地性の濃淡だけでは決めがたい。

古墳時代に適用可能な政体論として注目されてきた銀河系政体論《ギャラクティック・ポリティー》〔Tambiah 一九七六〕では、皇子の「衛星」政体への分封こそが政体間「重力」の変動因だとされるし、分出・分封先で皇子が実力をたくわえる事例は民族誌にもみいだせる〔川田一九七七等〕。「地方に流れ至った大王の末裔」が、その貴種《きしゅ》意識ゆえに叛乱の結集核になりえたとの見解〔北二〇一七〕も、こうした論理や事例と響きあう。考古学からどう応答すべきだろうか。

そこで筆者は、自身の専門である銅鏡の副葬状況に着目したい。古墳時代の銅鏡の多くは、畿内中枢勢力から列島広域の諸集団に配布され、前者から後者への評価が面径の大小や面数の多寡にこめられた。そうであれば当然、派遣（分封）された皇子女や王族の副葬鏡は、卓越した内容を誇るだろう。

副葬鏡が知られるランク墳を抽出し、畿内中枢勢力からの評価が強く反映する画文帯神獣鏡の面数・三角縁神獣鏡の面数・大型倭製鏡（径二〇センチ超）の面数を、奈良盆地内・畿内（奈良盆地外）・近畿（畿外）・東西諸地域（近畿外）で区別して配列すると、興味深い状況が浮かびあがる（表14）。奈良盆地内のランク墳のほとんどに、複数面の画文帯神獣鏡、五面以上の三角縁神獣鏡、二五センチ超の超大型倭製鏡のいずれかが副葬されている一方、奈良盆地外ではそうしたランク墳の割合が低下し、畿外だとほぼ皆無になるのである。

これは派遣（分封）説に否定的な現象である。とはいえ、稀ながらランク外の畿外の有力古墳に超大型倭製鏡の副葬例があるし（松林山古墳・山口県柳井茶臼山古墳（九〇メートル）など）、五面以上の三角縁神獣鏡をおさめた事例（福岡県一貴山《いきさん》銚子塚《ちょうしづか》古墳（一〇三メートル）など）もある。さらに、后妃伝承と畿外のランク墳の様相に接点がある中期は、鏡副葬が低調化する時期であり、そもそも検証ができない。別の考古資料からの検証が必要である。

国造と県主

いっそう信憑性が下がるが、国造・県主と有力古墳の関連性についてもふれておく。国造・県主と諸地域の有力古墳を関連づける研究は、部分的な言及までふくめると、じつに数多く提示されてきた。しかし、点（特定国造・県主）と点（特定古墳）を結びつける検討ばかりで、体系的な照合研究〔斎藤一九六六・原島一九七九〕はきわめて少ない。しかも、そうした照合研究も、精度がいちじるしく低い頃の古墳

近畿(畿外)	東西諸地域(近畿外)
	④那珂八幡86?〔0·1·0〕
	②浦間茶臼山138〔0·0·0〕 ④久里双水95〔0·0·0〕
	③豊前石塚山134〔0·13?·0〕
	④宝来山98〔0·0·0〕
④安土瓢箪山134〔0·0·0〕	④前橋天神山129〔0·2·0〕 ④大丸山120?〔1·1·0〕
④蛭子山145〔0·0·0〕	③中道銚子塚169〔1·2·0〕

表14　ランク墳と副葬鏡（古墳前期）

	奈良盆地	畿内(奈良盆地外)
早期	④ホケノ山86〔3·0·0〕	
初頭	②黒塚134〔1·33·0〕 ②中山大塚132〔0·0·0〕	
前葉	①桜井茶臼山204〔19·26·21?〕 ③下池山125〔0·0·1〕 ④柳本大塚94〔0·0·1〕	②椿井大塚山175〔1·35·0〕 ④西求女塚98〔2·7·0〕
中葉	①メスリ山235〔0·1·0〕 ④大和天神山103〔4·0·0〕	④万年寺山100?〔0·7·0〕 ④一本松塚100?〔0·0·0〕 ④寺戸大塚98〔0·2·0〕
後葉前半	①行燈山242+〔0·0·1〕 ③新山137〔3·9·8〕	③松岳山140+〔0·1〜·0〕 ④久米田貝吹山130〔1·0·0〕
後葉後半	②佐紀陵山207〔0·0·3〕	

＊副葬鏡が判明している古墳時代前期の第1〜4ランク墳を抽出し，その副葬鏡の内訳を示した．

＊ランクは古墳名の前の丸数字で表示した．古墳名の直後の数字は墳長(メートル)．

＊〔　　〕内は副葬鏡の内訳で，画文帯神獣鏡・三角縁神獣鏡・面径20センチ超の倭製鏡の面数の順に表示した．被盗掘墳が大半であることに注意されたい．

＊複数面の画文帯神獣鏡，5面以上の三角縁神獣鏡，25センチ超の超大型倭製鏡のいずれかが出土した古墳には網掛けをした．

編年に依存したもので、残念ながら現在では通用しない。最新の古墳編年から列島広域の照合作業を遂行することが必要であるが、まだ作業の途中である。簡単な予察にとどめざるをえない。

国造と有力古墳の関連性について、後期前葉以降の列島諸地域における「首長墓造営地の固定化」現象を国造設置の結果ととらえる説〔土生田二〇一二〕と、後期末葉の関東における前方後円墳の一斉終焉および円墳・方墳への転換現象を国造設置の結果とみなす説がある〔白石一九九九〕。前者は安定的な首長墓系譜の形成開始を、後者は前方後円墳の終焉を、国造制導入の物証とみるのである。

この観点を援用して、県主記事と有力古墳の動向を対照すると、いくばくかの示唆がえられる。中期前葉の心合寺山古墳（一五七メートル）と中期中葉の久津川車塚古墳（一七三メートル）はいずれも第4ランク墳であり、それぞれ三野《みの》県と栗隈《くるくま》県との関係が説かれることが多い〔高橋二〇一一等〕。いずれの場合も、前期以来の在地の首長墓系譜を統合するかのように大型古墳が築かれ、その後まもなく同地から有力古墳が消え去る。付近に「県守《あがたもり》」「奥《おく》県主《あがたぬし》」という珍しい地名がある兵庫県雲部《くもべ》車塚古墳（一五八メートル）〔藤岡一九七〇〕は、中期後葉に突如として出現する第4ランク墳であり、後続するのは中小墳のみである。こうした記事や地名に、なんらかの信憑性があるとすれば、県主記事に関連する現象は有力古墳の出現だろうか、それとも断絶だろうか。

県主と叛乱伝承

既述のように、前期後半に各地で前方後円墳が激増するが、中期になると少数の大型前方後円墳と周辺の中小墳に整理される現象が広域的にみとめられる。その背後に、畿内中枢勢力による地域支配と序列化の進展が推定されてきた。かつて原島礼二氏は、「五〜六世紀」に頻見する『記』『紀』の叛乱・反抗伝承と「古墳縮小の現象」、そして県の設置地域とに高い相関性をみいだした。そして、県の設定は当地の「政治集団が、大古墳を造営できない地位に転落することを意味した」のだと説いた〔原島一九七二〕。

中期の有力古墳（群）をみると、そのように解釈できる事例が少なくない。三重県随一の美旗古墳群は、中期末葉に第4ランク墳の馬塚古墳を築いたのち衰退する。それを裏づけるかのように、伊勢の朝日郎が「伊賀の青墓」で官軍と戦い誅《ちゆう》せられた記事を雄略紀にみいだせる。同じく雄略紀に、播磨の文石小麻呂《あやしのをまろ》が反逆的なため討たれたとある。その播磨において、中期最大の壇場山《だんじょうざん》古墳（一四五㍍《メートル》・中期中葉）が造営されたのち、しばらく兵庫南部に有力古墳が築かれなくなる。小麻呂の本拠地は御井隈《みいくま》だと記される。『播磨国風土記』に登場する松原御井のことだとすれば、当地と本墳の距離は一〇㌔《キロ》ほどしかない。中期に陸続とランク墳を築いた岡山南部にも反抗伝承が多く、そして県の数も多い。

雄略紀の星川皇子の叛乱伝承と軌を一にするように、同地からランク墳が消えてしまう。古墳時代の最大の「叛乱」は、継体朝を震撼《しんかん》させた「磐井の乱」である。その磐井の墳墓は岩戸山古墳（一三八㍍《メートル》・後期中葉）に比定される。九州北部で最大級の本墳は、同地で中期前半から継続する首長墓系譜の一基であるが、乱後も首長墓系譜は途絶しない。注意すべきは、磐井の子の葛子《くずこ》を国造の初現とみる主流説である。県主と国造が設置された経緯は複雑であろうが、有力古墳の消長に関連づけるなら、継続築造の途絶が県主記事に関連する傾向を指摘できるかもしれない。

射程と節度

本節では、巨大古墳と『記』の『帝紀』的記載との対応性を軸に検討した。そして、歴代大王の治定古墳は考古学的に妥当性が高く、『記』の陵墓地と日嗣の順序が治定古墳の順序と基本的に整合し、さらに復元紀年による治世年数が治定古墳の比定年代とおおむね合致することを明示した。陵墓とともに被葬者の情報が記憶（記録）され、『帝紀』などの編纂時に利用されたのではないだろうか。

また后妃や皇子女、県主や国造と有力古墳とが対応しうる事例も示した。前章でランク墳の動向を復元したさいに、『記』『紀』との接点が少なくないことに言及したが、なぜこのような接点が生じているのだろうか。伝統的な名族一八氏に「墓記」を提出させ、『紀』の編纂材料にしたことが知られている。「墓記」が各氏の「祖先が埋葬された墓（古墳）の所在を示した書類」であるとすれば〔笹川二〇一六〕、その原型は、歴代の首長を墳墓地とともに記憶（記録）したものであろう。そして『風土記』にみられるように、各代の地域首長の時代を〈大王の世〉として伝えた結果、ランク墳の動向と『記』『紀』の記述に接点が生じているのではないだろうか。治定古墳と大王が整合しはじめる崇神から稲荷山鉄剣銘に登場する雄略（獲加多支鹵）までの期間は、およそ一世紀半あまり。幕末維新期から現代までの期間にほぼ相当する。曾祖父が幕末生まれの筆者にしてみれば、記憶や伝承がつながっていても違和感のない時間幅である。

ただし、『記』『紀』の信憑性の復権を安易にとなえる気はない。歴代大王らの名や続柄や事蹟は考古学的に検証できないし、かなり改変されているだろう。だから大山古墳が「仁徳」陵、誉田御廟山古墳が「応神」陵ということにはならないし、ましてや連綿たる皇統が立証されるわけではまったくない。本節ではあくまで、『記』『紀』の『帝紀』的記載の一部が古墳の動向と整合することを主張したにすぎない。そして逆に、古墳の分析をつうじて、『記』『紀』の造作および潤色の実態、そして『記』『紀』の成立経緯にせまりうるのではないか、とも考えている。

前方後円墳造営の論理——公共事業説批判

前方後円墳の政治機能

本書では古墳の機能、とくに前方後円墳の政治的・社会的機能を探ってきた。そして〈差異化の装置〉としての機能、〈同一性保証の装置〉としての機能、〈権力資源の複合媒体〉としての機能の重要性を、具体的な証拠に即して明示した。

古墳内でも古墳間でも多様な「差」、とりわけ「格差」が表示された（〈差異化の装置〉）。当時の流動的な社会・政治状況下で、各地の諸集団はその立場や地位を表示する装置として、前方後円墳を頂点とする古墳を受容した。古墳を構成する祭式の多くは各地に起源を有するが、それらは畿内中枢勢力のコントロール下で統合され、格差を付して各地に還流した。列島の諸集団はみずからの利益のために古墳（古墳祭式）を積極的に受容したが、そこには畿内中枢勢力を最上位とする格差が織りこまれていた。そのため、受容を反復的に継続してゆくなかで、畿内中枢勢力の政治的優位が強化される事態を招いた。有力集団の特定世代を葬った有力古墳は、しばしば視認性に富む場所や水陸の要衝に築かれたが、そのことにより当該集団の同一性が「モニュメント」の形式で顕示された。そうした墳墓を累代的に築くことで、通時的同一性を保証する効果が発揮された（〈同一性保証の装置〉）。

古墳時代の政治秩序を考察するうえで重要なのは、上記のいずれも確固たる権力関係を背景にして、畿内中枢勢力から諸地域の有力集団に強制されたわけではなかったことである。むしろ諸地域側が必要としたからこそ、広域的に受容された。そして、格差を内包した古墳（古墳祭式）の受容が反復された結果、権力関係が構築され増幅されていった。つまり前方後円墳の受容と造営をつうじて、集団間の序列や秩序が相互承認され〔都出一九九一等〕、強化されていったのである。畿内中枢勢力を最上位とするランク墳が広域的に設定され、長期にわたって序列が維持されたことも、同様にして理解できる。

前方後円墳と国家形成

こう論じると、幻想の政治秩序を列島の諸集団が構築していったかのようにも思えてくるが、前方後円墳には実体的な権力基盤を醸成する機能もあった。それが〈権力資源の複合媒体〉としての機能である。（超）大型古墳は、その造営をつうじて経済・軍事・イデオロギー・領域・社会関係などの権力資源が複合的に行使される媒体として機能した。各種権力資源を恒常的にコントロールする支配機構の成立を国家成立の判定基準とみてよければ、超大型古墳群の造営が各種権力資源のコントロールと安定的に噛みあった古墳中期の畿内に国家が誕生していたと判断できる。

前方後円墳は、その継続的造営をつうじて権力が増幅してゆく装置であった。その効用ゆえにか、各地の有力集団がこぞって採用した。しかし、畿内中枢勢力を最上位とする格差が設定されていた。そのため、各地で造墓がくりかえされてゆくうちに、列島広域の集団格差が進行し、畿内中枢勢力を頂点とする王権構造が強化されていった。国家の成立にいたるまで社会の求心化と序列化を駆動した装置、それが前方後円墳であった。

古墳公共事業説

ところが近年、冒頭でふれたように、上記の前方後円墳像と対極的な古墳像が人気を博しはじめてきた。（大型）古墳は公共事業として、窮民の救済（失対）事業として造営されたのだ、とする説である。これを古墳公共事業説とよぶことにしよう。学術書や学術論文としてではなく、一般向けの概説書や学習漫画、テレビ番組やＳＮＳなどをつうじて世間にひろがりつつある。以下、前稿〔下垣二〇二二b〕に即して、複数の観点から古墳公共事業説の問題点について検討する。

ピラミッド公共事業説　古墳公共事業説は、その論理構成といい用語系といい、ピラミッド公共事業説の日本版とみてよい。実際、ピラミッド建造が引き合いにだされることが少なくない。ピラミッド公共事業説は、通俗書やテレビ番組などで長年にわたって喧伝されてきたので、ここで解説する必要もあるまい。この説の主唱者であり、国内に普及させた吉村作治氏が明記するように〔吉村二〇〇一等〕、その起点はクルト・メンデルスゾーン氏の著書『ピラミッドの謎』である〔メンデルスゾーン一九七六〕。ところが奇妙なことに、本書には「公共事業」（public project）も「失業対策」も登場しない。ピラミッド建造が「共同の、報酬のある事業」であることは指摘されているが、本書の主張の核心は、〈出現期の国家が中央集権システムを整備する手段として、ピラミッド建造という大規模共同事業（common task）を編成した〉ことにあり、〈労働と引き換えに庶民に食糧や職をほどこした〉ことではない〔Mendelssohn 一九七四〕。ところが本書の刊行後すぐに、ピラミッド建造を「公共事業」「失業対策」とする見解が国内にあらわれ〔板倉一九七六等〕、学術的な手続きをへないまま世間に普及してしまった〔吉村監修一九八〇・一九九四等〕。

国外の研究を見渡すと、ピラミッドの反復的・長期的造営をつうじて中央行政機構や徴税制度が整備され、中央集権国家が発展してゆく側面に力点がおかれており、日本のようにピラミッド建造を福祉事業のように評価していない。どうも古墳公共事業説は、骨子を勘違いしたままマスコミ経由で日本国内に流布した換骨奪胎《かんこつだったい》版メンデルスゾーン説を、孫引き的に流用した代物《しろもの》ではないかと疑われる。

捻れる学説

じつは、（超）大型古墳の反復的造営が権力資源の複合的・恒常的コントロールを発効させ、集権支配と国家形成の基礎条件を形成したとみる筆者の考えは、オリジナル版のメンデルスゾーン説にかなり近い。巨大な墓の恒常的造営が、組織編成を多面的に促進し、そのことが中央集権システムの形成に帰結したと説く点で、メンデルスゾーン説と筆者の説には根本的な同型性がある。

要するに、換骨奪胎版メンデルスゾーン説に類似する古墳公共事業説を疑問視する筆者の造墓観が、オリジナル版メンデルスゾーン説と親近性をみせるという、捻《ねじ》れた状況が生じているのである。捻れの原因を複数の側面から指摘しよう。

事実面・論理面の問題点

ピラミッドや古墳の造営者には食糧などが支給されただろう〔河江二〇一五等〕。しかし、そもそも造墓者への「報酬」なり「給付」なりの大半は、もとをたどれば人民の生産物である。租税などの形式で収奪した生産物を再分配して造墓者を済民するくらいなら、はじめから減税すればよい。

大土木事業の公共事業説に関して、落合淳思氏が興味深い思考実験を披瀝《ひれき》している。その結論を要約すると、支配者はみずから生産せずとも、徴税を原資に人民を動員して土木事業を遂行し、そのうえ徴発人民に「余剰穀物」を支給して「恩恵」さえ垂れることができ、徴発された人民にしても、作業現場近辺を行き交う交易品を獲得する「利得」があったのだという〔落合二〇一二〕。

ただし、人民への余沢《よたく》はあるにしても、利得の大半が支配者に吸収され、落合氏が強調するように支配者は「何一つ失うことなく」土木構築物を手にする。客観的には、収奪された人民自身の生産物の一部が労役をつうじて還流しているだけなのだが、それが利得のごとく感じられるメカニズムにこそ、目を向けるべきである。

ピラミッド建造の論理

エジプト考古学においても、太陽神の化身《けしん》であり全世界の繁栄をになうファラオへの全土的信仰が前提になり、ピラミッド建造への参加がファラオの栄光にあずかる行為たりえたと説かれることが多い。造墓への労働提供と引き換えに収奪物の一部が還流する事象が、太陽神信仰というイデオロギー的外皮を介在させることにより、人民が造墓に自発的に参加して恩恵をほどこされるかのごとく擬装されるわけである。ファラオの死後の永遠にあやかることが、人民の自発性の源泉であったとすれば、それは「死にがい搾取」というべきものだろう。

このメカニズムは、しばしば上下相和す麗《うるわ》しい関係であるかのように説かれる。しかし、たとえ当事者の主観に、造墓に参加する喜びや誇りの側面があったにせよ、そこで分析を止めるようでは歴史学の名に値しない。そうしたメカニズムに「喜びを感じて」しまう人類の「性向を巧みに利用して、大ピラミッドの建造を強制労働とみえなくしている社会の仕組み」が追究されねばならない〔勅使河原二〇一三〕。同じことは古墳造営の論理にもそのまま該当する。

ピラミッド建造における寛大で「ゆるい」労働管理がしばしば強調されるが、そこであげられる証拠はたいてい、ピラミッド建造と関係のない「王家の谷」の職人村〔新王国時代〕の発掘情報であり、ギザの三大ピラミッド〔古王国時代〕より一〇〇〇年以上も新しい〔ビアフライヤー一九八九等〕。そもそも、古王国時代において識字能力者は一握りのエリートであり、その書きこみを労働者全般に拡大解釈することはできない。そのような怪しい情報を古墳造営の解釈に援用するよりも、時期や地域の近い事例を探すほうが、議論は生産的になろう。たとえば魏代の曹氏一族墓の塼《せん》には、過酷な造墓に駆りだされた者の「不満の心情」が刻まれている〔関尾二〇一九〕。

楽しい発掘経験

古墳研究者は、学生の頃から数多くの古墳の発掘調査を経験している。きびしい〔時に劣悪な〕環境下で無償の重労働に従事した発掘であっても、参加者が一丸となり歴史の解明をめざした輝かしい経験として記憶され、懐かしく想起されるのが一般である。最近ふえてきた市民の体験発掘も、ごく短期間とはいえ、人びとが積極的に古墳での作業に参加する姿を研究者に印象づけることになる。研究者のそうした経験は、人民がすすんで造墓に参加する古墳公共事業説に親近感をいだかせるだろう。しかし、古墳に関心のない一般人を、きびしい労働環境の発掘現場に長期間ほうりこんだらどうなるかを想像してみれば、古墳公共事業説を少しは冷静に見直せるのではないだろうか。

メンデルスゾーン説と古墳

メンデルスゾーン説の最大の根拠は、複数基のピラミッドの併行建造現象にある（図58）。このような計画性の高い造営プロジェクトを恒常化することで、「雇用可能労働力」を最大値で固定し、動員労働力を最大効率で利用しつづけた結果、各種の統治機構が整備されてゆき、出現期の国家は「中央集権国家」に変貌した、と結論づけた。その後の調査研究などにより、メンデルスゾーン説の考古学的根拠にも問題があることが判明しているが、その論理は現在も通用している。むしろピラミッド建造よりも、超巨大古墳の造営状況にこそメンデルスゾーン説はよく合致する。

本書で明示したように、超巨大古墳が陸続と造営された古墳中期には、長期間にわたる投入労働人員の恒常的な一定性を推定できる（図24〜26）。造墓と連繫して各種産業が飛

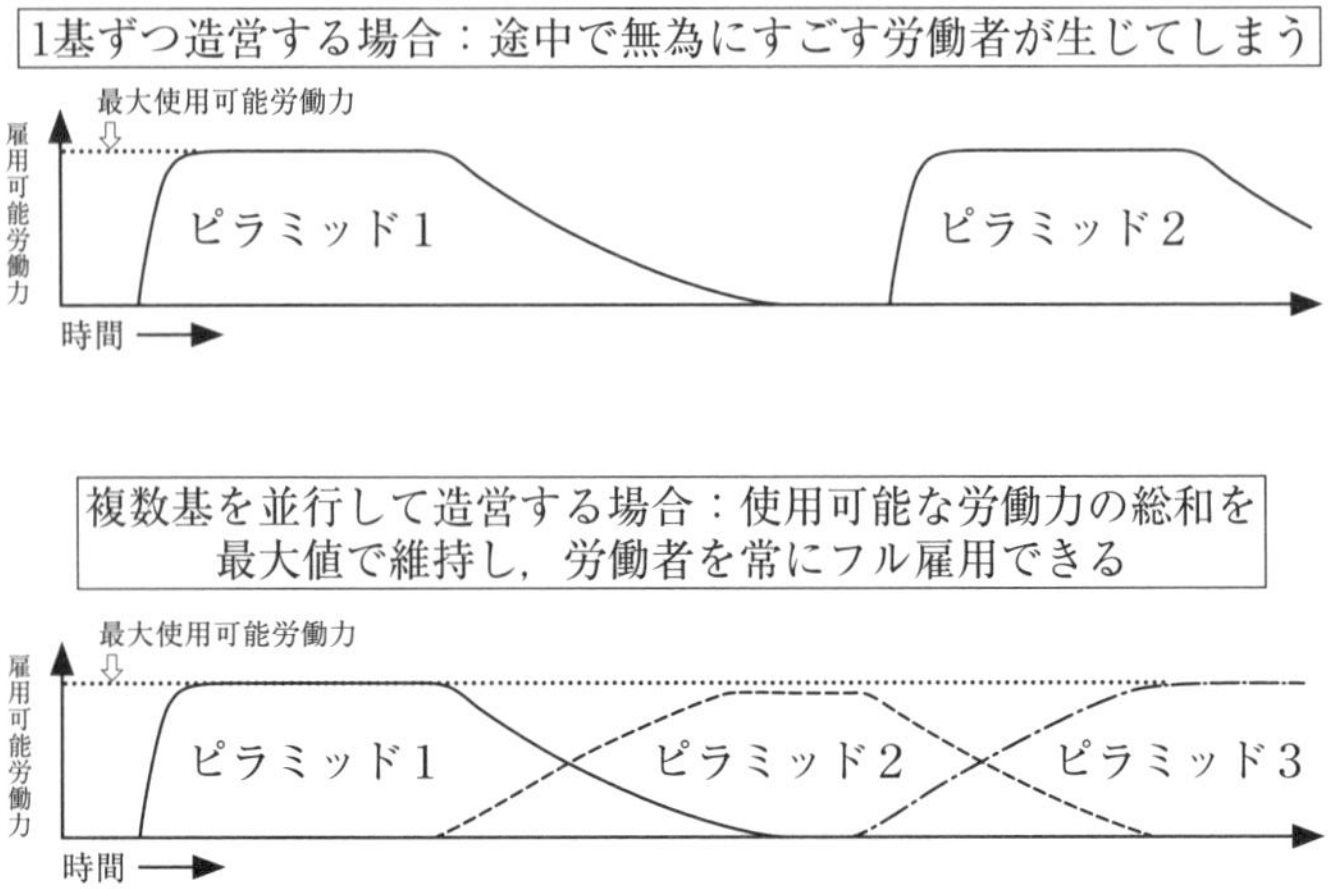

図58　ピラミッドの並行造営仮説〔Mendelssohn 1974を改変〕

躍的に多面化し、有力墳の拠点配置と連動しつつ、畿内の「内部領域」化がはたされた〔菱田二〇〇七〕。筆者は当期の畿内において中央集権化が急速に進行し、国家機構が成立したと考えており〔下垣二〇一八〕、メンデルスゾーン説の図式がきれいにあてはまる。

古墳造営の公共性

各種産業と連動した造墓は「公共」事業ではなかった。中期の畿内に典型的なように、造墓と軌を一にして各種産業が振興したのは事実である。だが、それらの果実が人民を均霑《きんてん》せず、少数の支配者層に還元されるだけであれば、それらを「公共」事業とはよべない。「産墓」連繫事業の余沢に人民があずかることもあったろうが、あくまで有力集団本意の事業であった。たとえば太田茶臼山古墳の造営にともない「大開発」された三嶋の地は、まもなく竹村屯倉《たかふ》として畿内中枢勢力の管轄下にはいった。先述したように、畿内の超大型古墳群の造墓が活況を呈する時期に、東国や西国、そして近畿諸地域の造墓が停滞する事実は、広範な徭役を示唆する。これまた公共事業説と相容れない。

このように事実面・論理面に照らして、古墳時代の造墓には人民に配慮した「公共事業」性も「失業対策」性もまったくみいだせない。それどころか、反復的な造墓は中央集権性を強化し、有力集団と人民の階層的距離をひろげる結果をもたらした。心理的な距離もひらいただろう〔和田二〇二四〕。結果論的に生じた社会への還元を、安直に支配者の善意に読みかえてしまう古墳公共事業説の志向は、歴史事象を捻《ね》じまげるものと評さざるをえない〔小野寺他二〇二三〕。

学史面での問題点

古墳公共事業説に親和的な造墓観は、過去にも提示されてきた。とくに重要な造墓観を構築したのが、唯物史観に立脚しつつも、その教条性を克服し日本列島の史的発展を史資料に即して摸索《もさく》した、一九六〇～七〇年代の「東洋的専制」論および「アジア的総体的奴隷制」論である。

たとえば鬼頭清明氏は、造墓における「非合理的な消費」は、「首長」が「共同体の権威を示す」任務であり義務であったと論じた〔鬼頭一九八二〕。春成秀爾氏も、「首長」が「共同体的事業」としての造墓をつうじて、共同体に向けた「富の豪快な浪費」および再分配の遂行能力を誇示することで、支配秩序が維持されるメカニズムを推定した。古墳公共事業説にいっけん類似するが、造墓の反復が「首長権を強化」し、「貢納物」が「首長層の私富へと、共同体成員の負担する貢租へと転化」してゆく「自己運動」までも視野におさめていた点で、議論のレヴェルに雲泥の差がある〔春成一九八四〕。

こうした造墓解釈を理論的に整備したのが吉田晶氏である。専制君主が隷属民を無制限に強制使役した産物としての巨大古墳という見方を修正し、造墓における人民の搾取にマルクスのいう「神の讃仰のために奉仕するところの労働の集団的諸形態」〔芝原一九七二〕をみいだし、「客観的には、新首長の支配権確立のための労働力の搾取以外のなにものでもない」造墓が、「民衆自身の集団の安全と繁栄をはかるための神聖な集団的（共同体的）行事」だと信憑される「イデオロギー的呪縛」に絡めとられてゆく論理を構想したのである〔吉田一九七三・一九八二〕。

〈羊の皮〉と〈狼〉

要するにこれらの諸論では、剰余労働が造墓を介して搾取され、「小共同体の枠を超えた公共事業や共同体間の利害調節のための機関」が「肥大化・独自化」して専制国家へと転化する道筋を復元したわけだ〔岩永二〇〇二)。その要諦は、造墓にともなう収奪が、民衆のための「公共事業」に擬態するイデオロギー的外皮をまとい、造墓の常態化をつうじてその外皮が剥がれ、専制性が強化されてゆくメカニズムにあった。

ところが古墳公共事業説は、この外皮に気づかない。たとえるなら、上記の諸論が〈羊の皮をかぶった狼〉の正体に（正確には羊の皮をかぶりながら狼が育っていった経緯）に焦点をあてたのにたいして、古墳公共事業説は〈羊の皮〉を〈羊〉本体だと誤認して立論しているわけだ。つまるところ古墳公共事業説は、半世紀も昔の「東洋的専制」「アジア的総体的奴隷制」論の劣化版的（かつ忘却的）な焼き直しにすぎず、イデオロギー的外皮論が抜け落ちたぶん、理論として格段に稚拙化した。そう評価せねばならない。

なぜこんな事態になったのか。それは学問の社会還元という美名のもと、繊細な論理性や史資料との整合性、先行研究との対峙および継承よりも、俗耳《ぞくじ》に響きやすく時流にも沿った「わかりやすい」説明が優先された結果ではないか。現代人の価値観にかなう心地よい歴史像が、「わかりやすさ」を追い風に、通俗書やマスコミ経由で一般社会に滲透してゆく流れは、古墳公共事業説だけでなく一昔まえの「縄文文明」論や「前期旧石器」存在論にも、そして昨今の「持続可能な縄文社会」像にもみいだせる。しかしそれは、学問面はもちろん、社会還元の面でも責任感を欠く行為だ。

社会責任面での問題点

一般読者を対象に自説を述べる場合、社会的責任がともなう。筆者は本書をふくむこれまでの論著において、畿内中枢勢力の卓越性を強調してきたが、右傾的な風潮に資さぬよう配意してきたつもりである。他方、近時の古墳公共事業説はこの点に関して若干の不安がある。以下では、古墳公共事業説が論者の意図に反して、現代日本社会の全体主義化《ファシズム》を学問面から助長しかねないことを指摘したい。

日本社会の右傾化に警鐘が鳴らされて久しいが、むしろ最近では国家社会主義的な全体主義化への傾動が気になる。自由主義下の資本主義に起因する諸問題の是正と解決を国家権力にゆだねることに、ますます抵抗感がなくなっている現今の状況にかんがみるに、この問題提起は考古学の社会関与の面で意味があろう。ファシズムは「上から」のみ組織されると思われがちだが、戦後民主主義下では、小市民的日常が内外の脅威感にさらされることが契機となり、「下から」ファシズムが形成されうるという。終わりのみえない長期経済不況が不安を惹起《じゃっき》し、対東アジア関係の悪化が排外的風潮を昂進《こうしん》させ、あまつさえ震災などの自然災害や疫病への恐怖が、そして国外の戦禍《せんか》拡大への懸念が、小市民的日常に多重的危機感をもたらしている。その結果、国民の国家への依存度は深まりつつある。

近年の考古学界は、自然災害や社会問題に誠実に応答してきた。ただし考古学は、具体的な物証や痕跡から論を進める学問的性格上、災害などに言及するさいに、期せずして小市民的日常への危機感を煽《あお》る側面がつきまとう。そして近年の古墳公共事業説には、とりわけ学習漫画の描写には、いとも無邪気に国家への依存を正当化する側面がみうけられる（本書冒頭参照）。このリスクに無自覚だと、災害や疫病への学問的応答が小市民的日常にたいする不安感を助長しつつ、古墳公共事業説が国家依存を正当化する相乗効果が生じ、考古学がはからずもファシズム化を学問面から支援する事態になりかねない。

学問の社会的（被）影響性

なにも筆者は、国家的介入を頭ごなしに否定しているわけではない。しかし敗戦後の日本の考古学界は、国家権力の暴走や学問への介入に異議を突きつけてきた。そんな考古学界が、国家権力の介入にはからずも学問的裏づけをあたえる事態にならないためにも、自身の学問的営為の社会的（被）影響性に自覚的であるべきだ。

注目すべきことに、近年の古墳公共事業説の典型的な描写を早い時期に提示したのは、「新しい歴史教科書をつくる会」の創設期の中心メンバーであった漫画家の小林よしのり氏である。小林氏は、中韓からの批判を甘受しないために「公」と「愛国心」を涵養すべきだと力説する漫画作品のなかで造墓をとりあげる。古墳を強制労働の産物とする見方を「安易で古い」と却下したうえで、「古墳造営」は「公共事業としてあるいはお祭りとしてにぎやかで景気のいいものだったのではなかろうか？」と推断し、楽しげに造墓に参加する人民の姿を描写する〔小林一九九九〕。その意図は明白である。人民が「公共事業」である造墓に喜んで参加したからこそ、世界に冠たる巨大古墳をうみだし、独自の国家を誕生させることができた、というものだ。二〇一〇年代にはいって造墓の非強制性が、そして古墳公共事業説が急速に一般にひろまったことの背景は、究明すべき意義がある。

『記』『紀』由来の「非合理的な物語や神話」が、「非合理的な天皇制」を延命させるべく、近年になって再来しつつある事態に懸念が示されている〔高木二〇二四〕。学習漫画において造墓が描写されるのは、「仁徳天皇陵」である場合が大半である。人民が墓主（被葬者）を慕って自発的に造墓に参加する姿は、敗戦前の児童教育に重用された「竈《かまど》の煙」説話（仁徳紀）の復活のようにも思える。

「ブーム」で終わらせないために

マスコミや一般書をつうじた折からの古墳ブームが、「百舌鳥・古市古墳群」の世界遺産登録とあいまって、観光資源としての明るい古墳像が前面化してきた。このような古墳像は古墳公共事業説と親和性が高い。多くの人民が自発的に造墓に参加したからこそ、世界に比類ない巨大古墳をうみだせたのだという見方は、現代日本人に矜持《きょうじ》心をあたえてくれるだろう。

だが本書で明示したように、巨大古墳の造営は公共事業ではなく、自発的性格よりも強制的性格のほうが濃厚であった。巨大古墳を観光資源として活用する場合、ダークツーリズム的側面を考慮しなければ過去の事実を捻じまげかねないことを指摘しておきたい。

歴史学の真価は過去に学ぶことにある。史資料は自身に、自地域に、自国に都合のよい過去像をあたえてくれるとはかぎらない。特定の時代や社会の価値観に照らして都合が悪い、あるいは誇らしくない過去であっても、真摯にうけとめ、その証人である遺跡を後世に守り伝えようとする信念をもちうるか。そこにこそ、古墳ブームにせよ縄文ブームにせよ、一過性の商業利用ベースの「ブーム」に終わるか、過去に学び未来に活かす持続的で主体的な営為につながるかの分水嶺《ぶんすいれい》があるだろう。

前方後円墳なかりせば——エピローグ

——巨大さってのは時々ね、物事の本質を全く別のものに変えちまう。実際の話、そいつはまるで墓には見えなかった。山さ。——（村上春樹『風の歌を聴け』講談社、一九七九年）

国家成立の物的媒体

本書では前方後円墳の〈差異化の装置〉〈同一性保証の装置〉〈権力資源の複合媒体〉としての機能を抽出し、畿内中枢勢力を最上位とする序列の形成にはたした役割を軸にすえて叙述した。前方後円墳の全土的かつ長期的な造営をつうじて、のちの制度的支配の基礎が形成されていった。律令国家は列島外から外挿された成文法を基盤とする二次国家であるが、その基礎をなす古墳中期の畿内国家、後期の列島国家の成立には、前方後円墳が基幹的な役割をはたした。

国家が人類の社会編成の普遍的形態でないことが、文化人類学と考古学によって明らかにされてきた。国家形成に向かわない社会もあるし、国家形成への道筋も一線的でなく、むしろ多系的であることは、すでに研究者の共通理解になっている。しかし、ひとたび国家が成立すると、分裂や崩壊をくりかえしつつ、姿を変えて何度もよみがえる。そして周囲の非国家社会を吸収してゆく。その結果、あたかも人類社会の普遍的形態であるかのように、国家が世界を覆い尽くしていった。

人類に後戻りをゆるさない国家がなぜ生じたのか。世界の名だたる学者がこの謎に挑んできた。一介の考古学者である筆者には、手にあまる難問である。ただ、本論で復元した国家形成のメカニズムは、この難問の究明にささやかながら寄与できるかもしれない。

本書では、社会が求心化を進めつつある状況下で、特定の媒体（前方後円墳）が各種の権力資源のコントロールを複合的に発効させた結果、集団関係の統治技術や労働力・資材の操作能力が磨かれ、国家機構の成立にいたった、という筋道をえがきだした。日本列島では、このほかに銅鏡が同じような機能をはたした〔下垣二〇二二a〕。

この論理は、他地域の国家形成にも適用できるのではないか。エジプトのピラミッド複合体《コンプレックス》、殷の青銅器、南米モチェの精製土器などは、複数の権力資源の複合媒体として権力コントロールを発効させた。マヤの都市国家群の石碑やピラミッド、メソポタミアのジッグラト、韓半島の土城や金工品にも、そのような発効作用を看取できるかもしれない。そうした物的媒体は、その特性に応じて集団と物資のコントロールに独特の彩りをあたえた。とすれば複合媒体の相違は、個々の社会に生成した国家の特性と行く末をちがったものにしただろう。

文字史料にとぼしい古墳時代は、国家形成プロセスを解き明かすうえで不利な条件にあるようにみえる。しかし、世界各地の古代文明および古代国家も、非文字状態をへて誕生したことを考慮するならば、豊富な考古資料にたいする緻密な研究を推進してきた古墳時代研究は、むしろ世界の国家・文明研究に有用な寄与をはたせるのではなかろうか。

もしも前方後円墳がなかったら

日本列島に前方後円墳が誕生したのは必然でなかった。この墳形は、弥生墳丘墓の一部に採用された墓道が、古墳出現期に異常発達した産物である。当時は世界的な寒冷期であり、中国では漢王朝の衰退から三国の争覇にいたる激動の時代だった。そうした社会背景を抜きにして前方後円墳の出現は考えられない。

その意味で前方後円墳は、偶然的な歴史状況の産物であった。しかし、ひとたび誕生した前方後円墳は、列島広域の集団関係を整序し、権力関係を増幅する装置として機能した。もしも前方後円墳が誕生しなければ、別の媒体がその機能をはたしただろうか。それとも、広域的な秩序が形成されないまま、列島社会は隋唐王朝の属国にでもなっただろうか。少なくとも、列島史の道筋は大きく変わり、現在のような日本社会はなかっただろう。

邪悪な装置

こんなふうに書くと、前方後円墳は「日本国」誕生のすばらしい立役者のようにみえてくるかもしれない。しかし、ごく少数の有力者のために、大多数の人民が労働提供させられた事実を逸してはならない。他界観や死生観を濃密にまとう古墳に供する労働は、あるいは苦役でなかったかもしれない。エジプトのピラミッド建造のように、造墓への参加が死後の幸福を保証すると信じられていたかもしれない〔山尾二〇〇三〕。被葬者が現世の繁栄を維持してくれると信じられていたかもしれない〔広瀬二〇〇三〕。

しかし、実利のとぼしい労働提供を「搾取」とよんでよいならば、造墓の実働者である人民はまさしく搾取されていた。他界観というイデオロギー的外皮をまとっていたぶん、いっそう狡知《こうち》に長《た》けた搾取であった。「死にがい搾取」とよんでよいだろう。労働規模の拡大に応じて支配者と被支配者の較差を開かせ、支配関係を固定させる機能を発揮した点で、前方後円墳は邪悪な装置であった。

あとがき

古墳ブームにあやかって一般向けの本があれこれ出版されている。その一冊に、おおむね次のようなことが書いてあった。古墳は権力者の墓だと思っていたので興味がもてなかった。けれども、古墳は強制労働の産物ではなく、古墳人の生活と心をささえた大切なものであり、そのため老いも若きも積極的に古墳づくりに参加したのだと思うようになった。昔ながらの造墓観をいだいている人たちに、そんな古墳の大切さを伝えたいので筆を執った、と。知られざる真実を知ったので多くの人に伝えたい、という気持ちはわからないでもない。しかし気をつけないと、陰謀論者と同じ轍《てつ》を踏むことになる。

一般向けの古墳の本は、一部にすぐれたものもあるが、たいていは通俗書の継ぎ接《は》ぎであり、学問的成果が反映されていない。その結果、上記のような盛大な勘違いが生じる。そこで本書は、明るく楽しい古墳像で読者を心地よくする方針をとらず、筆者が学問的に重要だと判断した論点を提示した。あまりむずかしくならないよう配慮したが、それでも難解さは残った。深くお詫びしたい。

もうひとつ気になるのが、グッズ展開など古墳の商業消費が前面化していることである。かつて、古墳をふくむ多くの遺跡が、都市開発や道路開発などにより次々と破壊され、この世から姿を消した。破壊の波に立ち向かい、保存運動と法整備を進めていった市井の方々と研究者の尽力があって、現在の整備された遺跡や古墳があることが忘れられがちである。市民にせよ研究者にせよ、整備された古墳を提供してもらうお客さん気分にとどまっていては、今後の破壊から古墳を守ることはむずかしい。私たちは、残された古墳を将来へ継承してゆく責任をになう主体でもあるのだ。

筆者はこのところ、小説や漫画に出てくる考古学者の集成にいそしんでいる。すでに三〇〇〇人を突破し、数でいえば郷里の牛どころか村民数すらこえてしまった（『フィクションの考古学者集成』二〇二四年）。そうしたフィクション作品を通覧すると、失われた古代文明をめぐる大冒険だの、秘宝の探索だの、学界のどす黒い陰謀だのといった、実際の考古学の活動とは無関係な話ばかりである。近年では、自分探しや一風変わった「私」のコーディネート要素として発掘や遺跡がちりばめられる傾向にある。他方、遺跡の保存活動を主体にすえた作品は皆無に近い。フィクション作品の影響力を考えると、これは由々しき問題である。

本書は、筆者の古墳研究を要約的にまとめたものである。本書の前半は学生時代から二〇一〇年代までの論著にもとづいている。後半は、文化財保存全国協議会の結成五〇周年大会での講演を依頼され、なんとか組みあげた考察を軸にしている。このような志操高き会の記念すべき大会で講演させていただいたことを光栄に思う。

前著と同様に、本書の執筆も吉川弘文館の石津輝真さんに大いに助けられた。篤く感謝申しあげると同時に、昨年二月なかばに書きあげながら作図の遅れで出版がずいぶん延びてしまったことをお詫びしたい。

二〇二五年一月一日

下垣仁志

引用文献

青木敬　二〇一〇「白色円礫」岸本直文編『玉手山一号墳の研究』大阪市立大学日本史研究室

朝里樹監修　二〇二二『日本怪異妖怪事典』近畿　笠間書院

朝日格　二〇二二「古代の交通路から見た百舌鳥・古市古墳群について」『古代学研究』第二三四号　古代学研究会

阿部知二　一九五四『朝の鏡』朝日新聞社

甘粕健　一九六五「前方後円墳の研究」『東京大学東洋文化研究所紀要』第三七冊　東京大学東洋文化研究所

甘粕健　一九七一「古墳の成立・伝播の意味」岡崎敬他編『古代の日本』第九巻　研究資料　角川書店

甘粕健　一九七五「古墳の形成と技術の発達」『岩波講座　日本歴史』一　原始および古代一　岩波書店

諫早直人　二〇一二「馬匹生産の開始と交通網の再編」一瀬和夫他編『古墳時代の考古学』七　内外の交流と時代の潮流　同成社

諫早直人編　二〇二三『牧の景観考古学』京都府立大学文学部

石川昇　一九八九『前方後円墳築造の研究』六興出版

石澤良昭　二〇〇九『興亡の世界史』第一一巻　東南アジア　多文明世界の発見　講談社

石田大輔編　二〇二四『大和古墳群と柳本古墳群』天理市教育委員会

石野博信　一九七六「大和平野東南部における前期古墳群の成立過程と構成」『日本史論叢』横田健一先生還暦記念会
石母田正　一九四八「古代貴族の英雄時代」『論集史学』三省堂（原秀三郎編『歴史科学大系』第一巻日本原始共産制社会と国家の形成　校倉書房　一九七二年に再録）
石母田正　一九七一『日本の古代国家』岩波書店
磯前順一　二〇二三『石母田正』ミネルヴァ書房
板倉勝正　一九七六「大ピラミッド」『古代遺蹟とＵＦＯの謎』文藝春秋
井上貴央他　一九九六「市宿横穴墓群から検出された人骨について」小高幸男編『市宿横穴墓群発掘調査報告書』財団法人君津郡市文化財センター
荊木美行　二〇一九「「四道将軍伝承」再論」『皇學館論叢』第五二巻第六号　皇學館大学人文学会
今井堯　一九八二「古墳時代前期における女性の地位」『歴史評論』三八三号　校倉書房
今尾文昭　一九九四「大形前方後円墳・墳頂平坦面の整備と変遷」『橿原考古学研究所論集』第十一吉川弘文館
今津勝紀　二〇二二『日本古代の環境と社会』塙書房
岩崎卓也　一九八九「古墳分布の拡大」白石太一郎編『古墳』吉川弘文館
岩崎卓也他　一九六四「長野県における古墳の地域的把握」『日本歴史論究』考古学・民俗学編　文雅堂銀行研究社
岩永省三　二〇〇二「階級社会への道への途」佐原眞編『稲・金属・戦争』吉川弘文館

岩本崇　二〇二〇『三角縁神獣鏡と古墳時代の社会』六一書房
上田直弥　二〇二二『古墳時代の葬制秩序と政治権力』大阪大学出版会
梅本康広　二〇一八「五塚原古墳出土埴輪整理中間報告」梅本他編『向日市埋蔵文化財調査報告書』第一〇八集　向日市教育委員会
卜部行弘編　二〇〇四『前方後方墳』奈良県立橿原考古学研究所附属博物館
遠藤慶太　二〇一五『日本書紀の形成と諸資料』塙書房
遠藤慶太　二〇二〇「景行紀の二人の皇后」『國學院雑誌』第一二一巻第一一号　國學院大学
近江俊秀　二〇〇六『古代国家と道路』青木書店
大久保徹也　二〇〇四「前期前方後円墳の築造頻度と規模構成」広瀬和雄他著『古墳時代の政治構造』青木書店
太田宏明　二〇一七「首長墓系譜論と古墳時代の集団組織原理」『古代学研究』第二一一号　古代学研究会
大津透　二〇一七「解説」石母田正著『日本の古代国家』岩波文庫　岩波書店
大塚初重　二〇一〇「古墳研究の折おり（三）」『考古学の履歴書』アルカ
大塚初重他　一九六八「茨城県舟塚古墳」『考古学集刊』第四巻第一号　東京考古学会
大林組プロジェクトチーム　一九八五「現代技術と古代技術の比較による仁徳天皇陵の建設」『季刊大林』二〇　大林組広報室
大藪由美子　二〇一三「和田山一・二号墳出土の人歯について」菅原雄一編『能美古墳群』総括編　能

美市教育委員会
岡林孝作他編　二〇二四『桜井茶臼山古墳の研究』奈良県立橿原考古学研究所
岡本健一　二〇〇八『蓬莱山と扶桑樹』思文閣出版
小澤重雄編　二〇一六『三昧塚古墳とその時代』茨城県立歴史館
尾谷雅比古　二〇一四『近代古墳保存行政の研究』思文閣出版
落合淳思　二〇一二『殷代史研究』朋友書店
小野寺拓也他　二〇二三『検証　ナチスは「良いこと」もしたのか？』岩波書店
小野山節　一九七五「古墳と王朝の歩み」小野山編『古代史発掘』六　古墳と国家の成立ち　講談社
笠井倭人　一九五三「上代紀年に関する新研究」『史林』第三六巻第四号　史学研究会
笠井倭人　二〇〇〇『古代の日朝関係と日本書紀』吉川弘文館
笠原一男責任編集　一九八二『学習漫画　日本の歴史』二　大王の国づくり　集英社
片山一道　一九九〇『古人骨は語る』同朋舎
片山一道　二〇一三『骨考古学と身体史観』敬文社
加藤一郎　二〇二一『倭王権の考古学』早稲田大学出版部
門脇禎二　二〇〇八『邪馬台国と地域王国』吉川弘文館
門脇禎二他　一九六七『体系　日本歴史』第一巻　古代専制国家　日本評論社
鎌田元一　二〇〇四「『古事記』崩年干支に関する二・三の問題」『日本史研究』第四九八号　日本史研究会

鎌田元一　二〇〇八『律令国家史の研究』塙書房
ガロー、オデット（森内薫訳）　二〇二二（原著二〇二二）『格差の起源』NHK出版
河江肖剰　二〇一五『ピラミッド・タウンを発掘する』新潮社
川田順造　一九七七「首長位の継承と政治組織」『民族学研究』第四一巻第四号　日本民族学会
川西宏幸　一九八八『古墳時代政治史序説』塙書房
川西宏幸他　一九九一「古墳時代の巫女」『博古研究』第二号　博古研究会
川畑純　二〇二一「地域圏の解体と再編」『昼飯の丘に集う』真陽社
川畑純　二〇二二「大型古墳の築造と諸勢力関係の整序」『古代学研究』第二三一号　古代学研究会
川畑純　二〇二三「古墳の把握・調査・保存の展開と展望」『文化財論叢』V　独立行政法人国立文化財機構奈良文化財研究所
神庭滋　二〇二二「忍海の渡来人」松田真一編『葛城の考古学』八木書店
神庭滋他　二〇一九「脇田遺跡の研究」『由良大和古代文化研究協会 研究紀要』第二三集　由良大和古代文化研究協会
岸俊男　一九七〇「古道の歴史」坪井清足他編『古代の日本』第五巻 近畿　角川書店
岸本一宏　二〇一二「湊・駅」一瀬和夫他編『古墳時代の考古学』五 時代を支えた生産と技術　同成社
岸本直文　二〇〇八「前方後円墳の二系列と王権構造」『ヒストリア』第二〇八号　大阪歴史学会
岸本直文　二〇二一『倭王権と前方後円墳』塙書房

岸本道昭　二〇一三『古墳が語る播磨』のじぎく文庫　神戸新聞総合出版センター
岸本道昭編　一九九六『新宮東山古墳群』龍野市教育委員会
北康宏　二〇一七『日本古代君主制成立史の研究』塙書房
北野耕平　一九九八「『河内王朝論』と古墳の展開」藤井寺市教育委員会事務局編『大阪の前期古墳』藤井寺市教育委員会
鬼頭清明　一九八二「原始経済の発展」永原慶二他編『日本経済史を学ぶ』上　有斐閣選書　有斐閣
木村理　二〇二〇「古墳時代中期における王権中枢古墳群の埴輪生産」『考古学研究』第六七巻第一号　考古学研究会
清野謙次他　一九三六「阿武山古墳人骨の人類学的研究」梅原末治編『摂津阿武山古墓調査報告』大阪府
草原孝典　二〇二四『古代吉備の集団関係論』同成社
久住猛雄　二〇〇七「「博多湾貿易」の成立と解体」『考古学研究』第五三巻第四号　考古学研究会
蔵本晋司　二〇〇三「四国北東部地域の前半期古墳における石材利用についての基礎的研究」関西大学考古学研究室開設五拾周年記念考古学論叢刊行会編『考古学論叢』上巻　同朋舎
クローバー、アルフレッド（下垣仁志訳）二〇一四（原著一九二七）「死者の処理」『古代学研究』第二〇二号　古代学研究会
群馬県編　一九三八『上毛古墳綜覧』群馬県
河内春人　二〇一八『倭の五王』中公新書二四七〇　中央公論新社

後藤健　二〇一五『メソポタミアとインダスのあいだ』筑摩選書〇一二四　筑摩書房
小林茂文　一九九四『周縁の古代史』有精堂出版
小林敏男　一九八〇「英雄時代」上田正昭他編『ゼミナール日本古代史』下　光文社
小林よしのり　一九九九『新・ゴーマニズム宣言』六　小学館
「古墳ブームにみる遺跡活用の将来像」研究グループ編　二〇一七『「古墳ブームにみる遺跡活用の将来像」研究成果報告書』大阪大学文学部
近藤義郎　一九五二『佐良山古墳群の研究』津山市教育委員会
近藤義郎　一九六八「前方後円墳の成立と変遷」『考古学研究』第一五巻第一号　考古学研究会
近藤義郎　一九八三『前方後円墳の時代』岩波書店
近藤義郎　一九八四「前方後円墳の成立をめぐる諸問題」『考古学研究』第三一巻第三号　考古学研究会
近藤義郎　一九八六「前方後円墳の誕生」近藤他編『岩波講座　日本考古学』六　岩波書店
近藤義郎　一九九五『前方後円墳と弥生墳丘墓』青木書店
近藤義郎　一九九八『前方後円墳の成立』岩波書店
近藤義郎編　一九九一－二〇〇〇『前方後円墳集成』（中国・四国編、中部編、九州編、近畿編、東北・関東編、補遺編）山川出版社
斎藤忠　一九六六『古墳と古代国家』至文堂
坂本太郎　一九六八『国家の誕生』日本歴史全集二　講談社

櫻井準也　二〇一一『歴史に語られた遺跡・遺物』慶應義塾大学出版会
櫻井準也　二〇二三『遺跡と現代社会』六一書房
笹川尚紀　二〇一六『日本書紀成立史攷』塙書房
佐々木高弘　一九八六「「畿内の四至」と各都城ネットワークから見た古代の領域認知」『待兼山論叢』日本学篇　第二〇号　大阪大学文学部
笹生衛　二〇二三『まつりと神々の古代』吉川弘文館
佐原眞　一九九九「日本・世界の戦争の起源」福井勝義他編『人類にとって戦いとは』一　戦いの進化と国家の生成　東洋書林
寒川旭　一九九二『地震考古学』中公新書一〇九六　中央公論社
寒川旭　二〇一二「古墳時代の地震災害」一瀬和夫他編『古墳時代の考古学』八　隣接科学と古墳時代研究　同成社
設楽博己監修　二〇一六『学習まんが　日本の歴史』一　日本のあけぼの　集英社
柴原聡一郎　二〇二〇「前方後円墳の墳丘長の規格性」『東京大学考古学研究室紀要』第三三号　東京大学考古学研究室
柴原聡一郎　二〇二二「前方後円墳設計技術の流通構造」『ヒストリア』第二九五号　大阪歴史学会
芝原拓自　一九七二『所有と生産様式の歴史理論』青木書店
島五郎　一九七二「高松塚古墳出土人骨について（中間報告）」橿原考古学研究所編『壁画古墳　高松塚調査中間報告』奈良県教育委員会他

清水眞一編　一九九一『桜井市　城島遺跡外山下田地区発掘調査報告書』桜井市教育委員会
下垣仁志　二〇一一『古墳時代の王権構造』吉川弘文館
下垣仁志　二〇一七「古代国家論と戦争論」『日本史研究』第六五四号　日本史研究会
下垣仁志　二〇一八『古墳時代の国家形成』吉川弘文館
下垣仁志　二〇二一ａ「古墳の階層構成」梅本康広編『五塚原古墳の研究』分析・考察篇　公益財団法人向日市埋蔵文化財センター
下垣仁志　二〇二一ｂ「巨大古墳造営の論理」『世界遺産と文化財保護の今日的課題』文化財保存全国協議会他
下垣仁志　二〇二一ｃ「椿井大塚山古墳の研究史的意義」『椿井大塚山古墳と久津川古墳群』季刊考古学・別冊三四　雄山閣
下垣仁志　二〇二一ｄ「男山古墳群の動向」『椿井大塚山古墳と久津川古墳群』季刊考古学・別冊三四　雄山閣
下垣仁志　二〇二二ａ『鏡の古墳時代』歴史文化ライブラリー五四七　吉川弘文館
下垣仁志　二〇二二ｂ「古墳公共事業説批判」『季刊考古学』一五九　雄山閣
下垣仁志　二〇二三ａ「大和・河内の前方後円墳群」吉村武彦他編『地域の古代日本』畿内と近国　角川選書六五八　KADOKAWA
下垣仁志　二〇二三ｂ「巨大古墳の被葬者」春成秀爾編『何が歴史を動かしたのか』第三巻　古墳・モニュメントと歴史考古学　雄山閣

白石太一郎　一九六九「記・紀および延喜式にみられる陵墓の記載について」『古代学』第一六巻第一号　古代学協会
白石太一郎　一九九九『古墳とヤマト政権』文春新書〇三六　文藝春秋
白石太一郎　二〇〇三「考古学からみた聖俗二重首長制」『国立歴史民俗博物館研究報告』第一〇八集　国立歴史民俗博物館
白石太一郎　二〇〇四『考古学と古代史の間』筑摩書房
末永雅雄　一九六一『日本の古墳』朝日新聞社
清家章　二〇一〇『古墳時代の埋葬原理と親族構造』大阪大学出版会
清家章　二〇一八『埋葬からみた古墳時代』歴史文化ライブラリー四六五　吉川弘文館
清家章　二〇二四「古墳時代の親族構造論とＤＮＡ分析」『季刊考古学』一六六　雄山閣
関雄二　二〇〇六『古代アンデス　権力の考古学』学術選書〇〇六　京都大学学術出版会
関尾史郎　二〇一九『三国志の考古学』東方選書五二　東方書店
関口裕子　一九九六『処女墓伝説歌考』吉川弘文館
関根淳　二〇二〇『六国史以前』歴史文化ライブラリー五〇二　吉川弘文館
十河良和　二〇〇八「百舌鳥古墳群」白石太一郎編『近畿地方における大型古墳群の基礎的研究』奈良大学文学部文化財学科
十河良和　二〇一一「日置荘西町系円筒埴輪と河内大塚山古墳」『ヒストリア』第二二八号　大阪歴史学会

高田貫太　二〇一九『「異形」の古墳』角川選書　KADOKAWA
高橋照彦　二〇一一「古墳時代政権交替論をめぐる二、三の論点」福永伸哉編『古墳時代政権交替論の考古学的再検討』大阪大学大学院文学研究科
高橋照彦　二〇一七「記紀と考古学の接点からみた河内政権論」堺市文化観光局文化部文化財課編『検証！河内政権論』堺市文化観光局文化部文化財課
高橋照彦　二〇二三「前方後円墳の終焉」春成秀爾編『何が歴史を動かしたのか』第三巻　古墳・モニュメントと歴史考古学　雄山閣
高橋学　一九九七「地形環境からみた巨大古墳」吉成勇編『日本古代史［王権］の最前線』新人物往来社
高群逸枝　一九三八『大日本女性史』厚生閣
高群逸枝　一九五四『女性の歴史』上　講談社
武田祐吉　一九四四『古事記研究』一　帝紀攷　青磁社
辰巳和弘　二〇〇二『古墳の思想』白水社
舘野和己　二〇〇四「ヤマト王権の列島支配」歴史学研究会他編『日本史講座』一　東アジアにおける国家の形成　東京大学出版会
田中晋作　二〇〇一『百舌鳥・古市古墳群の研究』学生社
田中琢　一九九一『倭人争乱』日本の歴史②　集英社
田中元浩　二〇一七「開発の進展と集落の展開からみた畿内地域」『古代学研究』第二一一号　古代学

研究会
田中裕　二〇二三『古代国家形成期の社会と交通』同成社
田中良之　一九九三「古墳の被葬者とその変化」『九州文化史研究所紀要』第三八号　九州大学文学部九州文化史研究施設
田中良之　一九九五『古墳時代親族構造の研究』柏書房
田中良之　二〇〇八『骨が語る古代の家族』歴史文化ライブラリー二五二　吉川弘文館
谷畑美帆　二〇一六「古墳に埋葬された被葬者に関する複合的研究の提示」『駿台史学』第一五七号　駿台史学会
谷畑美帆他　二〇〇四『考古学のための　古人骨調査マニュアル』学生社
塚口義信　一九九三『ヤマト王権の謎をとく』学生社
塚本敏夫　一九九八「仏坊一二号墳に伴う周溝外埋葬の意義とその評価」『仏坊古墳群』須賀川市教育委員会
告井幸男　二〇一四「名代について」『史窓』第七一号　京都女子大学史学会
辻田淳一郎　二〇〇七『鏡と初期ヤマト政権』すいれん舎
辻田淳一郎　二〇一八『同型鏡と倭の五王の時代』同成社
都出比呂志　一九七九「前方後円墳出現期の社会」『考古学研究』第二六巻第三号　考古学研究会
都出比呂志　一九八八「古墳時代首長系譜の継続と断絶」『待兼山論叢』史学篇第二二号　大阪大学文学部

都出比呂志　一九八九ａ「古墳が造られた時代」都出編『古代史復元』六　古墳時代の王と民衆　講談社
都出比呂志　一九八九ｂ「前方後円墳の誕生」白石太一郎編『古墳』吉川弘文館
都出比呂志　一九九一「日本古代の国家形成論序説」『日本史研究』第三四三号　日本史研究会
都出比呂志　一九九四「現代に生きる考古学」『考古学研究』第四一巻第三号　考古学研究会
都出比呂志　一九九五ａ「前方後円墳体制と地域権力」門脇禎二編『日本古代国家の展開』上巻　思文閣出版
都出比呂志　一九九五ｂ「祖霊祭式の政治性」小松和彦他編『日本古代の葬制と社会関係の基礎的研究』大阪大学文学部
都出比呂志　二〇〇〇『王陵の考古学』岩波新書（新赤版）六七六　岩波書店
勅使河原彰　二〇一三『考古学研究法』新泉社
寺沢薫　一九八八「纒向型前方後円墳の築造」森浩一編『同志社大学考古学シリーズ』Ⅳ　明文舎
寺沢薫　二〇〇〇『日本の歴史』第〇二巻　王権誕生　講談社
寺沢知子　二〇〇〇「権力と女性」都出比呂志他編『古代史の論点』二　女と男、家と村　小学館
外池昇編　二〇〇五『文久山陵図』新人物往来社
直木孝次郎　一九六四『日本古代の氏族と天皇』塙書房
直木孝次郎　二〇〇五『古代河内政権の研究』塙書房
中久保辰夫　二〇一七『日本古代国家の形成過程と対外交流』大阪大学出版会

中久保辰夫　二〇二三「王権と手工業生産」吉村武彦他編『地域の古代日本』畿内と近国　角川選書六五八　KADOKAWA
中島正編　一九九九『椿井大塚山古墳』山城町教育委員会
中塚武　二〇一七「高分解能古気候データを『日本書紀』の解釈に利用する際の留意点」『日本書紀研究』第三二冊　塙書房
中橋孝博　一九九九「北部九州における弥生人の戦い」福井勝義他編『人類にとって戦いとは』一　戦いの進化と国家の生成　東洋書林
中村正雄　一九五四「黄金塚古墳発見歯牙について」末永雅雄他編『和泉黄金塚古墳』綜藝舎
奈良拓弥　二〇一〇「竪穴式石槨の構造と使用石材からみた地域間関係」『日本考古学』第二九号　日本考古学協会
新納泉　二〇〇五「経済モデルからみた前方後円墳の分布」『考古学研究』第五二巻第一号　考古学研究会
西川宏　一九六四「吉備政権の性格」近藤義郎編『日本考古学の諸問題』河出書房新社
西嶋定生　一九六一a「古墳と大和政権」『岡山史学』第一〇号　岡山史学会
西嶋定生　一九六一b『中国古代帝国の形成と構造』東京大学出版会
西嶋定生　一九六四「日本国家の起源について」『現代のエスプリ』二　日本国家の起源　至文堂
西嶋定生　一九九二「私と考古学」『博古研究』第四号　博古研究会
仁藤敦史　二〇一二『古代王権と支配構造』吉川弘文館

朴天秀　二〇〇七『加耶と倭』講談社選書メチエ三九八　講談社
橋本達也　二〇一〇「古墳時代交流の豊後水道・日向灘ルート」清家章編『弥生・古墳時代における太平洋ルートの文物交流と地域間関係の研究』別冊　高知大学人文社会科学系
橋本達也　二〇二二「古墳時代の甲冑・軍事組織・戦争」『古代武器研究』一七　古代武器研究会
土生田純之　二〇一一『古墳』歴史文化ライブラリー三一九　吉川弘文館
馬部隆弘　二〇一九『由緒・偽文書と地域社会』勉誠出版
原秀三郎　二〇〇二「大和王権の歴史的性格」『史友』第三四号　青山学院大学史学会
原島礼二　一九七二「県の成立とその性格（四）」『続日本紀研究』第一六三号　続日本紀研究会
原島礼二　一九七九『古代の王者と国造』教育社歴史新書〈日本史〉一六　教育社
原田昌浩　二〇一七『埴輪生産体制の継続と断絶』立命館大学博士学位論文
春成秀爾　一九八四「前方後円墳論」井上光貞他編『東アジア世界における日本古代史講座』第二巻　倭国の形成と古墳文化　学生社
坂靖　二〇〇九『古墳時代の遺跡学』雄山閣
坂靖他　二〇一一『南郷遺跡群』シリーズ「遺跡を学ぶ」〇七九　新泉社
ビアブライヤー、モーリス（酒井傳六訳）一九八九（原著一九八二）『王の墓づくりびと』学生社
菱田哲郎　二〇〇七『古代日本　国家形成の考古学』学術選書〇二五　京都大学学術出版会
菱田哲郎　二〇一二「考古学からみた王権論」土生田純之他編『古墳時代研究の現状と課題』下　社会・政治構造及び生産流通研究　同成社

広瀬和雄　一九八七「大王墓の系譜とその特質（上）」『考古学研究』第三四巻第三号　考古学研究会
広瀬和雄　二〇〇一『各地の前方後円墳の消長に基づく古墳時代政治構造の研究』奈良女子大学大学院人間文化研究科
広瀬和雄　二〇〇三『前方後円墳国家』角川選書三五五　角川書店
広瀬和雄　二〇一三「古墳時代の首長」『国立歴史民俗博物館研究報告』第一七五集　国立歴史民俗博物館
廣瀬覚　二〇一五『古代王権の形成と埴輪生産』同成社
廣瀬覚　二〇二三「古墳秩序の生成と埴輪生産」春成秀爾編『何が歴史を動かしたのか』第三巻　古墳・モニュメントと歴史考古学　雄山閣
福永伸哉　一九九二「近畿地方の小竪穴式石室」都出比呂志編『長法寺南原古墳の研究』大阪大学南原古墳調査団
福永伸哉　二〇〇五『三角縁神獣鏡の研究』大阪大学出版会
福永伸哉　二〇一四「古墳時代と国家形成」一瀬和夫他編『古墳時代の考古学』九　二一世紀の古墳時代像　同成社
藤井康隆　二〇二二『濃尾地方の古墳時代』東京堂出版
藤岡謙二郎　一九七〇「原史時代の地理的環境と景観」古島敏雄他編『郷土史研究講座』一　郷土史研究と考古学　朝倉書店
藤原哲　二〇一八『日本列島における戦争と国家の起源』同成社

文化庁文化財第二課　二〇二二『埋文関係統計資料―令和三年度―』
北條芳隆　一九九〇「古墳成立期における地域間の相互作用」『考古学研究』第三七巻第二号　考古学研究会
北條芳隆　二〇〇〇a「前方後円墳の論理」北條他著『古墳時代像を見なおす』青木書店
北條芳隆　二〇〇〇b「前方後円墳と倭王権」北條他著『古墳時代像を見なおす』青木書店
北條芳隆　二〇一九「前方後円墳はなぜ巨大化したのか」北條編『考古学講義』ちくま新書一四〇六　筑摩書房
本庄総子　二〇二三『疫病の古代史』歴史文化ライブラリー五七三　吉川弘文館
前田徹　二〇一七『初期メソポタミア史の研究』早稲田大学学術叢書五二　早稲田大学出版部
松尾昌彦　一九八三「前期古墳における墳頂部多葬の一考察」古墳文化研究会編『古墳文化の新視角』雄山閣
松木武彦　二〇〇五「日本列島の武力抗争と古代国家形成」前川和也他編『国家形成の比較研究』学生社
松木武彦　二〇二一「日本列島先史・原始時代における戦いと戦争のプロセス」『年報人類学研究』第一二号　南山大学人類学研究所
松下孝幸　二〇〇一『シャレコウベが語る』長崎新聞新書〇〇二　長崎新聞社
松下孝幸他　一九九一「山口県山陽町妙徳寺山古墳出土の人骨」石井龍彦他編『妙徳寺山古墳・妙徳寺経塚・粟遺跡』山口県教育委員会

松本清張　一九七三『遊古疑考』新潮社
丸山竜平　一九七七「古墳と古墳群（中）」『日本史論叢』第七輯　日本史論叢会
マン、マイケル（森本醇他訳）二〇〇二（原著一九八六）『ソーシャルパワー』Ⅰ先史からヨーロッパ文明の形成へ　NTT出版
三木弘　二〇一一『古墳社会と地域経営』学生社
水野正好　一九九〇『島国の原像』日本文明史第二巻　角川書店
水林彪　二〇一七「広瀬・清家両報告に学ぶ」『法制史研究』六七号　法制史学会
溝口孝司　二〇一〇「弥生社会の組織とその成層化」『考古学研究』第五七巻第二号　考古学研究会
溝口優樹　二〇二一「文字資料からみた埴輪生産・造墓の労働力と土師氏」『古代学研究』第二二七号　古代学研究会
メンデルスゾーン、クルト（酒井傳六訳）一九七六（原著一九七四）『ピラミッドの謎』文化放送
茂木雅博　一九八八「前方後円墳の起源」桜井清彦他編『論争・学説　日本の考古学』第五巻　古墳時代　雄山閣
森公章　二〇〇六『東アジアの動乱と倭国』戦争の日本史一　吉川弘文館
森浩一　一九六五『古墳の発掘』中公新書六五　中央公論社
森浩一　一九七四『古墳文化小考』三省堂新書一三一　三省堂
森浩一　一九七六『古墳と古代文化九九の謎』サンポウ・ブックス　産報
森浩一　一九八一『巨大古墳の世紀』岩波新書（黄版）一六四　岩波書店

森浩一　一九八三『日本の古墳文化』日本放送出版協会
森浩一　一九八六「海と陸のあいだの前方後円墳」森編『日本の古代』第五巻　前方後円墳の世紀　中央公論社
森田克行　二〇一七「藍原の開発とヤマト王権」『太田茶臼山古墳の時代』高槻市立今城塚古代歴史館
門田誠一　一九九二『海からみた日本の古代』新人物往来社
安村俊史　二〇一〇「大王権力の卓越」岸本直文編『史跡で読む日本の歴史』二　古墳の時代　吉川弘文館
柳田國男監修　一九五〇『日本伝説名彙』日本放送出版協会
山尾幸久　一九七〇ａ「日本古代王権の成立過程について（中）」『立命館文学』第二九七号　立命館大学人文学会
山尾幸久　一九七〇ｂ「日本古代王権の成立過程について（下）」『立命館文学』第二九八号　立命館大学人文学会
山尾幸久　一九九九『筑紫君磐井の戦争』新日本出版社
山尾幸久　二〇〇三『古代王権の原像』学生社
山中鹿次　一九九九「前期大和王権に関する二、三の考察」『日本書紀研究』第二十二冊　塙書房
雪嶋宏一　二〇二二「ウクライナの文化財保護について」『考古学研究』第六九巻第二号　考古学研究会
吉井巌　一九六七『天皇の系譜と神話』一　塙書房

吉田晶　一九七三『日本古代国家成立史論』東京大学出版会
吉田晶　一九八二『古代の難波』教育社歴史新書〈日本史〉三七　教育社
吉野秋二　二〇一〇『日本古代社会編成の研究』塙書房
吉村作治　二〇〇一『痛快！ピラミッド学』集英社インターナショナル
吉村作治監修　一九八〇『古代遺跡のひみつ』学研まんが ひみつシリーズ三七　学習研究社
吉村作治監修　一九九四『ピラミッドのなぞ』講談社まんが百科④　講談社
吉村武彦　一九九八『古代天皇の誕生』角川選書二九七　角川書店
「陵墓限定公開」四〇周年記念シンポジウム実行委員会編　二〇一一『文化財としての「陵墓」と世界遺産』新泉社
若井敏明　二〇一〇『邪馬台国の滅亡』歴史文化ライブラリー二九四　吉川弘文館
若狭徹　二〇〇七『古墳時代の水利社会研究』学生社
若狭徹　二〇一五『東国から読み解く古墳時代』歴史文化ライブラリー三九四　吉川弘文館
若狭徹　二〇二二a「前方後円墳の社会的機能に関する一考察」吉村武彦編『律令国家の理念と実像』八木書店
若狭徹　二〇二二b『埴輪』角川ソフィア文庫　KADOKAWA
和田萃　一九九五『日本古代の儀礼と祭祀・信仰』下　塙書房
和田晴吾　一九九二「群集墳と終末期古墳」狩野久他編『新版 古代の日本』第五巻 近畿Ⅰ　角川書店
和田晴吾　一九九四「古墳築造の諸段階と政治的階層構成」荒木敏夫編『古代王権と交流』五 ヤマト

王権と交流の諸相　名著出版
和田晴吾　二〇〇四「古墳文化論」歴史学研究会他編『日本史講座』一　東アジアにおける国家の形成　東京大学出版会
和田晴吾　二〇一四『古墳時代の葬制と他界観』吉川弘文館
和田晴吾　二〇二四『古墳と埴輪』岩波新書（新赤版）二〇二〇　岩波書店
和田正夫他　一九五一『快天山古墳発掘調査報告書』香川県教育委員会
Binford, L. R. 1971. Mortuary Practices: Their Study and Their Potential. In J. A. Brown（ed）. *Approaches to the Social Dimensions of Mortuary Practices*. Washington, DC, Society for American Archaeology, Memoir no. 25.
Earle, T. 1997. *How Chiefs Come to Power*. California: Stanford University Press.
Hawkes, C. F. 1954. Archeological Theory and Method. *American Anthropologist* 56.
Henson, D. 2012. *Doing Archaeology*. London: Routledge.
Kobayashi, K. 1967. Trend in the Length of Life Based on Human Skeletons from Prehistoric to Modern Times in Japan. *Journal of the Faculty of Science, Universiy of Tokyo*. Section V. Anthropology, Vol. Ⅲ, Part 2.（『東京大学理学部紀要』第五類　人類学　第三冊第二編　東京大学）
Mendelssohn, K. 1974. *The Riddle of the Pyramids*. London: Thames and Hudson.
Tambiah, S. J. 1976. *World conqueror and world renouncer*. Cambridge: Cambridge University Press.
Wason, P. 1994. *The Archaeology of Rank*. Cambridge: Cambridge University Press.

図版出典

＊注記のない図および表は著者作成.

図1　徳田誠志2018「仁徳天皇 百舌鳥耳原中陵第1濠内三次元地形測量調査報告」『書陵部紀要』第69号〔陵墓篇〕宮内庁書陵部（第41図）
図2　高橋照彦・中久保辰夫編2014『野中古墳と「倭の五王」の時代』大阪大学出版会（64頁図）を改変
図3　永原慶二監修1999『岩波 日本史辞典』岩波書店（1380頁図）を改変
図4　奈良県立橿原考古学研究所提供・アジア航測株式会社作成
図5　都出比呂志1998『古代国家の胎動』日本放送出版協会（図36）
図6　宇垣匡雅2024『楯築遺跡』新日本の遺跡④　同成社（図5）
図7　古墳の調査報告書刊行数の推移（川畑純氏作図・提供）
図8　森浩一1970『古墳』カラーブックス212　保育社（50頁写真）
図9　都出比呂志1998『古代国家の胎動』日本放送出版協会（図43）
図10　森将軍塚古墳発掘調査団編1992『史跡森将軍塚古墳—保存整備事業発掘調査報告書—』更埴市教育委員会（Fig.18）
図11　北條芳隆2000「前方後円墳と倭王権」北條他著『古墳時代像を見なおす』青木書店（図2）
図12　著者作成（墳丘図は『前方後円墳集成』や『大和前方後円墳集成』〈清水真一他編，橿原考古学研究所，2001年〉や報告書類のものを使用．以下同）
図15　梅原末治1938「安土瓢箪山古墳」『滋賀県史蹟調査報告』第七冊　滋賀県（図版第二・第八・第二五・第一二図）を改変
図16　著者作成（鏡は大村俊夫編1978『山陰の前期古墳文化の研究』Ⅰ東伯耆Ⅰ・東郷池周辺　山陰考古学研究所記録第2　山陰考古学研究所〈拓1～8〉）
図17　田中良之2008『骨が語る古代の家族』歴史文化ライブラリー252　吉川弘文館（図24・32・39）
図19　都出比呂志1978「古墳のひろがり」直木孝次郎他著『ジュニア日本の歴史』第1巻 日本の誕生　小学館（145頁図）
図20　梅本康広編2021『五塚原古墳の研究』報告篇Ⅰ，公益財団法人向日市埋蔵文化財センター（第6図）

図22　佐藤康二編2014『史跡埼玉古墳群 奥の山古墳 発掘調査・保存整備事業報告書』埼玉県教育委員会（第３図）
図23　埼玉県教育委員会編1980『埼玉稲荷山古墳』埼玉県自治振興センター内県政情報資料室（図36）
図27　中久保辰夫2023「王権と手工業生産」吉村武彦他編『地域の古代日本』畿内と近国　角川選書658　KADOKAWA
図28　原田昌浩氏作図・提供
図37・42　著者作成．地図は「大日本帝国陸地測量部 二万分の一図」を使用
図43　今尾文昭2009『古墳文化の成立と社会』青木書店（第４図）を一部改変
図44　白石太一郎2000『古墳と古墳群の研究』塙書房（図３）を一部改変
図45　十河良和2003「百舌鳥古墳群の立地に関する基礎的考察」『考古学論叢』上巻 同朋舎（第10図）を一部改変
図50・54　和田晴吾1998「古墳時代は国家段階か」都出比呂志・田中琢編『古代史の論点』④権力と国家と戦争　小学館（図６）
図58　Mendelssohn, K. 1974. *The Riddle of the Pyramids*. London: Thames and Hudson.（Fig.31）を改変
表５　Henson, D. 2012. *Doing Archaeology*. London: Routledge.（Figure 5.1）を改変

著者紹介

一九七五年、東京都に生まれる
二〇〇六年、京都大学大学院文学研究科博士後期課程修了
現在、京都大学大学院文学研究科教授、文学博士（京都大学）

〔主要著書〕
『古墳時代の王権構造』（吉川弘文館、二〇一一年）
『古墳時代の国家形成』（吉川弘文館、二〇一八年）
『鏡の古墳時代』（吉川弘文館、二〇二二年）

歴史文化ライブラリー
616

前方後円墳

二〇二五年（令和七）三月一日　第一刷発行

著　者　下《しも》垣《がき》仁《ひと》志《し》
発行者　吉川道郎
発行所　株式会社 吉川弘文館
東京都文京区本郷七丁目二番八号
郵便番号一一三—〇〇三三
電話〇三—三八一三—九一五一〈代表〉
振替口座〇〇一〇〇—五—二四四
https://www.yoshikawa-k.co.jp/
印刷＝株式会社 平文社
製本＝ナショナル製本協同組合
装幀＝清水良洋・宮崎萌美

ISBN978-4-642-30616-4

歴史文化ライブラリー

1996. 10

刊行のことば

現今の日本および国際社会は、さまざまな面で大変動の時代を迎えておりますが、近づきつつある二十一世紀は人類史の到達点として、物質的な繁栄のみならず文化や自然・社会環境を謳歌できる平和な社会でなければなりません。しかしながら高度成長・技術革新にともなう急激な変貌は「自己本位な刹那主義」の風潮を生みだし、先人が築いてきた歴史や文化に学ぶ余裕もなく、いまだ明るい人類の将来が展望できていないようにも見えます。このような状況を踏まえ、よりよい二十一世紀社会を築くために、人類誕生から現在に至る「人類の遺産・教訓」としてのあらゆる分野の歴史と文化を「歴史文化ライブラリー」として刊行することといたしました。

小社は、安政四年（一八五七）の創業以来、一貫して歴史学を中心とした専門出版社として書籍を刊行しつづけてまいりました。その経験を生かし、学問成果にもとづいた本叢書を刊行し社会的要請に応えて行きたいと考えております。

現代は、マスメディアが発達した高度情報化社会といわれますが、私どもはあくまでも活字を主体とした出版こそ、ものの本質を考える基礎と信じ、本叢書をとおして社会に訴えてまいりたいと思います。これから生まれでる一冊一冊が、それぞれの読者を知的冒険の旅へと誘い、希望に満ちた人類の未来を構築する糧となれば幸いです。

吉川弘文館